会计学基础
(第 2 版)

主　编　蔡维灿　巫圣义　林克明
副主编　余辉文　包生来　罗春梅　陈由辉

清华大学出版社
北京

内 容 简 介

本书力图从"理论、方法、实例"三维视角构建体系框架,突出其系统性、规范性、前瞻性、实用性和操作性。本书共分为12章,其中:第1~3章介绍会计基本理论和会计核算的基本要求,第4~10章介绍会计核算的基本方法,包括会计账户与复式记账、会计凭证填制与审核、复式记账与会计凭证的应用、会计账簿、财产清查、账务处理程序、财务会计报告等内容,第11~12章介绍会计工作组织,包括会计法规体系、会计工作组织与会计人员等内容。为注重对学生自学能力的培养,便于学生复习和巩固所学内容,每章开始设有知识目标,后面附有小结、同步测试、思考与练习;为加强理论联系实际,突出对学生技能的培养,提高学生实际应用能力,每章开始设有技能目标,中间穿插实例,后面附有业务实训。

本书是一本富有特色的介绍会计学原理的规范化教材,适合作为高职高专经济管理类专业学生的学习用书,也可作为企业财会人员、管理人员及财经类院校教师的参考用书。

本书封面贴有清华大学出版社防伪标签,无标签者不得销售。
版权所有,侵权必究。举报:010-62782989,beiqinquan@tup.tsinghua.edu.cn。

图书在版编目(CIP)数据

会计学基础/蔡维灿,巫圣义,林克明主编. —2版. —北京:清华大学出版社,2021.9(2025.1重印)
ISBN 978-7-302-58806-1

Ⅰ.①会⋯ Ⅱ.①蔡⋯ ②巫⋯ ③林⋯ Ⅲ.①会计学—高等职业教育—教材 Ⅳ.①F230

中国版本图书馆 CIP 数据核字(2021)第 157515 号

责任编辑:桑任松
装帧设计:刘孝琼
责任校对:李玉茹
责任印制:丛怀宇

出版发行:清华大学出版社
网　　址:https://www.tup.com.cn,https://www.wqxuetang.com
地　　址:北京清华大学学研大厦A座　　　　邮　编:100084
社 总 机:010-83470000　　　　　　　　　　邮　购:010-62786544
投稿与读者服务:010-62776969,c-service@tup.tsinghua.edu.cn
质量反馈:010-62772015,zhiliang@tup.tsinghua.edu.cn
课件下载:https://www.tup.com.cn,010-62791865

印 装 者:三河市铭诚印务有限公司
经　　销:全国新华书店
开　　本:185mm×260mm　　印　张:14.75　　字　数:364千字
版　　次:2017年3月第1版　　2021年10月第2版　　印　次:2025年1月第6次印刷
定　　价:45.00元

产品编号:093673-01

前　言

会计学基础是会计、审计和财务管理等专业的入门课和专业必修课，也是其他经济管理类专业的一门基础课。为了适应该课程的教学，我们吸收了会计理论研究的最新成果，借鉴了国内外同类教材的先进经验，以新颁布的会计准则和相关文件为依据，编写了本教材。

本教材设计遵循了以下几项原则：第一，注重引导学生在各个学习环节认识会计职业意义、目标和职能，树立会计职业感；第二，注重企业经营过程和企业资金运动过程的有机结合，让学生更好地认知企业基本经济业务内容，熟悉企业基本会计账务处理方法和程序；第三，体现知识把握、理论认知和专业实践能力训练相结合的教学要求；第四，遵循循序渐进和由浅入深的教学原则，按照初学者的认知规律，合理安排教材内容任务；第五，体现以学生为本，培养学生自学能力，本教材各章设有知识目标、技能目标、小结、同步测试、思考与练习等内容。

本教材由蔡维灿教授、巫圣义副教授和林克明副教授担任主编，余辉文、包生来、罗春梅和陈由辉担任副主编，王朝晖、姜媚珍和刘玲参编。具体分工如下：蔡维灿撰写第1、2章；巫圣义撰写第4、7章；林克明撰写第10章；余辉文撰写第3章；包生来撰写第5章；罗春梅撰写第11章；陈由辉撰写第6章；王朝晖撰写第12章；姜媚珍撰写第9章；刘玲撰写第8章。全书由蔡维灿、巫圣义和林克明总纂定稿。

这是一本富有特色的介绍会计学原理的规范化教材，适合作为高职高专经济管理类专业学生的学习用书，也可作为企业财会人员、管理人员及财经类院校教师的参考用书。

本教材在编写过程中参考了大量的相关著作、网络资料、教材和文献，汲取和借鉴了同行的相关成果，在此谨向有关作者表示诚挚的谢意和敬意！

限于作者水平，书中难免有不妥和疏漏之处，敬请读者批评、指正。

编　者

教师资源服务

目　　录

第1章　总论 1
　1.1　会计的含义及其特征 1
　　1.1.1　会计的含义 1
　　1.1.2　会计的基本特征 1
　1.2　会计目标与会计职能 2
　　1.2.1　会计目标 2
　　1.2.2　会计职能 3
　1.3　会计方法与会计循环 4
　　1.3.1　会计方法 4
　　1.3.2　会计循环 6
　小结 6
　同步测试 7
　思考与练习 9

第2章　会计要素与会计等式 10
　2.1　会计对象 10
　　2.1.1　静态表现 10
　　2.1.2　动态表现 10
　2.2　会计要素 11
　　2.2.1　会计要素的含义及其分类 11
　　2.2.2　会计要素的意义 11
　　2.2.3　会计要素的确认 12
　　2.2.4　会计要素的计量 17
　2.3　会计等式 19
　　2.3.1　会计等式的表现形式 19
　　2.3.2　经济业务对会计等式的影响 20
　小结 22
　同步测试 23
　思考与练习 27

第3章　会计核算基础 28
　3.1　会计核算的基本前提 28

　　3.1.1　会计主体 28
　　3.1.2　持续经营 29
　　3.1.3　会计分期 30
　　3.1.4　货币计量 30
　3.2　会计信息质量要求 31
　　3.2.1　可靠性 31
　　3.2.2　相关性 31
　　3.2.3　可理解性 32
　　3.2.4　可比性 32
　　3.2.5　实质重于形式 32
　　3.2.6　重要性 33
　　3.2.7　谨慎性 33
　　3.2.8　及时性 33
　3.3　会计基础及会计确认计量的要求 34
　　3.3.1　会计基础 34
　　3.3.2　会计要素确认与计量的要求 35
　小结 37
　同步测试 38
　思考与练习 40

第4章　会计账户与复式记账 41
　4.1　会计科目与会计账户 41
　　4.1.1　会计科目 41
　　4.1.2　会计账户 45
　4.2　复式记账原理 48
　　4.2.1　单式记账法 48
　　4.2.2　复式记账法 49
　4.3　借贷记账法 49
　　4.3.1　借贷记账法的概念 49
　　4.3.2　借贷记账法下账户的结构 49
　　4.3.3　借贷记账法的记账规则 52
　　4.3.4　借贷记账法下账户的对应
　　　　　　关系和会计分录 56

4.3.5 借贷记账法下账户的试算
    平衡 57
 4.4 总分类账户和明细分类账户 61
  4.4.1 总分类账户和明细分类
    账户的关系 61
  4.4.2 总分类账户和明细分类
    账户的平行登记 61
 小结 65
 同步测试 65
 思考与练习 71

第 5 章　会计凭证填制与审核 72

 5.1 会计凭证及其种类 72
  5.1.1 会计凭证的概念与作用 72
  5.1.2 会计凭证的种类 73
 5.2 原始凭证的填制与审核 73
  5.2.1 原始凭证的种类 73
  5.2.2 原始凭证的基本内容 75
  5.2.3 原始凭证的填制要求 75
  5.2.4 原始凭证的审核 78
 5.3 记账凭证的填制与审核 79
  5.3.1 记账凭证的种类 79
  5.3.2 记账凭证的基本内容 81
  5.3.3 记账凭证的填制要求 82
  5.3.4 记账凭证的审核 85
 5.4 会计凭证的传递与保管 86
  5.4.1 会计凭证的传递 86
  5.4.2 会计凭证的保管 86
 小结 87
 同步测试 88
 思考与练习 91

第 6 章　复式记账与会计凭证的应用 92

 6.1 制造业的主要经济业务 92
 6.2 资金筹集业务的账务处理 94
  6.2.1 所有者权益筹资的账务处理 ... 94
  6.2.2 负债筹资的账务处理 97
 6.3 供应过程业务的账务处理 99

  6.3.1 固定资产的账务处理 100
  6.3.2 材料采购的账务处理 101
 6.4 生产业务的账务处理 104
 6.5 销售业务的账务处理 109
 6.6 财务成果形成及其他业务的核算 ... 113
  6.6.1 期间费用的账务处理 113
  6.6.2 利润形成的账务处理 116
  6.6.3 利润分配的账务处理 119
 小结 121
 同步测试 121
 思考与练习 129

第 7 章　会计账簿 130

 7.1 会计账簿及其种类 130
  7.1.1 会计账簿的概念与作用 130
  7.1.2 会计账簿的基本内容 131
  7.1.3 会计账簿与账户的关系 132
  7.1.4 会计账簿的种类 132
 7.2 会计账簿的启用与登记 135
  7.2.1 会计账簿的启用 135
  7.2.2 会计账簿的登记要求 135
  7.2.3 会计账簿的格式与
    登记方法 136
 7.3 对账和结账 143
  7.3.1 对账 143
  7.3.2 结账 144
  7.3.3 错账查找与更正方法 145
  7.3.4 会计账簿的更换与保管 147
 小结 148
 同步测试 149
 思考与练习 152

第 8 章　财产清查 153

 8.1 财产清查的意义和种类 153
  8.1.1 财产清查的意义 153
  8.1.2 财产清查的种类 153
  8.1.3 财产清查前的准备工作 154
 8.2 财产物资的盘存制度 155

8.2.1	永续盘存制		155
8.2.2	实地盘存制		155

8.3 财产清查的内容和方法 156
    8.3.1 财产物资的清查 156
    8.3.2 库存现金的清查 158
    8.3.3 银行存款的清查 158
    8.3.4 往来款项的清查 159
8.4 财产清查结果的账务处理 160
    8.4.1 财产清查结果的处理程序 160
    8.4.2 库存现金盘盈盘亏的账务
         处理 160
    8.4.3 固定资产盘盈盘亏的账务
         处理 161
    8.4.4 流动资产盘盈盘亏的账务
         处理 161
    8.4.5 往来款项清查的账务处理 162
小结 162
同步测试 163
思考与练习 166

第9章 账务处理程序 167

9.1 账务处理程序及种类 167
    9.1.1 账务处理程序的意义 167
    9.1.2 账务处理程序的种类 167
9.2 记账凭证账务处理程序 168
    9.2.1 记账凭证账务处理程序
         概述 168
    9.2.2 记账凭证账务处理程序的
         核算步骤 168
    9.2.3 记账凭证账务处理程序的
         优缺点及适用范围 169
9.3 科目汇总表账务处理程序 169
    9.3.1 科目汇总表账务处理程序
         概述 169
    9.3.2 科目汇总表账务处理程序的
         核算步骤 169
    9.3.3 科目汇总表账务处理程序的
         优缺点及适用范围 170
    9.3.4 科目汇总表账务处理程序的
         举例 170
9.4 汇总记账凭证账务处理程序 179
    9.4.1 汇总记账凭证账务处理程序
         概述 179
    9.4.2 汇总记账凭证账务处理程序的
         核算步骤 179
    9.4.3 汇总记账凭证账务处理程序的
         优缺点及适用范围 180
小结 180
同步测试 181
思考与练习 183

第10章 财务会计报告 184

10.1 财务会计报告概述 184
    10.1.1 财务会计报告的概念和
          分类 184
    10.1.2 财务会计报告编制前的
          准备工作 185
10.2 资产负债表 185
    10.2.1 资产负债表的概念及
          组成部分 185
    10.2.2 资产负债表的列示要求 186
    10.2.3 我国企业资产负债表的
          一般格式 187
    10.2.4 资产负债表编制的基本
          方法 188
10.3 利润表 194
    10.3.1 利润表的概念与作用 194
    10.3.2 利润表的列示要求 194
    10.3.3 我国企业利润表的
          一般格式 195
    10.3.4 利润表编制的基本方法 196
10.4 其他报表与报表附注 199
    10.4.1 现金流量表 199
    10.4.2 所有者权益变动表 200
    10.4.3 报表附注 200
小结 201
同步测试 202

思考与练习.....................................206

第 11 章　会计法规体系...................207

11.1　会计法律规范体系...................207
- 11.1.1　会计法律...........................207
- 11.1.2　会计行政法规...................207
- 11.1.3　会计部门规章...................208
- 11.1.4　会计规范性文件...............208

11.2　企业会计准则体系...................208
- 11.2.1　企业会计准则的内涵.......208
- 11.2.2　企业会计准则体系的框架结构.....................................209
- 11.2.3　会计准则体系的内容.......209

11.3　会计档案.....................................210
- 11.3.1　会计档案的分类...............210
- 11.3.2　会计档案的立卷与归档...210
- 11.3.3　会计档案的保管期限.......211
- 11.3.4　会计档案的销毁...............212

小结...212
同步测试...213

思考与练习.....................................215

第 12 章　会计工作组织与会计人员...216

12.1　会计机构.....................................216
- 12.1.1　会计机构的设置原则...........216
- 12.1.2　会计机构的设置类型...........216
- 12.1.3　会计机构的设置模式...........217

12.2　会计人员.....................................218
- 12.2.1　会计人员的任职资格...........218
- 12.2.2　会计人员的配备...................219
- 12.2.3　会计人员的职责与权限.......219
- 12.2.4　会计人员的职业道德...........220

12.3　会计工作组织.............................222
- 12.3.1　会计工作组织的意义...........222
- 12.3.2　会计工作的组织形式...........223

小结...224
同步测试...224
思考与练习...226

参考文献...227

第 1 章 总　　论

【知识目标】
- 掌握会计的含义和会计的基本特征。
- 理解会计目标和会计职能。
- 掌握会计核算方法和会计循环。

1.1　会计的含义及其特征

1.1.1　会计的含义

会计是以货币为主要计量单位，采用专门的方法和程序，对会计主体的经济活动过程进行连续、系统、全面、综合的核算和监督，旨在提供经济信息和提高经济效益的一项管理活动，是经济管理的重要组成部分。

在中外会计界，由于人们对会计的本质有着不同的认识，因而对会计的定义也就不尽相同，如"管理活动论""信息系统论""管理工具论"等诸多提法。但无论会计如何定义，它都会随着社会经济的发展而不断变化。我们倾向于选择"管理活动论"，认为会计是经济管理的重要组成部分，是以提供经济信息、提高经济效益为目的的一种管理活动。

1.1.2　会计的基本特征

1. 会计的本质是以价值管理为主要内容的经济管理活动

会计是随着社会经济的发展而不断发展变化的。它是以经济活动过程中占用的财产物资及劳动耗费为计量客体，描述经济活动过程中的价值量变化，评价经济活动过程的财务成果，逐渐形成以核算与监督经济活动过程为基本职能、以价值管理为主要内容的经济管理活动。由此可见，会计本质上是一种经济管理活动。

2. 会计是以提供经济信息为主要工作的经济信息系统

我国《企业会计准则》规定：财务报告的目标是向财务报告使用者提供与企业财务状况、经营成果和现金流量有关的会计信息，反映企业管理层受托责任的履行情况，有助于财务报告使用者做出经济决策。满足经济信息使用者的需要是会计目标之一。由此可见，会计是以提供经济信息为主要工作的经济信息系统。

3. 会计是以货币为主要计量单位

会计从数量方面反映经济活动，可以使用三种量度，即实物量度、劳动量度和货币量度。货币是商品的一般等价物，是衡量商品价值的共同尺度，具有价值尺度的职能。会计只有采用货币量度，才能对会计主体的经济活动进行连续、系统、全面、综合的核算和监督。货币量度始终是会计最基本的、统一的、主要的计量尺度,实物量度和劳动量度是会计的辅助量度。

4. 以会计凭证为依据

会计的任何记录和计量都必须以会计凭证为依据,从而使会计信息具有客观性、真实性和可验证性。进入会计信息系统的任何信息都必须以审核无误的会计凭证为依据。

5. 会计对经济活动进行连续、系统、全面、综合的反映和监督

会计对经济活动进行连续、系统、全面、综合的反映和监督。连续性是指对经济活动中所发生的会计事项要按照发生的时间顺序不间断地进行核算;系统性是指对会计事项进行具体处理时,必须采取一套完整的专门的方法进行科学分类,以提供系统化的经济信息;全面性是指对属于会计主体的全部会计事项都必须进行核算,不得遗漏其中任何一项;综合性是指对发生的经济业务都必须以货币单位进行统一计量,以求得各类整体价值指标。

6. 以一套完整的专门技术方法为手段

会计在其发展过程中逐步形成了一套完整的专门技术方法,无论是会计信息系统的建立,还是会计作为一种重要的经济管理活动,都是以这套专门的技术方法作为手段。会计的各种技术方法相互联系、相互配合,共同构成了一套完整的专门技术方法体系,包括会计核算方法、会计分析方法、会计检查方法等。其中,会计核算方法由设置账户、复式记账、填制和审核凭证、登记账簿、成本计算、编制财务报表等构成。

7. 核算职能和监督职能相结合

会计核算是会计的首要职能,也是全部会计管理工作的基础,它运用专门的技术方法,将经济活动的内容转换成会计信息。会计监督职能是对特定主体经济业务的真实性、合法性和合理性进行审查的功能。会计的核算职能与监督职能是相辅相成的,只有在对经济活动进行正确核算的基础上,才可能为监督提供可靠的资料;同时,也只有搞好会计监督,按照会计监督的要求进行核算,才能发挥会计的核算作用。

1.2　会计目标与会计职能

1.2.1　会计目标

会计目标是指会计工作在提供经济信息方面所达到的境地或标准。我国《企业会计准则》规定:会计目标是向财务报告使用者提供与企业财务状况、经营成果和现金流量有关的会计信息,反映企业管理层受托责任的履行情况,有助于财务报告使用者做出经济决策。

1. 满足财务会计报告使用者的经济信息需求

财务会计报告使用者包括投资者、债权人、企业管理层、企业员工、供应商和客户、政府机构、社会公众等。会计主要是通过财务报告提供企业的财务状况、经营成果和现金流量方面的信息,具体包括赢利能力、资产结构、营运效率、变现能力、负债水平、盈利分配等经济信息。可靠的经济信息有助于现实或潜在的投资者正确、合理地评价企业的财务状况、经营成果和现金流量等情况，并做出合理的投资决策；有助于债权人评估企业能否如期支付贷款本金及其利息，能否如期支付所欠购货款等；有助于政府机构监管企业经济活动、制定相关政策、进行国民经济统计等。

2. 反映企业管理层受托责任履行情况

在企业所有权和经营权相分离的情况下，受托者有义务和责任借助会计信息系统向委托者报告受托经管责任及其履行情况。因此，会计必须通过定期提供财务报告来揭示受托资源的使用、保管和增值情况，以维护不同投资者和债权人的利益，并决定是否需要调整投资政策或信贷政策，是否需要加强企业内部控制和其他制度建设，是否需要更换企业管理层等。

1.2.2 会计职能

会计职能是指会计在经济管理过程中所具有的功能，是会计本质属性的外在表现形式。会计职能随着会计环境的变化而不断发展变化，可分为基本职能和扩展职能两种。

1. 会计基本职能

会计基本职能是指会计本身所具有的最基本的功能。《中华人民共和国会计法》(以下简称《会计法》)确定的会计基本职能是核算和监督。

(1) 会计核算职能，又称会计反映职能，是指会计以货币为主要计量单位，对特定主体的经济活动进行会计确认、计量、报告等。

会计核算的内容。《会计法》规定各单位必须根据实际发生的经济业务进行会计核算、填制会计凭证、登记会计账簿、编制财务会计报告。因此，会计核算是通过价值量对经济活动进行确认、计量、报告等，其具体内容包括：款项和有价证券的收付；财物的收发、增减和使用；债权、债务的发生和结算；资本、基金的增减；收入、支出、费用、成本的计算；财务成果的计算和处理；需要办理会计手续、进行会计核算的其他事项。

会计核算的特点包括：以货币为主要计量尺度；会计核算具有连续性、系统性、完整性和综合性；会计核算要以合法凭证为依据。

(2) 会计监督职能，又称会计控制职能，是指对特定主体的经济活动和相关会计核算的真实性、合法性和合理性进行监督检查。

会计监督的形式：按照会计监督依据分为真实性监督、合法性监督和合理性监督；按照会计监督过程分为事前监督、事中监督和事后监督。

会计监督的特点：会计监督主要通过价值指标来进行。

2. 会计扩展职能

会计扩展职能主要有预测经济前景、参与经济决策和评价经营业绩等职能。

综上所述，会计各项职能相辅相成，密切配合。对企业的经营活动进行核算和监督是会计最基本的两项职能，是其他职能的基础；而预测经济前景、参与经济决策、评价经营业绩等职能则是从这两项基本职能中延伸出来的,是对这两项基本职能的拓展和提高。

1.3 会计方法与会计循环

1.3.1 会计方法

会计方法是指从事会计工作所使用的各种技术方法,是实现会计任务、完成会计核算与监督职能的各种手段。一般来说,会计由会计核算、会计分析和会计检查三个部分组成,因此,会计方法也分为会计核算方法、会计分析方法和会计检查方法。其中,会计核算方法是最基本、最主要的方法,是其他各种方法的基础。会计核算方法是指对会计对象进行连续、系统、全面、综合的确认、计量和报告所采用的各种方法,主要包括以下 7 种。

1. 填制和审核会计凭证

会计凭证是记录经济业务、明确经济责任的书面证明,是登记账簿的依据。填制和审核会计凭证是指任何一项经济业务发生后都必须取得或填制会计凭证,经会计人员审核无误后的会计凭证,才能作为登记账簿的依据。填制和审核会计凭证作为会计核算的一种专门方法,是会计核算工作的起点。通过凭证的填制和审核,不仅能取得真实可靠、合理合法的登账依据,以保证会计核算质量,同时还是实行会计监督的一个重要方面。

2. 设置会计科目和账户

设置会计科目和账户是对会计对象的具体内容进行分类核算和监督的一种专门方法。会计科目是对会计对象的具体内容进行分类核算的项目,根据会计科目在账簿中开立的账户,分类、连续记录各项经济业务,反映由于经济业务的发生而引起的各会计要素的增减变动情况和结果。

3. 复式记账

复式记账是对每项经济业务,都要以相等的金额在两个或两个以上的相关联的账户中进行记录的一种专门方法。复式记账法较单式记账法更为科学合理,通过复式记账,可以了解每笔经济业务的来龙去脉及其相互关系,核对账簿记录是否正确。

4. 登记账簿

登记账簿是根据审核无误的会计凭证,在账簿上进行全面、连续、系统记录的方法。登记账簿要以会计凭证为依据,按照会计科目开设账户,将会计凭证中所反映的经济业务分别记入有关账户,并定期结账和对账,为编制财务会计报告提供完整的、系统的会计数据。登记账簿是会计核算的专门方法之一。

5. 成本计算

成本计算是指在生产经营过程中,按照一定对象归集和分配发生的各种费用,以确定该对象的总成本和单位成本的一种专门方法。通过成本计算,可以确定材料采购成本、产品生产成本和产品销售成本,可以反映和监督生产经营过程中发生的各项费用是否节约或超支,并据以确定企业盈亏。

6. 财产清查

财产清查就是通过对实物、库存现金的实地盘点和对银行存款、债权债务的查对,来确定各项财产物资、货币资金、债权债务的实存数,并查明账面结存数与实存数是否相符的一种专门方法。通过财产清查,可以查明各项财产的实存数与账存数的差异,以及发生差异的原因,及时将账存数调整为实存数,以保证会计核算指标的准确、可靠。

7. 编制财务会计报告

编制财务会计报告是定期全面地反映企业财务状况、经营成果和现金流量等信息的一种专门方法。财务报告包括财务报表及其附注和其他应当在财务会计报告中披露的相关信息和资料。编制财务报告是对日常会计核算的总结,是根据账簿记录,定期进行分类整理和汇总,提供经济管理所需会计信息的过程。财务报告所反映的会计信息,不仅是企业外部会计信息使用者进行各种经济决策的重要依据,也是企业内部考核计划执行情况及结果,并进行各种经济决策的重要依据。

上述各种会计核算方法相互联系、密切配合,共同构成了一个完整的会计方法体系。其基本内容是:经济业务发生后,经办人员要填制或取得原始凭证,经会计人员审核整理后,按照设置的会计科目,运用复式记账法,编制记账凭证,并据以登记账簿;对生产经营过程中发生的各项费用要进行成本计算,对于账簿记录,要通过财产清查来核实,在保证账实相符的基础上,根据账簿资料编制会计报告。在会计核算方法体系中,就其工作程序和工作过程来说,主要有三种方法:填制和审核会计凭证、登记账簿以及编制会计报告。在一个会计期间所发生的经济业务,都要通过这几种方法进行会计处理,将大量的经济业务转换为系统的会计信息。这三种方法周而复始、循环往复,构成了人们一般所称的会计循环。本书主要介绍会计核算方法。会计核算方法体系如图1-1所示。

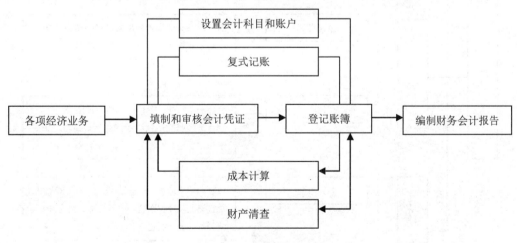

图1-1 会计核算方法体系

1.3.2 会计循环

会计循环是指会计工作流程和步骤从一个会计期间的期初开始,到一个会计期末结束,周而复始、循环往复的会计运行程序。从会计工作流程来看,会计循环由确认、计量和报告等环节组成;从会计核算的具体内容来看,会计循环由填制和审核会计凭证、设置会计科目和账户、复式记账、登记会计账簿、成本计算、财产清查、编制财务会计报告等组成。填制和审核会计凭证是会计核算的起点。

会计循环的基本内容:①对于发生的经济业务进行初步确认和记录,即填制和审核原始凭证;②填制记账凭证,即在审核原始凭证的基础上,通过编制会计分录填制记账凭证;③登记账簿,包括日记账、总分类账和明细分类账;④编制调整分录,其目的是将收付实现制转换为权责发生制;⑤结账,即将有关账户结算出本期总的发生额和期末余额;⑥对账,包括账证核对、账账核对和账实核对;⑦试算平衡,即根据借贷记账法的基本原理进行全部总分类账户的借方与贷方总额的试算平衡;⑧编制会计报表和其他财务报告。

小　　结

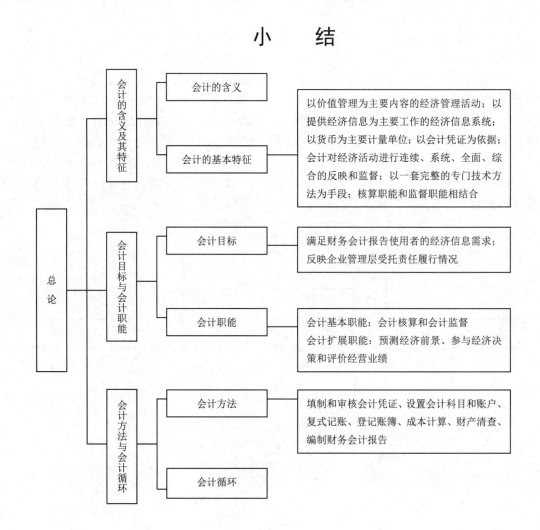

同 步 测 试

一、单项选择题

1. 会计的基本职能是( )。
   A. 核算和考核   B. 核算和监督
   C. 预测和决策   D. 分析和管理

2. 会计日常核算工作的起点是( )。
   A. 设置会计科目和账户   B. 填制和审核会计凭证
   C. 登记会计账簿   D. 财产清查

3. 会计是以( )为主要计量单位，反映和监督一个单位的经济活动的一种经济管理工作。
   A. 实物   B. 货币
   C. 工时   D. 劳务耗费

4. 会计监督职能又称会计控制职能，是指对特定主体经济活动和相关会计核算的( )进行监督检查。
   A. 真实性、合规性和合理性   B. 真实性、合法性和合理性
   C. 客观性、合规性和合理性   D. 真实性、合规性和及时性

5. 下列不属于会计核算环节的有( )。
   A. 确认   B. 计量
   C. 报告   D. 报账

6. ( )通常关注企业能否如期支付贷款本金及其利息、能否如期支付所欠购货款的能力。
   A. 企业投资者   B. 企业债权人
   C. 企业管理者   D. 政府及相关部门

7. 下列关于会计的基本特征表述正确的有( )。
   A. 会计以货币为计量单位，不能使用实物计量和劳务计量
   B. 会计拥有一系列的专门方法，包括会计核算、管理和决策分析等
   C. 会计具有会计核算和监督的基本职能
   D. 会计的本质是核算活动

8. 以货币作为主要计量单位，通过确认、计量、记录、计算、报告等环节，对特定主体的经济活动进行记账、算账、报账，为有关方面提供会计信息的功能是( )。
   A. 会计核算职能   B. 会计监督职能
   C. 会计计划职能   D. 会计预测职能

9. 下列项目中，不属于会计核算内容的有( )。
   A. 制订企业计划   B. 收入的计算
   C. 资本的增减   D. 财务成果的计算

10. 企业进行会计处理的最基本、最主要的方法是( )。

A. 会计处理方法 B. 会计核算方法
C. 会计分析方法 D. 会计检查方法
11. 复式记账对每项经济业务都要以相等的金额在( )中进行登记。
A. 一个账户 B. 两个账户
C. 两个或两个以上的账户 D. 全部账户
12. 各种会计核算方法( )。
A. 彼此孤立存在 B. 一经形成，便不可改变
C. 必须相互配合加以运用 D. 是构成会计报表的基础
13. 会计的本质是( )。
A. 核算活动 B. 管理活动
C. 监督活动 D. 经济活动
14. 会计核算和监督的主要依据是( )。
A. 会计账簿 B. 会计报表
C. 会计凭证 D. 审计报告
15. 会计的产生与发展是由于( )。
A. 社会分工的需要 B. 社会技术进步的需要
C. 社会生产的发展和经济管理的要求 D. 分配剩余产品的需要

二、多项选择题

1. 下列各项中，属于会计职能的有( )。
A. 预测经济前景 B. 参与经济决策
C. 评价经营业绩 D. 实施会计监督
2. 现代会计具有( )的特点。
A. 以货币为主要计量单位 B. 对经济活动的管理具有连续性和系统性
C. 以完整的专门技术方法为手段 D. 以凭证为基本依据
3. 会计监督是一个过程，可分为( )。
A. 事前监督 B. 事中监督
C. 事后监督 D. 事实监督
4. 下列关于会计的基本特征说法正确的有( )。
A. 会计是一项经济管理活动 B. 会计的基本职能是核算和监督
C. 会计是一个经济信息系统 D. 货币是会计唯一的计量单位
5. 会计为企业外部各有关方面提供信息，主要是指( )。
A. 为政府提供信息 B. 为投资者提供信息
C. 为债权人提供信息 D. 为社会公众提供信息
6. 会计核算职能是会计的基本职能之一，是指会计以货币为主要计量单位，对特定主体的经济活动进行( )。
A. 报告 B. 计量 C. 确认 D. 分析
7. 会计核算的具体内容包括( )等。
A. 款项和有价证券的收付 B. 财物的收发、增减和使用

C. 债权债务的发生和结算　　　　D. 资本、基金的增减
8. 以下属于会计核算方法体系构成内容的有(　　)。
　　A. 复式记账　　　　　　　　　　B. 成本计算
　　C. 编制财务会计报告　　　　　　D. 登记会计账簿
9. 从会计核算的具体内容看，会计循环由(　　)等组成。
　　A. 填制和审核会计凭证　　　　　B. 编制财务会计报告
　　C. 设置会计科目和账户　　　　　D. 登记会计账簿
10. 下列关于会计核算与监督说法正确的有(　　)。
　　A. 会计核算是会计监督的基础
　　B. 没有核算所提供的各种信息，监督就失去了依据
　　C. 会计监督是会计核算质量的保障
　　D. 只有核算，没有监督，就难以保证核算所提供信息的真实性、可靠性

三、判断题

1. 会计以货币作为唯一的计量单位。　　　　　　　　　　　　　　　　　(　　)
2. 经济越发展，会计越重要。　　　　　　　　　　　　　　　　　　　　(　　)
3. 在会计核算方法体系中，就其工作程序和工作过程来说，主要有4种方法：设置会计科目和账户、填制和审核凭证、登记账簿以及编制会计报告。　　　　(　　)
4. 会计的职能是指会计在经济管理过程中所具有的功能。　　　　　　　　(　　)
5. 没有会计核算，会计监督即失去存在的基础，但没有会计监督，会计核算会正常进行。　　　　　　　　　　　　　　　　　　　　　　　　　　　　　　　(　　)
6. 会计监督是会计工作的基础，会计核算是会计工作的质量保证。　　　　(　　)
7. 财务会计报告使用者主要包括投资者、债权人、政府及其有关部门和社会公众等。　　　　　　　　　　　　　　　　　　　　　　　　　　　　　　　　(　　)
8. 会计的拓展职能主要有预测经济前景、参与经济决策、评价经营业绩。　(　　)
9. 填制和审核会计凭证是会计核算工作的起点，是进行核算和实施监督的基础。
　　　　　　　　　　　　　　　　　　　　　　　　　　　　　　　　　(　　)
10. 会计目标也称会计目的，是要求会计工作完成的任务或达到的标准，即向财务会计报告使用者提供与企业财务状况、经营成果和现金流量等有关的会计信息，反映企业管理层受托责任履行情况，有助于财务会计报告使用者做出经济决策。　(　　)

思考与练习

1. 什么是会计？会计有哪些基本特征？
2. 会计目标是什么？会计的基本职能有哪些？还有哪些拓展职能？
3. 会计核算方法主要有哪几种？它们之间的关系如何？
4. 简述会计循环。

第2章 会计要素与会计等式

【知识目标】

- 理解会计对象、会计要素的概念。
- 熟悉制造企业资金循环周转。
- 理解会计等式的含义。

【技能目标】

- 掌握各个会计要素的具体内容。
- 掌握会计等式的应用。

2.1 会计对象

会计对象是指会计核算和监督的内容,具体指社会再生产过程中能以货币表现的经济活动,即资金运动或价值运动。资金运动是指社会再生产过程中财产物资的货币表现。资金运动有静态表现和动态表现。

2.1.1 静态表现

静态表现是企业在某一时点上的资金分布和存在形态以及取得和形成的来源两个方面。资金分布和存在形态方面体现为各种流动资产和非流动资产;取得和形成的来源方面体现为自有资金、借入资金和结算债务,其中自有资金包括投入资本和未分配利润。

从任何一个时点来看,企业的资金运动总是处于相对静止状态,表现为既相互联系又相互依存的两个方面。一方面表明企业资金的分布和存在形态,即资产;另一方面表明企业资金的取得和形成的来源,反映债权人和投资者对企业资产的权益,即负债和所有者的权益。资金分布和存在形态方面以及取得和形成的来源方面在数量上相等。

2.1.2 动态表现

动态表现是指企业在一定时期内资金在生产经营各个阶段不断运动并转换形态,周而复始地进行的循环周转,即企业资金运动的动态表现为资金的循环周转。以制造业为例,制造企业的资金从货币资金形态开始,依次通过供、产、销三个阶段,不断改变资金的存在形态,最后又回到货币资金形态,这种资金运动的过程称为资金的循环。由于企业的生产经营活动是持续不断地进行的,因此,上一次资金循环的结束(终点)即预示着下一次资金循环的开始(起点),这种周而复始的资金循环称为资金的周转。会计要依次反映这些阶段的经济活动,如图2-1所示。

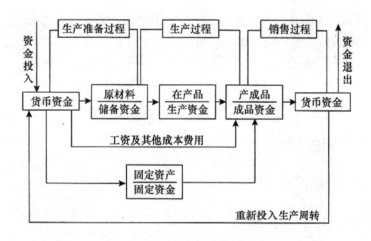

图 2-1 制造企业资金循环周转

综上,企业的资金运动主要包括资金的投入、资金的循环周转和资金的退出三个环节。其静态表现为某一特定时点资产、负债和所有者权益之间的数量关系,动态表现为收入、费用和利润之间的数量关系。而资产、负债、所有者权益、收入、费用和利润六要素正是会计核算所要反映的基本内容。

2.2 会 计 要 素

2.2.1 会计要素的含义及其分类

1. 会计要素的含义

会计的对象是社会再生产过程中的资金运动。但是这一概念较为抽象,在会计实践中,为了进行分类核算,从而提供各种分门别类的会计信息,就必须对会计对象的具体内容进行适当分类,于是,会计要素这一概念应运而生。会计要素是指根据交易或者事项的经济特征所确定的财务会计对象的基本分类。它是会计核算对象的具体化,是用于反映会计主体财务状况、确定经营成果的基本单位。

2. 会计要素的分类

我国《企业会计准则》将会计要素划分为资产、负债、所有者权益、收入、费用和利润六类。这六大会计要素又可以划分为两大类,其中,前三类属于反映财务状况的会计要素,在资产负债表中列示;后三类属于反映经营成果的会计要素,在利润表中列示。

2.2.2 会计要素的意义

会计要素的划分在会计核算中具有十分重要的意义,具体表现在以下几方面。

第一,会计要素是会计内容的基本分类,它为会计分类核算提供了基础。把会计内容划分为会计要素将产生三方面的作用:一是可以按照会计要素的分类提供会计数据和会计信息；二是可以按照会计要素的分类，分别进行会计确认和会计计量，使会计确认和会计计量有了具体的对象；三是会计要素的划分是设置会计科目和会计账户的基本依据。

第二，会计要素是构成会计报表的基本框架，为设计会计报表奠定了基础。会计报表是提供会计信息的基本手段，会计报表应该提供一系列指标，这些指标主要由会计要素构成，会计要素是会计报表框架的基本构成内容。

2.2.3 会计要素的确认

1. 资产

(1) 资产的含义与特征。资产是指由企业过去的交易或者事项形成的、由企业拥有或者控制的、预期会给企业带来经济利益的资源。资产具有下列三个特征。

第一，资产是由企业过去的交易或者事项形成的。"过去的交易或者事项"包括购买、生产、建造行为以及其他交易或者事项。资产必须是过去已经发生的交易或事项所产生的结果。未来交易或事项可能产生的结果，不属于现在的资产，不得作为资产来确认。

第二，资产是企业拥有或者控制的资源。"由企业拥有或者控制"，是指企业享有某项资源的法定所有权，或者虽然不享有某项资源的法定所有权，但该资源能被企业所控制。一项经济资源是否属于企业的资产，不仅要看其所有权，还要看其控制权，即所有权不是确认资产的绝对标准。例如，企业融资租赁的固定资产。

第三，资产预期会给企业带来经济利益。"预期会给企业带来经济利益"，是指直接或者间接导致现金和现金等价物流入企业的潜力，即可以预先期待能够在未来直接或间接地为企业带来现金流入量，这是资产的本质特征。按照这一特征，判断一项支出是否构成资产，只有那些未来能给企业带来经济利益的支出才能确认为资产。如果一项支出不能为企业带来未来经济利益，则不能确认为企业的资产，而应作为费用或损失处理。例如，企业报废的机器设备就不能作为企业的资产入账。

(2) 资产的确认条件。将一项资源确认为资产，需要符合资产的定义，还应同时满足以下两个条件。

第一，与该资源有关的经济利益很可能流入企业。从资产的定义来看，能否带来经济利益是资产的一个本质特征，但在现实生活中，由于经济环境瞬息万变，资产在确认时还应考虑经济利益能否流入企业以及能够流入多少的不确定性程度。如果根据编制财务报表时所取得的证据，与资源有关的经济利益很可能流入企业，那么就应当将其作为资产予以确认；反之，不能确认为资产。例如，企业如果判断应收账款很可能部分或全部无法收回，则表明该部分或全部应收账款不符合资产确认条件，应当计提坏账准备，减少资产价值。

第二，该资源的成本或者价值能够被可靠地计量。财务会计系统是一个确认、计量和报告的系统，其中可计量性是所有会计要素确认的重要前提，资产的确认也是如此。只有当有关资源的成本或者价值能够被可靠地计量时，资产才能予以确认。在实务中，企业取得的许多资产都发生了实际成本，如企业购置的厂房、设备，以及购买或者生产的存货等，对于这些资产，只要实际发生的购买成本或者生产成本能够可靠计量，就可认为符合资产确认的可计量要求。在某些特定情况下，企业取得的资产没有发生实际成本或者发生的实际成本很小，但是如果其公允价值能够可靠计量，也被认为符合资产可计量性的确认条件。

(3) 资产的分类。资产可以有多种分类标准。按资产的实体形态，可分为有形资产和无形资产；按资产的变现能力或耗用期限，可分为流动资产和非流动资产。目前，我国会计实务中，通常按照第二种标准进行分类。

流动资产，是指将在一年(含一年)或超过一年的一个营业周期内变现或耗用的资产。即流动资产是指满足下列条件之一的资产：①预计在一个正常营业周期中变现、出售或耗用；②主要为交易目的而持有；③预计在资产负债表日起一年内(含一年)变现；④自资产负债表日起一年内交换其他资产或清偿负债的能力不受限制的现金或现金等价物等。其中，一个正常营业周期是指企业从购买用于加工的资产起至实现现金或现金等价物的期间。正常营业周期通常短于一年，在一年内有几个营业周期。但是也存在正常营业周期长于一年的情况。当正常营业周期不能确定时，应当以一年(12个月)作为正常营业周期。流动资产主要包括库存现金、银行存款、交易性金融资产、应收票据、应收账款、预付账款、应收利息、应收股利、其他应收款、存货、一年内到期的长期资产等。

非流动资产，也称长期资产，是指除流动资产以外的资产，通常包括长期股权投资、持有至到期的投资、固定资产、无形资产和其他财产。

2. 负债

(1) 负债的含义与特征。负债是指由企业过去的交易或者事项形成的，预期会导致经济利益流出企业的现时义务。如果把资产理解为企业的权利，那么负债就是企业所承担的义务。负债具有以下三个特征。

第一，负债是由过去的交易或事项形成的义务。负债是由过去的交易或事项形成的经济责任或经济义务，是企业过去的交易或事项的一种结果，尚未发生的交易或事项不能确认为负债。如从银行借入的款项、购货形成的应付账款等，应作为一项负债确认。

第二，负债是企业承担的现时义务。现时义务是指企业在现行条件下已承担的义务。未来发生的交易或事项形成的义务，不属于现时义务，不应当确认为负债。如企业将在未来发生的承诺、与供货单位签订的赊购合同等交易或者事项，就不能作为一项负债确认。

第三，负债预期会导致经济利益流出企业。负债必须于未来某个特定时期予以偿还。一般情况下，负债都有确切的债权人和到期日，到期都必须偿还，负债只有清偿后才能消失。因此，企业在履行偿还义务时会引起经济利益流出企业。由过去的交易或事项所导致的现时义务，如不需要履行偿还义务就不会导致未来经济利益流出企业，因而就不能确认为负债。

(2) 负债的确认条件。将一项现时义务确认为负债，需要符合负债的定义，还应当同时满足以下两个条件。

第一，与该义务有关的经济利益很可能流出企业。预期会导致经济利益流出企业是负债的本质特征。在现实经济生活中，履行义务导致经济利益流出企业可能带有一定的不确定性，如果有确凿证据表明，与现时义务有关的经济利益很可能流出企业，则应确认为负债；如果企业虽承担了现时义务，但导致经济利益流出企业的可能性很小，则不应将其作为负债。因此，负债的确认还应与经济利益流出企业的不确定性程度的判断相结合。

第二，未来流出的经济利益的金额能够可靠地计量。可计量性是所有会计要素确认的重要前提，负债的确认也是如此。只有当履行该义务时导致未来流出的经济利益的金额能够可靠计量时，才能确认为负债，否则不能将其作为企业的负债予以确认，只能进行披露。

(3) 负债的分类。负债也可以按照不同的标准进行分类，但通常按其流动性分为流动负债和非流动负债。这里的流动性指的是负债的偿还期限。

流动负债，是指将在一年或超过一年的一个营业周期内偿还的债务。即流动负债是指满足下列条件之一的负债：①预计在一个正常营业周期内清偿；②主要为交易目的而持有；③预计在资产负债表日起一年内(含一年)到期应予以清偿；④企业无权将清偿推迟至资产负债表日后一年以上。流动负债主要包括短期借款、应付票据、应付账款、预收账款、应付职工薪酬、应交税费、应付股利、其他应付款，以及一年内到期的长期负债等。

非流动负债，也称为长期负债，是指除流动负债以外的负债，即指偿还期在一年或超过一年的一个营业周期以上的债务。非流动负债主要包括长期借款、应付债券、长期应付款等。

3. 所有者权益

(1) 所有者权益的含义与特征。所有者权益是指企业资产扣除负债后由所有者享有的剩余权益，又称为股东权益。所有者权益是所有者对企业资产的剩余索取权，它是企业资产中扣除债权人权益后应由所有者享有的部分。资产减去负债后的差额，又称为净资产。所有者权益在性质上，体现为所有者对企业资产的剩余索取权；在数量上，体现为资产减去负债后的差额。

所有者权益具有以下三个特征。

第一，除非发生减资、清算或分派现金股利，企业不需要偿还所有者权益。

第二，企业清算时，只有在清偿所有的负债后，所有者权益才返还给所有者。

第三，所有者凭借所有者权益能够参与企业利润的分配。

(2) 所有者权益的确认条件。所有者权益的确认、计量主要取决于资产、负债、收入、费用等其他会计要素的确认和计量。所有者权益在数量上等于企业资产总额扣除债权人权益后的净额，即为企业的净资产，反映所有者(股东)在企业资产中享有的经济利益。

(3) 所有者权益的分类。所有者权益的来源包括所有者投入的资本、直接计入所有者权益的利得和损失、留存收益等，具体表现为实收资本(或股本)、资本公积(含资本溢价或股本溢价、其他资本公积)、盈余公积和未分配利润。

所有者投入的资本既包括构成企业注册资本(实收资本)或者股本部分的金额，也包括投入资本超过注册资本或者股本部分的金额，即资本溢价或者股本溢价，这部分投入资本在我国《企业会计准则》体系中被计入资本公积，并在资产负债表中的资本公积项目反映出来。

直接计入所有者权益的利得和损失是指不应计入当期损益、会导致所有者权益发生增减变动的、与所有者投入资本或者向所有者分配利润无关的利得或者损失。

留存收益是盈余公积和未分配利润的统称，其来源于企业生产经营所获得的利润，并通过历年累积留存在企业尚未以股利形式分配给股东的部分。

4. 收入

(1) 收入的含义与特征。收入是指企业在日常活动中形成的、会导致所有者权益增加的、与所有者投入资本无关的经济利益的总流入。根据收入的定义，收入具有以下三个特征。

第一，收入是企业在日常活动中形成的。日常活动是指企业为完成其经营目标所从事的经常性活动以及与之相关的活动。收入来源于企业的日常活动，既不是从偶发的交易或事项中产生，也不是来源于所有者的投入资本或债权人的债务。例如，工业企业制造并销售产品、商业企业销售商品、运输企业提供运输服务、租赁公司出租资产等，均属于企业的日常活动。日常活动是确认收入与利得的重要判断标准，凡是日常活动所形成的经济利益的流入均应当确认为收入；反之，非日常活动所形成的经济利益的流入则不能确认为收入，而应当确认为利得。利得是指由企业非日常活动所形成的、会导致所有者权益增加的、与所有者投入资本无关的经济利益的流入。例如，处置固定资产或无形资产属于企业的非日常活动，所形成的净利益就不应确认为收入，而应当确认为利得。

第二，收入会导致所有者权益的增加。收入可能表现为企业资产的增加，也可能表现为企业负债的减少，或者二者兼而有之，从而使企业所有者权益增加。例如，企业通过销售商品一方面会取得收入，另一方面会导致银行存款或应收账款增加或者预收账款减少，从而使企业所有者权益增加。不能导致所有者权益增加的经济利益的流入，不符合收入的定义，因而不应确认为收入。例如，企业向银行借入款项，虽导致了企业经济利益的流入，但同时也使企业承担了一项负债，未能导致所有者权益增加，因此不应将其确认为收入，而应当确认为一项负债。

第三，收入是与所有者投入资本无关的经济利益的总流入。所有者投入资本虽导致了企业经济利益的流入，同时增加了企业资产，但这项经济利益的流入并非来自企业的日常活动，因此不应确认为收入，而应当将其直接确认为所有者权益。企业为第三方或客户代收的款项，也会导致经济利益的流入，但不应确认为收入，应当确认为一项负债。

(2) 收入的确认条件。收入的确认除符合收入的定义外，至少应当符合以下三个条件。

第一，与收入相关的经济利益应当很可能流入企业。很可能是指经济利益流入企业的可能性超过 50%。销售商品或提供劳务的价款能否有把握收回，是收入确认的一个重要条件。企业在销售商品或提供劳务时，如估计价款收回的可能性不大，即使收入确认的其他条件均已满足，也不应当确认为收入。

第二，经济利益流入企业的结果会导致资产的增加或者负债的减少。

第三，经济利益的流入额能够可靠计量。企业在销售商品或提供劳务时，某些不确定因素致使价格不能确定，这种情况下即使已经收到款项，也只能作为预收账款来处理。因为在价格未确定之前，由于经济利益的流入额不能够可靠计量，因而不应确认为收入。

(3) 收入的分类。收入按经营业务主次的不同，可分为主营业务收入和其他业务收入。主营业务收入是由企业的主营业务所带来的收入，如工业企业销售产品、商业企业销售商品、运输企业提供运输服务、保险公司签发保单、租赁公司出租资产等取得的收入；其他业务收入是除主营业务活动以外的其他经营活动实现的收入，如工业企业出租固定资产和无形资产、出租包装物和商品、销售材料收入等。

收入按性质的不同,可分为商品销售收入、提供劳务收入和让渡资产使用权收入。商品销售收入为企业向客户销售商品所取得的销售收入。提供劳务收入为企业向客户提供劳务所取得的劳务收入。让渡资产使用权收入为企业向客户让渡资产使用权所取得的利息和使用费收入。

5. 费用

1) 费用的含义与特征

费用是指企业在日常活动中发生的、会导致所有者权益减少的、与向所有者分配利润无关的经济利益的总流出。根据费用的定义,费用具有以下三个特征。

第一,费用是企业在日常活动中产生的。费用必须是在企业日常活动中产生的,费用产生的日常活动的界定与收入产生的日常活动的界定是一致的。将费用界定为日常活动中所产生的,目的是将其与损失相区分。企业非日常活动所发生的经济利益的流出不能确认为费用,而应当计入损失。损失是指由企业非日常活动所发生的、会导致所有者权益减少的、与向所有者分配利润无关的经济利益的流出,如营业外支出。

第二,费用会导致所有者权益的减少。费用本质是资产的转化形式,是企业资产的耗费。因此,费用的产生一定会导致企业所有者权益的减少。

第三,费用是与向所有者分配利润无关的经济利益的总流出。企业经股东大会或类似机构决议,向股东或投资者分配利润,也会导致经济利益流出企业,但该经济利益的流出是所有者权益的抵减项目,不应确认为费用。

2) 费用的确认条件

费用的确认除了应当符合定义外,还应当符合以下三个条件。

第一,与费用相关的经济利益应当很可能流出企业。其中"很可能"的判断与收入确认条件中的"很可能"相同。

第二,经济利益流出企业的结果会导致资产的减少或者负债的增加。费用的表现形式为资产的减少或负债的增加,或二者兼而有之。当经济利益流出企业导致企业资产减少或者负债增加或二者兼而有之时,应确认为费用。

第三,经济利益的流出额能够可靠计量。只有当经济利益的流出额能够可靠计量时,才能确认为费用。

3) 费用的分类

费用按经济用途可分为生产费用和期间费用。

生产费用是指与企业日常生产经营活动有关的费用,生产费用按其经济用途可分为直接材料、直接人工和制造费用。生产费用应按其实际发生情况计入产品的生产成本;对于生产几种产品共同发生的生产费用,应当按照受益原则,采用适当的方法和程序分配计入相关产品的生产成本。

期间费用是指企业本期发生的、不能直接或间接归入产品生产成本,而应直接计入当期损益的各项费用,包括管理费用、销售费用和财务费用。

6. 利润

1) 利润的含义与特征

利润是指企业在一定会计期间的经营成果。通常情况下,如果企业实现了利润,那么表明企业的所有者权益增加，业绩得到了提升；反之，如果企业发生了亏损(即利润为负数)，那么表明企业的所有者权益减少，业绩下降。利润是评价企业管理层业绩的指标之一，也是投资者等财务会计报告使用者进行决策时的重要参考依据。

2) 利润的确认条件

利润的确认主要依赖于收入和费用，以及直接计入当期利润的利得和损失的确认，其金额的确定也主要取决于收入、费用、利得、损失金额的计量。

3) 利润的构成

利润包括收入减去费用后的净额、直接计入当期损益的利得和损失等。其中，收入减去费用后的净额反映了企业日常活动的经营业绩；直接计入当期损益的利得和损失反映了企业非日常活动的业绩。

直接计入当期损益的利得和损失，是指应当计入当期损益、最终引起所有者权益发生增减变动的、与所有者投入资本或者向所有者分配利润无关的利得或者损失。企业应当严格区分收入和利得、费用和损失，以便全面反映企业的经营业绩。

2.2.4 会计要素的计量

会计要素的计量是将符合确认条件的会计要素登记入账，并列报于财务报表而确定其金额的过程。不同的计量属性，会使相同的会计要素表现为不同的货币数量，因此，企业应当按照规定的会计计量属性进行计量，确定相关金额。

1. 会计计量属性及其构成

会计计量属性是指会计要素的数量特征或外在表现形式，反映了会计要素金额的确定基础，主要包括历史成本、重置成本、可变现净值、现值和公允价值等。

(1) 历史成本。历史成本又称为实际成本，是指为取得或制造某项财产物资实际支付的现金或其他等价物。采用历史成本计量，资产按照其购置时支付的现金或者现金等价物的金额，或者按照购置资产时所付出的对价的公允价值计量。负债按照其因承担现时义务而实际收到的款项或资产的金额，或者承担现时义务的合同金额，或者按照日常活动中为偿还负债预期需要支付的现金或者现金等价物的金额计量。采用历史成本计量，对所计量的项目应当基于经济业务的实际交易成本，而不必考虑以后市场价格变化带来的影响。历史成本原则上成为会计计量中的最重要和最基本的属性。因此，历史成本是由实际交易而不是可能的交易所决定的，并且它又为交易双方所认可，具有较大的可靠性和可验证性。

(2) 重置成本。重置成本又称现行成本，是指按照当前市场条件，重新取得同样一项资产所需要支付的现金或者现金等价物金额。采用重置成本计量，资产按照现在购买相同或者相似资产所需支付的现金或者现金等价物的金额计量；负债按照现在偿付该项债务所需支付的现金或者现金等价物的金额计量。例如，企业进行财产清查时发现一台全新设备尚未入账，而与该设备相同品牌规格型号设备的市场价格为30万元。如果按重置成本计量，该固定资产的入账价值则为30万元。重置成本是现在时点重新取得同样一项资产所需要支付的成本，在实务中多应用于盘盈存货或固定资产的计量等方面。

(3) 可变现净值。可变现净值是指在正常的生产经营过程中，以资产预计售价减去进一步加工成本和预计销售费用以及相关税费后的净值。在可变现净值的计量下，资产按照其正常对外销售所能收到现金或者现金等价物的金额扣减该资产至完工时估计将要发生的成本、估计的销售费用以及相关税费后的金额计量。例如，甲公司期末原材料的账面余额为 100 万元，数量为 10 吨。该原材料专门用于生产与乙公司所签合同约定的 20 台 Y 产品。该合同约定：甲公司为乙公司提供 Y 产品 20 台，每台售价 10 万元。将该原材料加工成 20 台 Y 产品尚需加工成本 95 万元。估计销售每台 Y 产品需产生相关税费 1 万元。期末该原材料的可变现净值=20×10 万元-95 万元-20×1 万元=85 万元。可变现净值是在不考虑货币时间价值的情况下，以持续经营为前提，以资产在正常使用过程中可能带来的预期净现金流入的金额对资产进行计量，通常应用于存货减值情况下的后续计量。

(4) 现值。现值是指对某一资产的未来现金流量以恰当的折现率进行折现后的价值，是考虑货币时间价值的一种计量属性。采用现值计量，资产按照预计从其持续使用和最终处置中所产生的未来净现金流入量的折现金额计量。负债按照预计期限内需要偿还的未来净现金流出量的折现金额计量。例如，某公司的一项设备原价为 30 万元，累计折旧为 10 万元，预计该设备未来现金净流量的现值为 25 万元。因此，如果按现值计量，该固定资产的入账价值则为 25 万元。现值通常应用于非流动资产可收回金额和以摊余成本计量的金融资产价值的确定等方面。相对于可变现净值，现值计量考虑了货币时间价值因素的影响。

(5) 公允价值。公允价值是指市场参与者在计量日发生的有序交易中，出售一项资产所能收到或者转移一项负债所需支付的价格。其中，有序交易是指在计量日前一段时期内相关资产或负债的交易总会发生，且所发生的市场环境没有多大变化。有序交易强调交易活动的经常性，是对正常市场秩序的认可，是市场对资产正确定价的前提。只有在有序交易的前提下，才能保证公允价值取得的持续性和可靠性。例如，某企业于 2016 年 8 月 30 日以银行存款购入创新股份的普通股股票 30 000 股作为交易性金融资产，每股成交价为 10 元。该股票在 2016 年 12 月 31 日每股收盘价为 16 元，并且 A 企业仍持有 30 000 股。假如不考虑其他因素，该项交易性金融资产在 2016 年 12 月 31 日的公允价值为 480 000 元。公允价值计量主要应用于交易性金融资产、交易性金融负债、可供出售金融资产以及采用公允价值模式计量的投资性房地产等方面。相对于历史成本计量，公允价值计量所提供的会计信息具有更高的相关性。

如何更好地理解这些计量属性的定义？以资产为例：在某一个时点上对资产进行计量时，历史成本是这项资产取得时的公允价值；重置成本是在这个时点上取得这项资产的公允价值；可变现净值是这个时点上出售这项资产的公允价值；现值是这个时点上，不重新购买，也不出售，继续持有会带来的经济利益的公允价值；公允价值是在任何时候只要发生有序交易时，出售资产所收到或转移负债所付出的价格。这五种计量属性一览表如表 2-1 所示。

表 2-1 五种计量属性一览表

计量属性	对资产的计量	对负债的计量
历史成本	按照购置时的金额	按照承担现时义务时的金额
重置成本	按照现在购买时的金额	按照现在偿还时的金额
可变现净值	按照现在销售时的金额	—
现值	按照将来时的金额折现	
公允价值	有序交易中出售资产所能收到的价格	有序交易中转移负债所需支付的价格

2. 会计计量属性的运用原则

企业在对会计要素进行计量时，一般采用历史成本。采用重置成本、可变现净值、现值、公允价值计量的，应当保证所确定的会计要素金额持续取得并可靠计量。对于无法连续取得并且不能可靠计量的，则不允许使用这些计量属性。

2.3 会计等式

会计等式，也称会计恒等式、会计方程式或会计平衡公式，它是表明各会计要素之间基本关系的等式。会计等式以公式的形式揭示了会计要素之间的数量关系以及数量变化规律，是复式记账和编制会计报表的理论依据。

2.3.1 会计等式的表现形式

1. 财务状况等式

企业从事生产经营活动必须拥有一定数量的资产，如现金、固定资产和无形资产等。根据这些资产提供者的不同，可以分为所有者提供的资产和债权人提供的资产。为企业提供资产的组织和个人对资产有索偿权，会计上将这种索偿权称为权益。资产与权益是同一事项的两种说法，反映同一事项的两个方面，所以两者的金额必定相等，资产恒等于权益，用公式表示为：

$$资产=权益$$

在生产经营活动之初，企业资产的来源包括投资者投入和债权人投入。因此，债权人和投资者对企业的资产均拥有权益，其中，债权人投入的资产称为债权人权益，债权人权益又称为企业的负债，投资者投入的资产则形成企业的所有者权益，所以，上述公式又可表述为：

$$资产=负债+所有者权益$$

这一等式称为财务状况等式，亦称为基本会计等式和静态会计等式，是用以反映企业某一特定时点资产、负债和所有者权益三者之间平衡关系的会计等式。它表现出企业在一定日期资产的来源与占用情况，反映企业在一定日期资产存量及债权人和所有者对企业资产要求权的基本财务状况。该公式说明了资产、负债和所有者权益这三个会计基本要素之间的数量关系，是复式记账和编制资产负债表的理论依据。

2. 经营成果等式

不论是所有者还是债权人，将资产投入企业，就是想获得预期的收益。按照投入产出的原理，要想获得收益，就必须将资产投入生产经营活动，即将资产转化为有关的成本费用，并生产出满足社会需要的产品，将产品在市场上出售取得收入，并获得相应的利润，因此，收入、费用和利润这三个会计要素之间也存在等量关系，可以用公式描述为：

$$收入-费用=利润$$

这一等式称为经营成果等式，亦称动态会计等式，是用以反映企业一定时期收入、费用和利润之间恒等关系的会计等式。它反映了利润的实现过程，是编制利润表的依据。

3. 财务状况等式与经营成果等式的内在联系

财务状况等式体现了资产、负债、所有者权益三个要素之间的关系，经营成果等式体现了收入、费用和利润三个要素之间的关系。如果把这六个要素放在一个等式中分析，它们之间的关系可以理解为：由于企业是投资者投资的，按照"谁投资谁受益"的原则，企业实现的利润(亏损)只能归属于投资者，所以利润是所有者权益的一部分。因此可得到：

$$资产=负债+(所有者权益+利润)$$
$$=负债+(所有者权益+收入-费用)$$

即：

$$资产=负债+所有者权益+收入-费用$$

这一等式反映了企业的财务状况与经营成果之间的关系。企业的经营成果影响企业的财务状况。当收入大于费用时，表明企业获得了利润，使资产增加或负债减少，导致财务状况好转；当收入小于费用时，表明企业发生了亏损，将会使资产减少或负债增加，导致财务状况恶化。这个公式将企业的财务状况与经营成果联系起来，全面反映了企业经济活动过程中会计要素之间的内在联系。这一公式是基本会计等式的一种转化形式，到期末结账，利润归入所有者权益项目后，则会计等式又恢复到基本形式，即：

$$资产=负债+所有者权益$$

2.3.2 经济业务对会计等式的影响

经济业务，又称会计事项，是指在经济活动中使会计要素发生增减变动的交易或者事项。

经济业务的发生必然会引起会计要素在数量上的增减变化。企业在一定时期内发生的全部经济业务，按其对会计要素的影响不同，分为两大类：一类经济业务只涉及资产、负债和所有者权益数量上的增减变化；另一类经济业务涉及收入、费用和利润的增减变化。但无论它们怎样变化，其结果都不会破坏会计等式的平衡。也就是说，任何经济业务的发生所引起的会计等式中各会计要素的增减变化，都不会破坏会计等式的平衡。每一时点上企业所有的资产总额必然等于权益总额，即永远是资产总额=负债总额+所有者权益总额。为什么任何一项经济业务的发生会引起会计要素的各种变化，而不会打破会计等式的恒等关系呢？这是因为，无论经济业务多么复杂和千变万化，它所引起的会计要素的变化，归纳起来不外乎以下四类情况。

第一类：会计等式左边的会计要素项目一增一减，会计等式保持平衡。
第二类：会计等式左右两边的要素项目同时增加，会计等式保持平衡。
第三类：会计等式左右两边的要素项目同时减少，会计等式保持平衡。
第四类：会计等式右边的两个要素项目一增一减，会计等式保持平衡。

企业经济业务按其对财务状况等式的影响不同可以细分为以下九种基本类型。

① 一项资产增加，另一项资产等额减少的经济业务。
② 一项资产增加，一项负债等额增加的经济业务。
③ 一项资产增加，一项所有者权益等额增加的经济业务。

④ 一项资产减少，一项负债等额减少的经济业务。
⑤ 一项资产减少，一项所有者权益等额减少的经济业务。
⑥ 一项负债增加，另一项负债等额减少的经济业务。
⑦ 一项负债增加，一项所有者权益等额减少的经济业务。
⑧ 一项所有者权益增加，一项负债等额减少的经济业务。
⑨ 一项所有者权益增加，另一项所有者权益等额减少的经济业务。

以上各种经济业务类型表明，经济业务的发生，不会破坏会计等式的平衡关系。举例说明如下。

假设三明公司在 2020 年 7 月 31 日有关资产、负债、所有者权益的状况如表 2-2 所示。

表 2-2　资产、负债和所有者权益状况

2020 年 7 月 31 日　　　　　　　　　　　　　　　　　　单位：元

资产项目	金　额	负责及所有者权益项目	金　额
库存现金	2 000	应付账款	600 000
银行存款	600 000	短期借款	131 000
库存商品	80 000	实收资本	700 000
应收账款	49 000		
固定资产	700 000		
合计	1 431 000	合计	1 431 000

8 月份发生下列经济业务。

(1) 8 月 5 日收到三钢公司投资 60 万元，其中，实物投资价值 40 万元，现金投资 20 万元，已存入银行。

该笔业务发生后，企业资产方的固定资产增加了 40 万元，银行存款增加了 20 万元。同时企业所有者权益中的实收资本增加了 60 万元。

(2) 8 月 15 日，用银行存款 10 万元归还银行短期借款。

该笔业务发生后，企业资产方的银行存款减少了 10 万元，同时负债方的短期借款也减少了 10 万元。

(3) 8 月 28 日，购入设备一台，价值 5 万元，以银行存款支付，设备已交付使用。

该笔业务发生后，企业资产方的固定资产增加了 5 万元，同时资产方银行存款减少了 5 万元。

(4) 8 月 28 日，向银行借入短期借款 20 万元，存入企业银行存款账户。

该笔业务发生后，企业负债方的短期借款增加了 20 万元，同时资产方的银行存款增加了 20 万元。

(5) 8 月 30 日，从开户银行提取现金 2 000 元，以备零星开支。

该笔业务发生后，企业资产方的库存现金增加了 2 000 元，同时资产方的银行存款减少了 2 000 元。

(6) 8 月 30 日，收回应收账款 3 万元，存入银行。

该笔业务发生后，企业资产方的银行存款增加了 3 万元，同时资产方的应收账款减少了 3 万元。

上述六笔经济业务所引起的资产、负债和所有者权益的状况变动情况如表 2-3 所示。

表 2-3　资产、负债和所有者权益状况变动

2020 年 8 月 31 日　　　　　　　　　　　　　　　　　　　　　单位：元

资产项目	期初余额	增加额	减少额	期末余额	负责及所有者权益项目	期初余额	增加额	减少额	期末余额
库存现金	2 000	2 000		4 000	应付账款	600 000			600 000
银行存款	600 000	430 000	152 000	878 000	短期借款	131 000	200 000	100 000	231 000
库存商品	80 000			80 000	实收资本	700 000	600 000		1 300 000
应收账款	49 000		30 000	19 000					
固定资产	700 000	450 000		1 150 000					
合计	1 431 000	882 000	182 000	2 131 000	合计	1 431 000	800 000	100 000	2 131 000

小　结

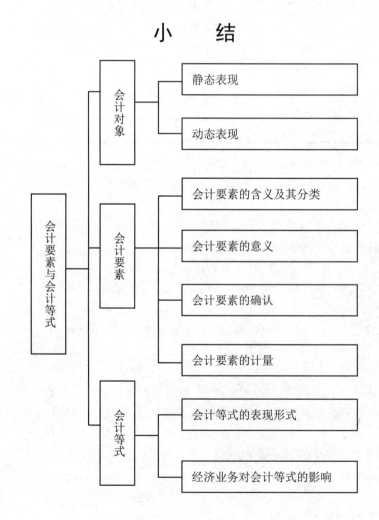

同步测试

一、单项选择题

1. 一个企业的资产总额与所有者权益总额(　　)。
   A. 必然相等　　　　　　　　　B. 有时相等
   C. 不会相等　　　　　　　　　D. 只有在期末时相等
2. 企业所拥有的资产从财产权利归属来看,一部分属于投资者,另一部分属于(　　)。
   A. 企业职工　　　　　　　　　B. 债权人
   C. 债务人　　　　　　　　　　D. 企业法人
3. 构成企业所有者权益主体的有(　　)。
   A. 盈余公积　　　　　　　　　B. 资本公积
   C. 实收资本　　　　　　　　　D. 未分配利润
4. 一项资产增加,一项负债增加的经济业务发生后,都会使资产与权益原来的总额(　　)。
   A. 发生同增的变动　　　　　　B. 发生同减的变动
   C. 不会变动　　　　　　　　　D. 发生不相等的变动
5. 下列经济业务中,影响资产总额变动的有(　　)。
   A. 收回应收账款　　　　　　　B. 向职工发放工资
   C. 购买设备　　　　　　　　　D. 从银行提取现金
6. 最基本的会计等式是(　　)。
   A. 收入-费用=利润　　　　　　B. 收入-成本=利润
   C. 资产=负债+所有者权益　　　D. 资产+负债=所有者权益
7. 某企业6月初的资产总额为60 000元,负债总额为25 000元。6月份取得收入28 000元,发生费用共计18 000元,则6月末该企业的所有者权益总额为(　　)。
   A. 85 000元　　　　　　　　　B. 35 000元
   C. 10 000元　　　　　　　　　D. 45 000元
8. 下列属于企业资产的有(　　)。
   A. 应付账款　　　　　　　　　B. 融资租入的设备
   C. 预收账款　　　　　　　　　D. 即将购入的原材料
9. 经济业务发生仅涉及某一要素的两个项目时,则必然引起该要素中的这两个项目发生(　　)。
   A. 同增变动　　　　　　　　　B. 同减变动
   C. 一增一减变动　　　　　　　D. 不变动
10. 既是复式记账的理论基础,同时又是资产负债表编制依据的有(　　)。
    A. 会计准则　　　　　　　　　B. 会计科目
    C. 会计恒等式　　　　　　　　D. 会计主体
11. 企业对会计要素进行计量时,一般采用(　　)计量属性。

A. 可变现净值 B. 重置成本
C. 公允价值 D. 历史成本

12. 所有者权益在数量上等于( )。
    A. 所有者的投资 B. 实收资本与未分配利润之和
    C. 实收资本与资本公积之和 D. 全部资产减去全部负债后的净额

13. 银行将短期借款200 000元转为对本公司的投资,则本公司的( )。
    A. 负债减少,资产增加 B. 负债减少,所有者权益增加
    C. 资产减少,所有者权益增加 D. 所有者权益内部一增一减

14. 反映企业经营成果的会计要素是( )。
    A. 收入、费用和利润 B. 资产、负债和所有者权益
    C. 收入、资产和负债 D. 资产、负债和利润

15. 生产费用是指与企业日常生产经营活动有关的费用,按其经济用途分类,以下选项不包括( )。
    A. 直接材料 B. 直接人工
    C. 制造费用 D. 期间费用

16. 下列不属于非流动负债的有( )。
    A. 应付票据 B. 应付债券
    C. 长期借款 D. 长期应付款

17. 企业收入的发生往往会引起( )。
    A. 负债增加 B. 资产减少
    C. 资产增加 D. 所有者权益减少

18. 下列关于会计要素的表述中,不正确的有( )。
    A. 会计要素用于反映企业财务成果和经营状况
    B. 会计要素包括资产、负债、所有者权益、收入、费用和利润
    C. 资产、负债和所有者权益称为动态会计要素
    D. 利润要素的确认主要依赖于收入和费用

19. 下列各项中,不属于资产要素基本特点的有( )。
    A. 资产由企业过去的交易或事项形成
    B. 必须是有形资产
    C. 预期会给企业带来经济利益
    D. 由企业拥有或控制

20. 下列引起资产和权益同时减少的业务是( )。
    A. 用银行存款偿还应付账款 B. 向银行借款直接偿还应付账款
    C. 购买材料货款暂未支付 D. 工资计入产品成本但暂未支付

二、多项选择题

1. 企业负债按其流动性可分为( )。
    A. 应付账款 B. 流动负债
    C. 非流动负债 D. 预收账款

2. 期间费用包括( )。
   A. 管理费用　　　　　　　　　　B. 财务费用
   C. 制造费用　　　　　　　　　　D. 销售费用
3. 下列等式中属于正确的会计等式的有( )。
   A. 资产=权益　　　　　　　　　　B. 资产=负债+所有者权益
   C. 收入-费用=利润　　　　　　　D. 资产=负债+所有者权益+(收入-费用)
4. 下列经济业务只引起会计等式左边会计要素变动的有( )。
   A. 购买材料800元，货款暂欠
   B. 银行提取现金500元
   C. 购买机器一台，以存款支付10万元货款
   D. 接受国家投资200万元
5. A公司购入机器设备一台共15万元。机器已经投入使用，货款尚未支付。该项经济业务的发生，意味着( )。
   A. 资产增加
   B. 负债增加
   C. 所有者权益增加
   D. 费用增加
6. 按照会计准则的规定，下列项目中应确认为收入的有( )。
   A. 出售原材料取得的收入　　　　B. 设备出租收入
   C. 违约金收入　　　　　　　　　D. 销售商品收入
   E. 企业负债的减少
7. 企业的费用会导致( )。
   A. 企业所有者权益的减少　　　　B. 企业资产的减少
   C. 企业负债的增加　　　　　　　D. 企业资产的减少或负债的增加
8. 下列属于流动资产的有( )。
   A. 银行的存款　　　　　　　　　B. 存放在仓库的材料
   C. 厂房和机器　　　　　　　　　D. 企业的办公楼
9. 下列属于会计计量属性的有( )。
   A. 历史成本　　　　　　　　　　B. 可变现净值
   C. 公允价值　　　　　　　　　　D. 现值
10. 负债的特点有( )。
    A. 负债是由过去的交易或事项所引起的、企业未来承担的义务
    B. 负债是企业承担的现时义务
    C. 负债是由过去的交易或事项形成的义务
    D. 负债预期会导致经济利益流出企业

三、判断题

1. 会计要素中既有反映财务状况的要素，也有反映经营成果的会计要素。　　　　( )

2. 收入减去费用等于利润的关系是企业编制利润表的基础。（　）
3. 当企业所有者权益增加，必然表现为企业资产的增加。（　）
4. 只有企业拥有某项财产物资的所有权时才能将其确认为企业的资产。（　）
5. 所有者权益简称权益。（　）
6. 企业向投资者分配利润，也会导致经济利益的流出，可作为费用。（　）
7. 生产费用按其经济用途可分为管理费用、销售费用、财务费用和制造费用。（　）
8. 不管任何企业发生任何经济业务，会计等式的左右两方金额永不变，故永相等。（　）
9. 企业向银行借入款项，也导致了企业经济利益的流入，应将其确认为收入。（　）
10. 留存收益是盈余公积和未分配利润的统称。（　）

四、业务题

【业务题一】

(一)目的：练习资产、负债、所有者权益项目的区分。

(二)资料：宏远公司某月末各项目余额如下。

(1) 房屋 300 000 元。
(2) 机器设备 200 000 元。
(3) 库存生产用钢材 50 000 元。
(4) 应收京通厂的货款 15 000 元。
(5) 出纳员保管的现金 800 元。
(6) 库存完工产品 20 000 元。
(7) 向银行借入期限 2 年的借款 200 000 元。
(8) 应付海天厂购料款 22 000 元。
(9) 应缴未缴所得税 40 000 元。
(10) 国家投入的资本 500 000 元。

(三)要求：划分所属的资产、负债、所有者权益项目。

【业务题二】

(一)目的：练习"资产+费用=负债+所有者权益+收入"会计等式。

(二)资料：某企业 7 月初的资产总额为 1 000 000 元，负债总额为 300 000 元，所有者权益总额为 700 000 元，7 月中旬从银行借入借款期为 3 个月的短期借款 400 000 元，应当由 7 月份承担的费用为 60 000 元，7 月末的资产总额为 1 420 000 元，假设 7 月份没有其他经济业务。

(三)要求：计算 7 月份的收入额。

【业务题三】

(一)目的：练习会计要素和会计等式。

(二)资料：宏远公司 2012 年 5 月 31 日的资产负债表显示资产总计 375 000 元，负债总计 112 000 元，所有者权益总计 263 000 元。该公司 2012 年 6 月发生如下经济业务。

(1) 用银行存款购入全新机器一台，价值 30 000 元。
(2) 投资人投入原材料，价值 10 000 元。

(3) 以银行存款偿还所欠供应单位账款 5 000 元。
(4) 收到供应单位所欠账款 8 000 元，收存银行。
(5) 将一笔长期负债 50 000 元转为对企业的投资。
(6) 按规定将 20 000 元资本公积金转为实收资本。
(三)要求：(1) 根据 6 月份发生的经济业务，说明经济业务的发生对会计要素的影响。
(2) 计算 6 月末宏远公司的资产总额、负债总额和所有者权益总额。

思考与练习

1. 什么是会计对象？我国企业的会计要素有哪些？
2. 简述各会计要素的定义、特征、分类及其确认条件。
3. 什么是会计计量属性？它包括哪些内容？
4. 基本的会计等式是什么？它有何作用？
5. 经济业务的发生对会计等式有何影响？
6. 简述经济业务的类型。

第 3 章　会计核算基础

【知识目标】
- 掌握会计核算的基本前提。
- 掌握会计信息质量的要求。
- 掌握会计基础和会计确认计量的要求。

【技能目标】

掌握在权责发生制、收付实现制两种不同会计的基础上，收入和费用支出的确认。

3.1　会计核算的基本前提

会计核算是以企业生产经营过程中的资金运动为对象，目的是通过对经济业务事项的确认、计量、记录和报告，反映特定主体单位的经济活动，向相关各方提供会计信息。在会计实践工作中，会计核算体现为记账、算账、报账等过程。在市场经济条件下，经济活动的复杂性，决定了资金运动也是一个纷繁复杂的过程，面对变化不定的经济环境，会计人员在组织会计核算时，就必须对会计核算所处的经济环境作出合理的判断。例如，会计为谁核算、给谁记账、会计核算的范围有多大；企业生产经营过程中的资金运动能否持续不断地进行下去；会计应以多长的时间间隔进行核算并为相关各方提供会计信息；在核算过程中如何对资金运动进行计量，等等。解决这些问题就是会计核算的基本前提。

会计核算的基本前提又称会计假设或会计基本假定，是指为了保证会计工作的正常进行和会计信息的质量，对会计核算的范围、内容、基本程序和方法所作的合理设定。会计假设是以人们在漫长的会计实践中形成的正确认识为依据，对经济业务事项所作出的符合人们思维习惯和逻辑的判断。在会计核算中，有关会计信息处理的原则和理论都是以会计假设为依据和前提，离开了会计假设，会计信息就无法产生，也就无法解释和运用，会计核算就无法建立。因此，会计假设是会计核算工作的基本前提和出发点，是处理会计信息、编制财务会计报告的依据。在我国的会计实践中，通常人们公认的会计核算的基本前提包括会计主体、持续经营、会计分期和货币计量四项。

3.1.1　会计主体

《企业会计准则——基本准则》第五条规定："企业应当对其本身发生的交易或者事项进行会计确认、计量和报告。"这是准则中对会计主体假设的规定和要求。

会计主体是指会计工作为其服务的特定单位和组织，明确会计主体是组织会计核算工作的首要前提。会计主体假设是指会计核算应当以企业发生的各项经济业务为对象，记录和反映主体自身的各项经济活动。即会计主体的前提要求会计人员只能核算和监督所在主体发生的经济活动，只记本主体的账。尽管企业的经济活动总与其他企业、单位和个人的经济活动相联系，但对于会计核算来说，其不包括企业所有者本人、其他企业单位与主体无关的经济活动。会计主体假设明确了会计工作的空间范围，对会计工作提出了以下基本要求。

1. 区分会计主体与法律主体

两者不是同一概念。一般来说，法律主体必然是会计主体，但会计主体不一定是法律主体，会计主体可以是一个有法人资格的企业，也可以是由若干家企业通过控股关系组织起来的集团公司，还可以是企业单位下辖的二级核算单位。独资、合伙形成的企业都可以是会计主体，但都不具有法人资格。

2. 区分会计主体与主体所有者

会计只限于对会计主体服务，只对主体所发生的经济业务进行会计处理，而不对主体所有者所发生的经济业务进行处理。区分会计主体与主体所有者有利于区分会计主体的经济资源和主体所有者的经济资源，以便明确各自所享有的经济权利和所承担的经济义务。

3. 区分会计主体之间的经济业务

在经济实践中，会计主体之间必然发生频繁的经济业务往来，而一项经济业务对于不同的主体可作出不同的判断和处理，会计主体假设就要求会计人员要从为之服务的特定主体方面去确认、计量、记录和报告，使得会计主体之间的经济业务能够得以区分。

3.1.2 持续经营

《企业会计准则——基本准则》第六条规定："企业会计确认、计量和报告应当以持续经营为前提。"这是准则中对持续经营假设的规定和要求。

持续经营是指会计主体的生产经营活动在可预见的未来将无限期地持续下去，不会破产、清算、解散。持续经营假设是指会计核算应当以企业持续、正常的生产经营活动为前提，将核算建立在非破产清算的基础上选择会计程序和会计处理方法，保证会计信息处理的一致性和稳定性，持续经营假设明确了会计工作的时间范围。

在市场经济条件下，任何企业在经营中都存在破产、清算等不能持续经营下去的风险，持续经营只是一个假设前提。这一前提为解决资产的计价和收益的确认提供了条件，只有在持续经营的前提下企业的资产和负债才能区分为流动性与非流动性，收入和费用的确认才能采用权责发生制，才有必要确立会计分期假设和配比、划分收益性支出与资本性支出、历史成本等会计确认与计量要求。当然，任何企业都存在破产、清算的可能性，一旦进入破产清算阶段，持续经营基础将被清算基础所取代，就应当改变会计核算的原则和方法，并在财务会计报告中作相应披露。

3.1.3 会计分期

《企业会计准则——基本准则》第七条规定:"企业应当划分会计期间,分期结算账目和编制财务会计报告。会计期间分为年度和中期,中期是指短于一个完整的会计年度的报告期间。"这是准则中对会计分期假设的规定和要求。

会计分期是指将企业持续不断的生产经营过程划分为连续的、等分的会计期间,以便分期结算账目和编制财务会计报告,及时向相关各方提供会计信息。从理论上来说,在企业持续经营的前提下,要反映企业的财务状况和经营成果只有在企业的所有经营活动结束后,才能通过收入与费用的归集对比,进行准确的计算,但如此提供的会计信息已失去意义,因此,必须人为地将持续经营的过程划分为较短的会计期间。

会计分期假设是对会计工作时间范围的具体划分,主要是确定会计年度。我国的会计年度采用历年制会计年度,即以公历的1月1日~12月31日日历年度作为一个会计年度。会计年度确定后,一般按日历确定会计半年度、会计季度和会计月度,其中,凡是短于一个完整的会计年度的报告期均称为中期。

会计分期假设对会计核算有着重要影响。有了会计分期,就产生了本期与非本期的区别,产生了收付实现制与权责发生制的区别,使不同类型的会计主体有了记账的基础,进而出现了应收、应付、预提、待摊等会计处理方法。只有正确地划分会计期间,才能准确地提供财务状况和经营成果的资料,进行会计信息的对比分析和利用。

3.1.4 货币计量

《企业会计准则——基本准则》第八条规定:"企业会计应当以货币计量。"这是准则对货币计量假设的规定和要求。

货币计量是指会计主体在会计确认、计量和报告时以货币作为计量尺度,反映会计主体的经济活动。以货币为主要计量尺度是会计核算的重要特点,这是由货币本身的属性决定的。货币是商品的一般等价物,能用以计量一切资产、负债和所有者权益,以及收入、费用和利润,具有综合性特点。其他计量单位,如实物计量、劳动计量,在会计核算中也要使用,但不占主要地位。

在我国,要求企业对所有经济业务采用同一种货币作为统一尺度进行计量。若企业的经济业务使用两种以上货币计量,应当选择一种作为基准,称为记账本位币。我国有关会计法规规定,企业会计核算以人民币为记账本位币,业务收支以外币为主的企业和境外企业,也可设定某种外币为记账本位币,但在编制会计报表时应当折算为人民币。

币值稳定,即假定用作计量单位的货币的购买能力是稳定不变的。在现实经济中,货币本身的价值也是变化波动的,但是如果没有这个假设就无法产生可靠的、稳定的、具有可比性的会计计量、记录和报告。因此,在会计核算时不考虑货币本身价值波动的影响,如果发生恶性通货膨胀，就需采用特殊的会计原则(如物价变动会计原则)来处理有关的经济业务。

上述会计核算的四项基本前提，具有相互依存、相互补充的关系。会计主体确定了会计核算的空间范围，持续经营与会计分期确立了会计核算的时间范围及长度，会计分期是对持续经营的补充，而货币计量为会计核算提供了必要的手段。没有会计主体，就不会有持续经营，没有持续经营，就不会有会计分期，没有货币计量，就不会有现代会计。

3.2 会计信息质量要求

会计作为一项管理活动，其基本任务就是向包括所有者在内的相关各方提供经济决策所需要的会计信息，会计信息质量的高低是衡量会计工作成败的标准。为了规范企业会计确认、计量和报告行为，保证会计信息的质量，我国《企业会计准则——基本准则》规定，会计信息质量特征包括以下几项内容：可靠性、相关性、可理解性、可比性、实质重于形式、重要性、谨慎性和及时性。

3.2.1 可靠性

《企业会计准则——基本准则》第十二条规定："企业应当以实际发生的交易或者事项为依据进行会计确认、计量和报告，如实反映符合确认和计量要求的各项会计要素及其他相关信息，保证会计信息真实可靠，内容完整。"

可靠性，又称真实性、客观性，是对会计信息质量的基本要求，是指会计核算提供的信息应当以实际发生的经济业务及表明经济业务发生的合法凭证为依据，如实地反映财务状况和经营成果。如果企业的会计核算不以实际发生的交易或事项为依据，没有如实反映企业的财务状况、经营成果和现金流量，会计工作就失去了存在的意义。

3.2.2 相关性

《企业会计准则——基本准则》第十三条规定："企业提供的会计信息应当与财务会计报告使用者的经济决策需要相关，有助于财务会计报告使用者对企业过去、现在或者未来的情况作出评价或者预测。"

相关性，又称有用性，是指企业提供的会计信息应能反映企业的财务状况、经营成果和现金流量，满足会计信息使用者的需要，即会计信息应该能满足相关各方的需要。相关性重在强调信息的有用性，为了使信息有用，信息必须与使用者的决策需要相关。因此，在收集、加工、处理和提供会计信息的过程中，要充分考虑会计信息使用者的信息需求。

3.2.3 可理解性

《企业会计准则——基本准则》第十四条规定:"企业提供的会计信息应当清晰明了,便于财务会计报告使用者理解和使用。"

可理解性,又称明晰性。提供会计信息的目的在于使用,要使用就必须了解会计信息的内涵,明确会计信息的内容。这就要求会计核算和财务会计报告清晰明了,包括会计记录应当准确、清晰,填制会计凭证、登记账簿、编制财务会计报告要数字准确、项目完整,钩稽关系清楚,对于不便理解的信息或容易产生误解的信息还应加以注释和说明,以提高明晰程度。

3.2.4 可比性

《企业会计准则——基本准则》第十五条规定:"企业提供的会计信息应当具有可比性。"

为了明确企业财务状况和经营业绩的变化趋势,使用者必须能够比较企业不同时期的财务报表信息。为了评估不同企业的财务状况、经营业绩和现金流量,使用者还必须比较不同企业的财务报表信息。因此对企业在不同时期以及对不同企业而言,同类交易或其他事项的计量和报告,都必须采用一致的方法,使得会计信息相互可比。

可比性要求企业提供的会计信息相互可比,保证同一企业不同时期可比,不同企业同一时期可比,既能纵向可比也能横向可比。要做到这两个方向的可比,就必须使同一企业不同时期发生的相同或者相似的交易和事项,应当采用一致的会计政策,不得随意变更,确实需变更的,应当在附注中说明;不同企业同一会计时期发生的相同或者相似的交易或事项应当采用统一规定的会计政策,确保会计信息口径一致,相互可比。

3.2.5 实质重于形式

《企业会计准则——基本准则》第十六条规定:"企业应当按照交易或者事项的经济实质进行会计确认、计量和报告,不应仅以交易或事项的法律形式为依据。"

多数情况下,企业发生的交易或事项的经济实质与法律形式是一致的,但也有不一致的情况,例如,企业在销售合同中订立售后回购条款,该活动从法律形式上看是销售,从经济实质上看则是融资。企业融资租入固定资产,从法律形式上看是租赁业务,从经济实质上看则是融资购入。如果不分析经济业务实质,仅按经济业务的形式进行会计核算,就不能正确反映经济活动,会影响会计信息使用者对企业情况的判断,影响会计目标的实现。所以,在会计核算时要区分经济业务的形式和实质,当两者不统一时,应当按经济业务的实质进行会计核算。

3.2.6 重要性

《企业会计准则——基本准则》第十七条规定:"企业提供的会计信息应当反映与企业财务状况、经营成果和现金流量等有关的所有重要交易或者事项。"

重要性是指财务报告在全面反映企业的财务状况和经营成果的同时,应当区别经济业务的重要程度,采用不同的会计处理程序和方法。具体地说,对于重要的经济业务,应单独核算、分项反映,并在财务报告中重点说明;对于不重要的经济业务,在不影响会计信息真实完整的情况下,可以适当简化核算程序或合并。

在评价某会计事项是否重要时,很大程度上取决于会计人员的职业判断。一般来说,重要性可从质和量两个方面进行判断。从性质方面说,如果某会计事项的发生可能对决策产生重大影响,则该事项属于具有重要性的事项;从数量方面说,如果某会计事项的发生达到一定数量或比例可能对决策产生重大影响,则该事项属于具有重要性的事项。

3.2.7 谨慎性

《企业会计准则——基本准则》第十八条规定:"企业对交易或者事项进行会计确认、计量和报告应当保持应有的谨慎,不应高估资产或者收益、低估负债或者费用。"

谨慎性,又称稳健性,是指在处理具有不确定性的经济业务时,应持谨慎的态度,应充分估计风险与损失,既不高估资产或者收益,也不低估负债或者费用。

谨慎性的要求体现在会计核算的全过程。在进行会计核算时,应当合理预计可能发生的损失和费用,而不能预计可能发生的收入和高估资产的价值。在会计实务中有很多具体体现,例如,固定资产的加速折旧法、计提资产减值准备、确认预计负债等。这些会计方法有利于企业化解风险,保护投资者与债权人的权益,增强市场竞争能力。遵循谨慎性要求并不意味着企业可以任意设置各种秘密准备,否则,就属于滥用谨慎性要求,并视为重大会计差错来处理。

3.2.8 及时性

《企业会计准则——基本准则》第十九条规定:"企业对于已经发生的交易或者事项,应当及时进行会计确认、计量和报告,不得提前或者延后。"

会计信息的价值在于时效性,能够帮助信息使用者及时了解企业状况,作出经济分析决策。即使是可靠的、相关的会计信息,如果不及时提供,也会失去时效性,失去其价值。要保证会计信息的及时性,应该做到:一是及时收集会计信息,即在经济业务发生后,及时收集整理各种原始单据;二是及时处理会计信息,即在国家规定的时限内,对收集的会计数据进行会计处理,及时编制财务会计报告;三是及时传递会计信息,即将会计信息及时提供给信息使用者。

3.3 会计基础及会计确认计量的要求

3.3.1 会计基础

会计基础即会计核算基础,是指会计确认、计量和报告的基础,包括权责发生制和收付实现制。在会计分期前提下,企业发生的收入和费用必然存在归属哪个会计期间的问题,运用的会计核算基础不同,对同一企业、同一期间的收入、费用和财务成果,会计核算的结果也不同。

1. 权责发生制

权责发生制也称应计制、应收应付制,是指企业以收入的权利和支出的义务是否归属于本会计期间为标准来确认收入、费用的一种会计处理基础,也就是以应收应付为标准,而不是以款项是否实际收付为标准来确认本期的收入和费用。在权责发生制下,凡是属于本期实现的收入和发生的费用,不论款项是否实际收到或实际付出,都应作为本期的收入和费用入账;凡是不属于本期的收入和费用,即使款项在本期收到或付出,也不作为本期的收入和费用处理。由于它不考虑款项的收付,而以收入和费用是否归属本期为准,所以也称为应计制。《企业会计准则——基本准则》第九条规定:"企业应当以权责发生制为基础进行会计确认、计量和报告。"

【例3-1】企业于7月5日销售商品一批,货款10 000元存入银行。

分析:这笔销售收入本月实现并收到款项,按权责发生制标准应作为7月份收入入账。

【例3-2】企业于7月10日收到上月销售某单位转来货款50 000元存入银行。

分析:这笔销售收入应属于上月实现的销售,按权责发生制标准不应作为7月份收入入账。

【例3-3】企业于7月15日销售商品一批,货款50 000元尚未收到。

分析:这笔销售业务货款尚未收到,但应属本月实现销售,按权责发生制的标准,应作为7月份收入入账。

【例3-4】企业于7月10日支付上季度银行贷款利息5 000元,用存款支付。

分析:这笔贷款利息不属于7月应负担的费用,按权责发生制标准,应作为应付利息的归还,不应作为7月份费用入账。

【例3-5】企业于7月20日用存款支付下半年房屋租金60 000元,其中本月应负担10 000元。

分析:这笔房租的支付应由本月负担10 000元,其余50 000元应由以后各月负担,按权责发生制标准,应作为7月份费用入账的租金为10 000元。

【例3-6】企业于7月30日计算提取应由本月负担银行借款利息2 000元,款项未支付。

分析:这笔利息费用应由7月份负担,款项虽未支付,但按权责发生制的标准,应作为 7 月份费用入账。

从以上例子可看出，在权责发生制下，判断收入与费用归属于哪个会计期间的标准是该项收入与费用应否计入，即收入的权利与支出的义务是否归属于该会计期间，而不是以款项的收付是否实现为标准。虽然核算较复杂，但反映本期收入和费用比较合理真实，能够正确计算一个会计期间的经营成果，适用于企业。

2. 收付实现制

收付实现制，也称现收现付制、现金收付基础，是以款项是否实际收到或付出作为确定本期收入和费用的标准。在收付实现制下，凡是本期实际收到的款项不论其是否属于本期的收入，都应作为本期的收入处理；凡是本期实际付出的款项，不论其是否属于本期负担的费用，都作为本期的费用处理。反之，凡本期没有实际收到或付出款项的，即使应归属于本期，也不应作为本期收入和费用处理。这种会计处理基础，由于款项的收付实际上以现金收付为标准，所以一般也称为现金制。

【例 3-7】承前例 3-1~例 3-6。

分析：在收付实现制下，7 月 5 日销售商品，收到货款 10 000 元，应作为 7 月份收入入账；7 月 10 日收到上月销售货款 50 000 元应作为 7 月份收入入账；7 月 15 日销售商品 50 000 元，款未收，不能作为 7 月份收入入账；7 月 10 日支付上季度利息 5 000 元，因由本月实际付出货币资金，应作为 7 月份费用入账；7 月 20 日支付下半年房租 60 000 元，均应作为 7 月份费用入账；7 月 31 日计提的本月应负担利息，因未实际发生支付货币资金，不应作为 7 月份费用入账。

由上述可见，与权责发生制相反，在收付实现制下，无论收入的权利和支出的义务归属于哪一期，只要款项的收付在本期，就应确认为本期的收入和费用。这种核算较简单，但不能真实准确地反映收入及费用发生情况、正确地计算本期经营成果，所以它主要适用于行政事业单位。

3.3.2 会计要素确认与计量的要求

对会计要素进行确认与计量不仅要符合一定的条件，而且要在确认与计量的过程中遵循以下要求。

1. 划分收益性支出与资本性支出

会计核算应当合理划分收益性支出和资本性支出。凡支出的效益仅及于一个会计年度(或营业周期)的，应作为收益性支出；凡支出的效益及于两个或两个以上会计年度(或营业周期)的，应作为资本性支出。

划分收益性支出与资本性支出的目的在于确定企业的当期(一般指一个会计年度)损益，具体来说，收益性支出是为了取得本期收益而发生的支出，应当费用化，作为本期费用，计入当期损益，列入利润表中，例如，已销商品成本、期间费用、所得税费用等。资本性支出是为了形成企业的生产经营能力，取得以后各期收益而发生的支出，应当资本化，作为资产反映，列入资产负债表中，如购置固定资产、无形资产的支出等。

如果一项收益性支出按资产性支出处理，就会少计费用而多计资产，出现当期利润和资产价值的虚增；反之，则会多计费用而少计资产，造成当期利润和资产价值的虚减。

2. 收入与费用配比

配比是指一个会计期间的收入要和为了取得收入相关的成本费用配合比较，以便正确计算当期损益。

收入与费用的配比包括两方面：一是收入和费用在因果关系上的配比，即取得一定的收入时发生了一定的支出，该支出发生的目的是取得这些收入；二是收入和费用在期间上的配比，即一定会计期间的收入和费用的配比。

3. 历史成本计量

历史成本计量是会计计量属性之一。历史成本又称实际成本或原始成本，是指各项财产物资取得或购建时发生的实际支出。企业对会计要素进行计量时，一般应当采用历史成本。采用重置成本、可变现净值、现值、公允价值计量的，应当保证新确定的会计要素金额能够持续取得并可靠计量，否则不允许使用这些计量属性。

用历史成本计量比较客观，有原始凭证作证明，可以随时查证，防止随意变更。但这是建立在市场稳定假设基础之上的，如果发生物价异常变动导致币值稳定假设松动，则应按规定使用其他计量属性。

综上所述，为了发挥会计职能，进行会计核算，实现会计目标，必须具备一定的前提。会计核算的基本前提又称会计假设、会计基本假定，包括会计主体、持续经营、会计期间、货币计量。会计主体确立了会计核算的空间范围，持续经营与会计期间确立了会计核算的时间范围，会计期间是对持续经营的补充，而货币计量则为会计核算提供了必要手段。

为了保证会计信息的质量，会计人员在处理会计业务时，应遵循对会计信息的质量标准要求，包括可靠性、相关性、可理解性、可比性、实质重于形式、重要性、谨慎性和及时性8个方面。

为了确认一个会计期间的经营成果，在核算收入和费用时，应选择一定的处理原则和标准，即会计基础，包括权责发生制和收付实现制。权责发生制是以收入、费用的权责关系来确认其归属的会计期间，收付实现制是以货币资金是否实际收付为依据来确认收入与费用归属的会计期间。我国《企业会计准则》规定，企业会计的确认、计量和报告应当以权责发生制为基础。

对会计要素进行确认和计量不仅要符合一定的条件，而且必须遵循划分收益性支出与资本性支出、收入与费用配比、历史成本计量的要求。

小　结

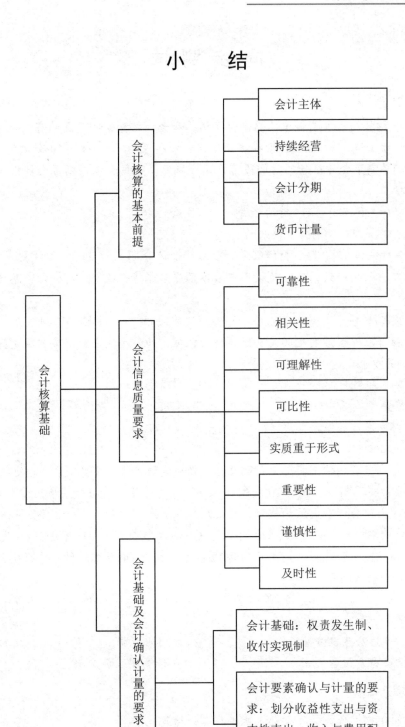

同步测试

一、单项选择题

1. 在会计核算的基本前提中,界定会计核算和会计信息空间范围的有( )。
   A. 会计主体　　B. 持续经营　　C. 会计分期　　D. 货币计量

2. ( )界定了会计信息的时间段落,为分期结算账目和编制财务会计报告奠定了理论与实务基础。
   A. 会计主体　　B. 持续经营　　C. 会计分期　　D. 货币计量

3. 会计分期是从( )引申出来的。
   A. 会计主体　　B. 持续经营　　C. 会计分期　　D. 货币计量

4. 企业应当采用一致的会计政策,前后各期应当保持一致,是对会计信息质量要求的( )原则。
   A. 可靠性　　B. 相关性　　C. 重要性　　D. 可比性

5. 会计核算应以实际发生的交易或事项为依据,如实反映企业财务状况是符合会计信息质量( )的要求。
   A. 实质重于形式　　　　B. 可靠性
   C. 重要性　　　　　　　D. 谨慎性

6. 计提坏账准备的做法体现了( )的要求。
   A. 可比性　　B. 谨慎性　　C. 相关性　　D. 重要性

7. 将本月应当负担但未实际支付的银行贷款利息计入本月费用是( )处理基础。
   A. 收付实现制　　B. 权责发生制　　C. 货币计量　　D. 实质重于形式

8. 根据《企业会计准则》的规定,企业应按交易或事项的( )进行会计核算。
   A. 请购单据　　B. 有效合同　　C. 法律形式　　D. 经济实质

9. 确认办公楼租金5万元,用银行存款支付1万元、4万元未付,按照权责发生制和收付实现制分别确认的费用为( )。
   A. 1万,5万　　B. 5万,4万　　C. 5万,1万　　D. 4万,1万

10. 下列属于资本性支出的有( )。
    A. 购买办公用品支出　　　　B. 支付水电费
    C. 购买机器设备支出　　　　D. 支付管理人员工资

二、多项选择题

1. 下列组织可以作为一个会计主体进行会计核算的有( )。
   A. 独资企业　　　　B. 企业的销售部门
   C. 分公司　　　　　D. 子公司

2. 根据《企业会计准则》的规定,会计期间可分为( )。
   A. 年度　　B. 月度　　C. 季度　　D. 半年度

3. 会计核算的基本前提包括( )。
   A. 会计主体　　　B. 持续经营　　　C. 会计分期　　　D. 货币计量
4. 会计期间分为年度和中期，中期包括( )。
   A. 年度　　　　　B. 半年度　　　　C. 季度　　　　　D. 月度
5. 会计计量尺度包括( )。
   A. 货币计量　　　B. 实物计量　　　C. 劳动计量　　　D. 现金计量
6. 会计信息质量的可比性要求包括( )。
   A. 同一企业不同时期可比　　　　B. 不同企业同一时期可比
   C. 同一企业相同时期可比　　　　D. 不同企业不同时期可比
7. 根据权责发生制，应计入本期收入和费用的有( )。
   A. 本期收到前期未收的货款　　　B. 本期销售商品一批，款未收
   C. 本期耗费的水电费，款未付　　D. 预付下年度报刊费
8. 下列属于资本性支出的有( )。
   A. 购买机器设备的支出　　　　　B. 购买办公用品的支出
   C. 本月水电费支出　　　　　　　D. 购买专利权的支出
9. 根据权责发生制原则，应计入本期收入和费用的有( )。
   A. 前期提供劳务未收款，本期收款　B. 本期销售商品一批，尚未收款
   C. 本期耗用水电费尚未支付　　　　D. 预付下年度的报刊费
10. 下列属于收益性支出的有( )。
    A. 支付短期借款利息　　　　　　B. 支付报刊费
    C. 支付购买专利权　　　　　　　D. 支付业务招待费

三、判断题

1. 会计主体必须是法律主体。　　　　　　　　　　　　　　　　　　　( )
2. 会计主体假设确定会计核算的空间范围，会计分期假设确定会计核算的时间范围。
   　　　　　　　　　　　　　　　　　　　　　　　　　　　　　　　( )
3. 会计期间包括会计年度和中期，半年度、季度和月度都属于会计中期。( )
4. 业务收支以外币为主的单位，也可以选择某种外币作为记账本位币，并按照记账本位币编制财务会计报告。　　　　　　　　　　　　　　　　　　　　　　　　　　( )
5. 可比性要求企业采用的会计处理程序和方法必须前后各期保持一致，不得变更。
   　　　　　　　　　　　　　　　　　　　　　　　　　　　　　　　( )
6. 对企业发生的交易和事项进行确定时，必须严格以法律为依据。　　　( )
7. 提取各项资产的减值准备，体现了谨慎性的要求。　　　　　　　　　( )
8. 谨慎性要求企业可以预计合理的支出费用，也可以预计合理的收入。　( )
9. 按照权责发生制原则的要求，凡是本期实际收到款项的收入和付出款项的费用，不论是否归属本期都应作为本期的收入和费用处理。　　　　　　　　　　　　( )
10. 企业资产购置发生的支出应列为资本性支出，列入利润表反映。　　( )

四、业务题

(一)目的：练习权责发生制与收付实现制的核算。

(二)资料：某企业 4 月份发生下列收支业务。

(1) 4 月 2 日，销售商品一批，货款 100 000 元，存入银行。

(2) 4 月 5 日，收到上期已销商品未收款 50 000 元，存入银行。

(3) 4 月 6 日，用存款支付上季度银行短期借款利息 6 000 元。

(4) 4 月 10 日，用存款缴纳上季度所得税费用 3 000 元。

(5) 4 月 15 日，销售商品一批，货款 100 000 元，其中 50 000 元存入银行，50 000 元尚未收到。

(6) 4 月 17 日，购买办公用品 2 000 元，用存款转账支付。

(7) 4 月 18 日，销售商品 50 000 元，货款未收到。

(8) 4 月 25 日，用现金支付本季度房屋租金 3 000 元，其中本期应负担 1 000 元。

(9) 4 月 30 日，计算提取本月应负担短期借款利息 2 000 元，款项未付。

(10) 4 月 30 日，计算本月应负担所得税费用 3 000 元，尚未缴纳。

(三)要求：(1) 根据权责发生制的要求，计算该企业 4 月份的收入和费用；

(2) 根据收付实现制的要求，计算该企业 4 月份的收入和费用。

思考与练习

1. 会计的基本前提包括哪些内容？它们之间的关系是怎样的？
2. 会计信息质量要求包括哪些内容？
3. 什么是权责发生制？什么是收付实现制？
4. 会计要素确认与计量的要求包括哪些内容？

第 4 章 会计账户与复式记账

【知识目标】
- 掌握会计科目与会计账户的概念、分类以及二者之间的关系。
- 掌握复式记账法的原理与方法。
- 掌握借贷记账法的概念、基本原理及其结构,能熟练运用借贷记账法编制企业基本交易或事项的会计分录。
- 理解试算平衡原理,能进行试算平衡。

【技能目标】
- 熟悉会计科目、账户分类及其结构。
- 掌握复式记账的基本原理。
- 重点掌握借贷记账法的基本内容和主要特点。
- 学会编制会计分录。

4.1 会计科目与会计账户

4.1.1 会计科目

1. 会计科目的概念

会计科目,简称科目,是指对会计要素的具体内容进行分类核算的项目。会计科目是进行各项会计记录和提供各项会计信息的基础。设置会计科目是会计核算的一种方法。

会计要素是对会计对象的基本分类。会计对象、会计要素与会计科目之间的关系如图 4-1 所示。

图 4-1 会计对象、会计要素与会计科目之间的关系

2. 会计科目的分类

会计科目可按其反映的经济内容(即所属会计要素)、提供信息的详细程度及其统驭关系分类。

(1) 按反映的经济内容分类。会计科目按其反映的经济内容不同，可分为资产类科目、负债类科目、共同类科目、所有者权益类科目、成本类科目和损益类科目。

如果我们把一个会计主体应设置的会计科目分成几个类别加以说明，那么会计要素是分类的一个重要标准。会计要素包括资产、负债、所有者权益、收入、费用和利润六个要素，据此可将会计科目分为六类。由于利润最终要形成所有者权益，可把利润并入所有者权益类，再把收入和费用合并为损益类，再考虑到制造业的特点，单设成本类。这样，一个制造业的会计主体的全部会计科目，可按资产类、负债类、共同类、所有者权益类、成本类和损益类科目进行分别说明。

① 资产类科目。资产类科目是用来反映企业资产的增减变动及其结存情况的科目。按照资产的流动性和经营管理核算的需要，资产类科目又可以分为反映流动资产的科目和反映非流动资产的科目。反映流动资产的科目，如"库存现金""银行存款""应收账款""原材料""库存商品"等科目；反映非流动资产的科目，如"长期股权投资""固定资产""累计折旧""无形资产"等科目。

② 负债类科目。负债类科目是用来反映企业负债的增减变动及其结存情况的科目。按照负债的流动性或偿还期限的长短，负债类科目又可以分为反映流动负债的科目和反映非流动负债的科目。反映流动负债的科目，如"短期借款""应付账款""应付职工薪酬""应交税费""应付股利"等科目；反映非流动负债的科目，如"长期借款""长期应付款"等科目。

③ 共同类科目(略)。

④ 所有者权益类科目。所有者权益类科目是用来反映企业所有者权益的增减变动及其结存情况的科目。按照所有者权益的来源不同，所有者权益类科目又可以分为反映投入资本的科目和反映留存收益的科目。反映投入资本的科目，如"实收资本""资本公积"等科目；反映留存收益的科目，如"盈余公积""本年利润""利润分配"等科目。

⑤ 成本类科目。成本类科目是用来反映企业在生产经营过程中发生的各项耗费并计算产品或劳务成本的科目，如"生产成本""制造费用""劳务成本"等科目。

⑥ 损益类科目。损益类科目是用来反映企业收入和费用的科目。按照损益与企业的生产经营活动是否有关，损益类科目又可以分为反映营业损益的科目和反映非经营性损益的科目。反映营业损益的科目，如"主营业务收入""主营业务成本""税金及附加""其他业务收入""其他业务成本"等科目；反映非经营性损益的科目，如"营业外收入""营业外支出"等科目。

(2) 按提供信息的详细程度及其统驭关系分类。会计科目按其提供信息的详细程度及其统驭关系，可以分为总分类科目和明细分类科目。

① 总分类科目，也叫总账科目或一级科目，是对会计要素具体内容进行总括分类、提供总括信息的会计科目，如"应收账款""应付账款""原材料"等。

② 明细分类科目，也称明细科目，是对总分类科目作进一步分类，提供更详细、更具体会计信息的科目，是对总分类科目的具体化和详细说明。明细分类科目是根据核算与管理的需要对某些会计科目所作的进一步分类的项目，按照其分类的详细程度不同，又可分为子目和细目。如果某一总分类科目所属的明细分类科目较多，可在总分类科目下设置

二级明细科目,在二级明细科目下设置三级明细科目,二级科目和三级科目等均为明细分类科目。例如,在"管理费用"总分类科目下设"差旅费""办公费""招待费""工会经费""修理费"等明细分类科目,又如在"原材料"总分类科目下设"原料及主要材料""辅助材料"等二级明细分类科目,在"原料及主要材料"明细分类科目下再设"A 种材料""B 种材料"等三级明细分类科目,如表4-1所示。

表 4-1 原材料总分类科目与明细分类科目

总分类科目(一级科目)	明细分类科目	
	二级科目	三级科目
原材料	原料及主要材料	A 种材料
		B 种材料
		C 种材料
	辅助材料	添加剂
		黏合剂

总分类科目和明细分类科目的关系是:总分类科目对其所属的明细分类科目具有统驭和控制的作用,而明细分类科目对其所归属的总分类科目起补充和说明作用。总分类科目及其所属明细分类科目,共同反映经济业务全面详细的情况。

3. 会计科目的设置

(1) 会计科目的设置原则。各单位由于经济业务活动的具体内容、规模大小与业务繁简程度等情况不相同,在具体设置会计科目时,应考虑其自身特点和具体情况,但设置会计科目时都应遵循以下原则。

① 合法性原则。为了保证会计信息的可比性,所设置的会计科目应当符合国家统一的会计制度的规定。一般来说,总分类科目一般由财政部统一制定,明细分类科目除会计准则规定设置的以外,可以根据本单位管理的需要和经济业务的具体内容自行设置。例如,应交税费——应交增值税(进项税额)等,就属于会计准则规定设置的明细分类科目。

② 相关性原则。会计科目的设置,应为提供有关各方所需要的会计信息服务,满足对外报告与对内管理的要求。

③ 实用性原则。"企业应当按照企业会计准则及其应用指南规定,设置会计科目进行账务处理,在不违反统一规定的前提下,可以根据本企业的实际情况自行增设、分拆、合并会计科目。"企业的组织形式、所处行业、经营内容及业务种类等不同,在会计科目的设置上亦应有所区别。在合法性的基础上,应根据企业自身的特点,设置符合企业需要的会计科目。

(2) 企业常用会计科目表。不同行业,其经济业务的具体内容也有所不同,会计科目也不完全相同。企业常用会计科目如表4-2所示。

表 4-2　企业常用会计科目

顺序号	编号	会计科目名称	顺序号	编号	会计科目名称
一、资产类			30	1711	商誉
1	1001	库存现金	31	1801	长期待摊费用
2	1002	银行存款	32	1901	待处理财产损溢
3	1012	其他货币资金	二、负债类		
4	1121	应收票据	33	2001	短期借款
5	1122	应收账款	34	2201	应付票据
6	1123	预付账款	35	2202	应付账款
7	1131	应收股利	36	2203	预收账款
8	1132	应收利息	37	2211	应付职工薪酬
9	1221	其他应收款	38	2221	应交税费
10	1231	坏账准备	39	2231	应付利息
11	1402	在途物资	40	2232	应付股利
12	1403	原材料	41	2241	其他应付款
13	1405	库存商品	42	2501	长期借款
14	1406	发出商品	43	2502	应付债券
15	1407	商品进销差价	44	2701	长期应付款
16	1408	委托加工物资	45	2711	专项应付款
17	1411	周转材料	46	2801	预计负债
18	1471	存货跌价准备	三、共同类(略)		
19	1511	长期股权投资	四、所有者权益类		
20	1531	长期应收款	47	4001	实收资本
21	1601	固定资产	48	4002	资本公积
22	1602	累计折旧	49	4101	盈余公积
23	1603	固定资产减值准备	50	4103	本年利润
24	1604	在建工程	51	4104	利润分配
25	1605	工程物资	五、成本类		
26	1606	固定资产清理	52	5001	生产成本
27	1701	无形资产	53	5002	制造费用
28	1702	累计摊销	54	5201	劳务成本
29	1703	无形资产减值准备	55	5301	研发支出

续表

顺序号	编号	会计科目名称	顺序号	编号	会计科目名称
六、损益类			63	6403	税金及附加
56	6001	主营业务收入	64	6601	销售费用
57	6051	其他业务收入	65	6602	管理费用
58	6101	公允价值变动损益	66	6603	财务费用
59	6111	投资收益	67	6701	资产减值损失
60	6301	营业外收入	68	6711	营业外支出
61	6401	主营业务成本	69	6801	所得税费用
62	6402	其他业务成本			

4.1.2 会计账户

1. 会计账户的概念

会计账户是根据会计科目设置的、具有一定格式和结构、用以分类反映会计要素增减变动情况及其结果的载体。账户以会计科目作为其名称，同时账户又具备一定的格式(即结构)，只有如此，才能记录经济业务。会计科目是对会计对象的具体内容进行的分类，但它只有分类的名称而没有固定的格式，还不能把发生的经济业务连续、系统地记录下来，以取得经营管理所需的信息资料，因此，必须根据规定的会计科目设置账户。利用具有一定结构的账户记录交易或事项，有利于分门别类地、连续系统地记录和反映各项经济业务及其所引起的有关会计要素具体内容的增减变动及其结果。设置账户是会计核算的重要方法之一。

2. 会计账户的分类

会计账户可按其反映的经济内容(即所属会计要素)、所提供信息的详细程度及其统驭关系分类。

(1) 账户按经济内容分类。账户的经济内容是指账户所反映会计对象的具体内容。账户按经济内容分类是对账户最基本的分类，企业会计对象的具体内容为资产、负债、所有者权益、收入、费用和利润六项会计要素。由于企业在一定期间所取得的收入和发生的费用都将体现在当期损益中，因此可以将收入、费用账户归为损益类账户；而企业在一定期间实现的利润经过分配之后，最终要归属于企业的所有者权益。另外，许多企业，特别是制造、加工企业，还需要专门设置进行产品成本核算的账户。因此，账户按经济内容分类，可以分为资产类账户、负债类账户、共同类账户、所有者权益类账户、成本类账户和损益类账户六大类。

① 资产类账户。资产类账户是用来反映企业资产的增减变动及其结存情况的账户。按照资产的流动性和经营管理核算的需要，资产类账户又可以分为反映流动资产的账户和

反映非流动资产的账户。反映流动资产的账户，如"库存现金""银行存款""应收账款""原材料""库存商品"等账户；反映非流动资产的账户，如"长期股权投资""固定资产""累计折旧""无形资产"等账户。

值得注意的是，有些资产类账户还存在备抵账户。备抵账户，又称抵减账户，是指用来抵减被备抵账户余额，从而确定被备抵账户实有数而独立设置的账户。例如，"坏账准备"账户，就是"应收账款"账户的备抵账户，要计算"应收账款"账户的账面价值，就需要用"应收账款"账户的账面余额，扣减为应收账款而计提的"坏账准备"账户的账面余额。

② 负债类账户。负债类账户是用来反映企业负债的增减变动及其结存情况的账户。按照负债的流动性或偿还期限的长短，负债类账户又可以分为反映流动负债的账户和反映非流动负债的账户。反映流动负债的账户，如"短期借款""应付账款""应付职工薪酬""应交税费""应付股利"等账户；反映非流动负债的账户，如"长期借款""应付债券""长期应付款"等账户。

③ 共同类账户(略)。

④ 所有者权益类账户。所有者权益类账户是用来反映企业所有者权益的增减变动及其结存情况的账户。按照所有者权益的来源不同，所有者权益类账户又可以分为反映投入资本的账户和反映留存收益的账户。反映投入资本的账户，如"实收资本""资本公积"等账户；反映留存收益的账户，如"盈余公积""本年利润""利润分配"等账户。

⑤ 成本类账户。成本类账户是用来反映企业在生产经营过程中发生的各项耗费并计算产品或劳务成本的账户，如"生产成本""制造费用""劳务成本"等账户。

⑥ 损益类账户。损益类账户是用来反映企业收入和费用的账户。按照损益与企业的生产经营活动是否有关，损益类账户又可以分为反映营业损益的账户和反映非经营性损益的账户。反映营业损益的账户，如"主营业务收入""主营业务成本""税金及附加""其他业务收入""其他业务成本"等账户；反映非经营性损益的账户，如"营业外收入""营业外支出"等账户。

(2) 账户按所提供信息的详细程度及其统驭关系，分为总分类账户和明细分类账户。

总分类账户是指根据总分类科目设置的、用于对会计要素具体内容进行总括分类核算的账户，简称总账账户。例如，"生产成本"账户、"原材料"账户都是总分类账户。

明细分类账户是根据明细分类科目设置的、用来对会计要素具体内容进行明细分类核算的账户，简称明细账户。总账账户称为一级账户，总账以下的账户称为明细账户。如"生产成本"账户下属的"一车间"和"二车间"，"原材料"账户下属的"A 材料"和"B 材料"就是明细分类账户。

3. 账户的功能和结构

(1) 账户的功能。账户的功能在于连续、系统、完整地提供企业经济活动中各会计要素增减变动及其结果的具体信息。其中，会计要素在特定会计期间增加和减少的金额，分别称为账户的"本期增加发生额"和"本期减少发生额"，二者统称为账户的"本期发生额"；会计要素在会计期末的增减变动结果，称为账户的"余额"，具体表现为期初余额和期末余额，账户上期的期末余额转入本期，即为本期的期初余额；账户本期的期末余额转入下期,即为下期的期初余额。

每个账户一般有四个金额要素,即期初余额、本期增加发生额、本期减少发生额和期末余额,它们之间存在以下基本关系:

$$期末余额=期初余额+本期增加发生额-本期减少发生额$$

(2) 账户的结构。为了反映经济业务的具体内容,账户不但要有明确的经济内容,而且还要有一定的结构。经济业务虽然错综复杂,但从数量上看,不外乎增加和减少两种情况。账户分为左右两方:一方登记增加数,一方登记减少数。至于哪一方登记增加,哪一方登记减少,则取决于账户的性质和类型。账户通常应具备以下内容:①账户名称,即会计科目名称;②日期,即登账时所依据的记账凭证列示的日期;③凭证字号,即所依据的记账凭证的编号;④摘要,即简要说明经济业务的内容;⑤金额,包括增加额、减少额和余额。账户的基本结构如表 4-3 所示。

表 4-3 账户的基本结构

账户名称:

| 年 | | 凭证字号 | 摘 要 | 增加方 | 减少方 | 余 额 |
月	日					

为了便于学习和实际应用,根据账户金额要素之间的关系,将账户的基本结构简化为以下形式。

```
        左方           账户名称           右方
```

经过简化后,账户的结构在形式上类似于汉字的"丁"和大写英文字母"T",因此,被简化的账户的结构在实务中被形象地称为"丁"字形账户或者"T"型账户。

"T"型账户主要包括:账户名称、记录增加的一方、记录减少的一方和余额方。如果在"T"型账户左边记录增加,则必然在其右边记录减少,反之亦然。账户的哪一方记录增加,哪一方记录减少,是由企业所采取的记账方法和所记录的经济业务内容的性质所决定的。

4. 账户与会计科目的关系

从理论上讲,会计科目与账户是两个不同的概念,二者之间既有联系又有区别。

其联系主要在于:一是二者都是对会计对象具体内容的科学分类,口径一致、性质相同,会计科目是账户的名称,也是设置账户的依据,账户是会计科目的具体运用;二是没有会计科目,账户便失去了设置的依据;没有账户,会计科目就无法发挥作用。

其区别主要在于:一是会计科目仅仅是账户的名称,不存在结构;而账户则具有一定的格式和结构。二是会计科目仅说明反映的经济内容是什么,而账户不仅说明反映的经济内容是什么,而且系统地反映和控制其增减变动及结余情况。三是会计科目主要是为了开设账户、填制凭证所用;而账户的作用主要是提供某一具体会计对象的会计资料,为编制会计报表所用。

在实际工作中,人们对会计科目和账户往往不加以区分。

4.2 复式记账原理

账户是专门用来记录经济业务的载体,为了更好地将每一项经济业务在所设置的账户中进行全面、系统、连续和综合的记录,必须选择一定的记账方法。记账方法一般可分为单式记账法和复式记账法。

4.2.1 单式记账法

单式记账法是对每笔经济业务只在一个账户中进行记录的方法,一般只记录现金和银行存款的收付以及应收、应付等往来款项。单式记账法一般只登记现金的收支和人欠、欠人等事项,有的也登记实物的收付,登账手续简单。例如,企业赊购材料一批价值 10 000 元,在单式记账法下,只反映应付的债务 10 000 元,而材料的增加则不予登记。收到应收销货款时,则同时登记"库存现金"或"银行存款"和"应收账款"账户。对于固定资产折旧、材料物资的耗用等经济业务,因不涉及现金或银行存款的收付和应收、应付等往来款项,故而不予登记。

由此可以看出,单式记账法下账户设置不完整,账户之间缺乏对应关系,不能全面反映经济业务的来龙去脉,也不便于检查账户记录的正确性和完整性,因此是一种不完整的记账方法,现已很少使用。

4.2.2 复式记账法

复式记账法是指对于特定单位发生的每一项交易或事项,都要以相等的金额,同时在两个或两个以上相互联系的账户中登记,系统地反映资金变动的一种记账方法。例如,企业赊购材料一批价值 10 000 元,在复式记账法下,一方面要在"原材料"账户中反映材料增加了 10 000 元,同时还要在"应付账款"账户中反映应付的债务 10 000 元。收回销货款时,同时登记"库存现金"或"银行存款"和"应收账款"账户;提取固定资产折旧时,同时登记"制造费用""管理费用""销售费用""累计折旧"账户等。这样就能对每一笔经济业务的来龙去脉一目了然。

复式记账法是从单式记账法发展起来的一种比较完善的记账方法。与单式记账法相比较,其主要特点是:对每项经济业务都以相等的金额在两个或两个以上的相互联系的账户中进行记录(即做双重记录,这也是这一记账法被称为"复式"的由来);各账户之间客观上存在对应关系,对账户记录的结果可以进行试算平衡;复式记账法较好地体现了资金运动的内在规律,能够全面、系统地反映资金增减变动的来龙去脉及经营成果,并有助于检查账户处理和保证账簿记录结果的正确性。

复式记账法是一种比较完善的记账方法,其理论依据是会计基本等式。复式记账法按记账符号、记账规则、试算平衡方法的不同,可分为借贷记账法、增减记账法和收付记账法。其中,借贷记账法在记账规则和试算平衡等方面相对科学和严密,为世界各国所通用。目前,我国企业、事业和行政单位均采用借贷记账法。

4.3 借贷记账法

4.3.1 借贷记账法的概念

借贷记账法是以复式记账为原理,以"资产=负债+所有者权益"会计基本等式为理论依据,以"借""贷"二字为记账符号,以"有借必有贷,借贷必相等"为记账规则的一种复式记账方法。

借贷记账法起源于 13~14 世纪的意大利。借贷记账法"借""贷"二字,最初是以其本来含义记账的,反映的是"债权"和"债务"的关系。随着商品经济的发展,借贷记账法也在不断发展和完善,"借""贷"两字逐渐失去其本来含义,变成了纯粹的记账符号。1494 年,意大利数学家卢卡·帕乔利的《算术、几何、比与比例概要》一书问世,标志着借贷记账法正式成为大家公认的复式记账法,同时也标志着近代会计的开端,卢卡·帕乔利也被称为"近代会计之父"。

4.3.2 借贷记账法下账户的结构

借贷记账法的基本结构是:每个账户都分为"借方"和"贷方",一般来说规定账户的左方为"借方",右方为"贷方"。在账户的借方记录经济业务,可以称为"借记某账户"；若在账户的贷方记录经济业务时，则可以称为"贷记某账户"。至于借方和贷方究竟哪一方用来记录金额的增加，哪一方用来记录金额的减少，则要根据账户的性质来决定，不同性质的账户，其结构是不同的。

一般来说，资产类、成本类和费用类账户，借方登记增加数，贷方登记减少数；负债类、所有者权益类和收入类账户，贷方登记增加数，借方登记减少数。

1. 资产类账户的结构

资产类账户的结构是：借方登记本期发生的增加数，贷方登记本期发生的减少数。期末一般有余额，余额的方向一般与增加发生额的方向一致，即期末余额在借方，表示该资产类账户期末的账面余额数。其"T"型账户结构如图4-2所示。

借方		资产类账户	贷方
期初余额	××		
本期增加发生额	××	本期减少发生额	××
	××		××
本期借方发生额合计	××	本期贷方发生额合计	××
期末余额	××		

图 4-2　资产类账户结构

资产类账户余额的计算公式为：

期末借方余额=期初借方余额+本期借方发生额-本期贷方发生额

备抵账户与被备抵账户的性质相同，但其记账方向正好与被备抵账户相反，例如，资产类账户"固定资产"，其借方登记增加数，贷方登记减少数，其备抵账户"累计折旧"则贷方登记增加数，借方登记减少数。

2. 负债及所有者权益类账户的结构

从"资产=负债+所有者权益"会计恒等式可以得知，资产和负债及所有者权益是同一事物的两个不同的方面，对于资产和负债及所有者权益的增减变动，必须在有关账户中按照相反的方向记载，才能反映出它们对立统一的关系。因此，负债类和所有者权益类账户的结构与资产类账户的结构刚好相反，即贷方登记本期发生的负债和所有者权益的增加数，借方登记本期发生的负债和所有者权益的减少数。期末余额在贷方，表示尚未偿还的负债和所有者权益的实有数额。其"T"型账户结构如图4-3所示。

借方		负债及所有者权益类账户	贷方
		期初余额	××
本期减少发生额	××	本期增加发生额	××
	××		××
本期借方发生额合计	××	本期贷方发生额合计	××
		期末余额	××

图 4-3　负债及所有者权益类账户结构

负债及所有者权益类账户余额的计算公式为：

期末贷方余额=期初贷方余额+本期贷方发生额-本期借方发生额

3. 成本类账户的结构

由于制造企业在生产产品过程中发生的各种耗费，大多是由一种资产转化为另一种资产的过程，所以生产成本往往被视为一种特殊的资产。因此成本类账户的结构与资产类账户的结构基本相同，即借方登记成本的增加数，贷方登记成本的减少数。期末如果有余额，余额在借方，表示企业在产品的账面余额数；期末如果没有余额，则表示企业所生产的产品全部完工，所有的成本均已转入库存商品。其"T"型账户结构如图4-4所示。

借方	成本类账户		贷方
期初余额	××		
本期成本增加额	××	本期成本结转额	××
	××		
期末余额	××		

图 4-4　成本类账户结构

4. 收入类账户的结构

由于收入的增加会导致资产的增加或负债的减少，最终导致所有者权益的增加，所以收入类账户的结构与所有者权益类账户的结构类似，即贷方登记本期收入的增加数，借方登记本期收入的减少数(或转销数)。由于本期实现的所有收入数到会计期末都要结转当期损益(即每一会计期末都要将本期实现的所有收入数转到利润类账户中去计算盈亏)，所以该类账户期末结转后无余额。其"T"型账户结构如图4-5所示。

借方	收入类账户		贷方
本期减少发生额	××	本期增加发生额	××
本期转销发生额	××		

图 4-5　收入类账户结构

5. 费用类账户的结构

由于费用的增加会导致资产的减少或负债的增加，最终导致所有者权益的减少，所以费用类账户的结构与资产类账户的结构类似，与收入类账户的结构刚好相反，即借方登记本期费用的增加数，贷方登记本期费用的减少数(或转销数)。由于本期产生的所有费用数到会计期末都要结转当期损益(即每一会计期末都要将本期产生的所有费用数转到利润类账户中去计算盈亏)，所以该类账户期末结转后无余额。其"T"型账户结构如图4-6所示。

借方	费用类账户		贷方
本期增加发生额	××	本期减少发生额	××
		本期转销发生额	××

图 4-6　费用类账户结构

6. 利润类账户的结构

由于利润在未分配之前属于所有者可享有的权益，所以利润类账户的结构与所有者权益类账户的结构类似，即贷方登记利润的增加数，借方登记利润的减少数。期末若为贷方余额，表示企业的盈余数；期末若为借方余额，则表示企业的亏损数，其"T"型账户结构如图4-7所示。

借方	利润类账户	贷方
期初余额(亏损数) ××		期初余额(盈余数) ××
本期利润减少额 ××		本期利润增加额 ××
××		××
期末余额(亏损数) ××		期末余额(盈余数) ××

图 4-7 利润类账户结构

综上所述，借贷记账法下各类账户的基本结构可以归纳为如表4-4所示。

表 4-4 借贷记账法下各类账户的基本结构

账户类别	借 方	贷 方	余额方向
资产类	增加	减少	借方
负债类	减少	增加	贷方
所有者权益类	减少	增加	贷方
成本类	增加	减少	有余额在借方，也有可能无余额
收入类	减少	增加	一般无余额
费用类	增加	减少	一般无余额
利润类	减少	增加	有可能为贷方余额(盈)，也有可能为借方余额(亏)

4.3.3 借贷记账法的记账规则

记账规则，就是指记录经济业务时所应遵循的规律和原则。

借贷记账法的记账规则概括为："有借必有贷，借贷必相等。"在运用借贷记账法记账时，对每项经济业务，既要记录一个(或几个)账户在借方，又必然要记录另一个(或几个)账户在贷方，即"有借必有贷"；账户借方记录的金额必然等于账户贷方记录的金额，即"借贷必相等"。

下面我们将以企业四种类型和九种情况的经济业务类型为例，对"有借必有贷，借贷必相等"的记账规则进行说明。

【例4-1】 201×年1月2日，甲企业从开户银行提取现金500元。

这项经济业务的发生，使企业的库存现金资产项目增加了500元，银行存款这一资产项目减少了500元，属于资产内部一增一减的经济业务。因此，它涉及"库存现金"和"银行存款"这两个账户，应登记在"库存现金"账户的借方和"银行存款"账户的贷方。其登账情况如下：

【例4-2】 201×年1月5日,甲企业从银行借入期限为9个月的资金10 000元,归还以前所欠乙企业的应付账款。

这项经济业务的发生,使企业的短期借款这一负债项目增加了10 000元,应付账款这一负债项目减少了10 000元,属于负债内部一增一减的经济业务。因此,它涉及"短期借款"和"应付账款"这两个账户,应登记在"应付账款"账户的借方和"短期借款"账户的贷方。其登账情况如下:

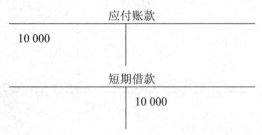

【例4-3】 201×年1月7日,甲企业用资本公积转增资本金200 000元。

这项经济业务的发生,使企业的实收资本这一所有者权益项目增加了200 000元,同时另一项资本公积所有者权益项目减少了200 000元,属于所有者权益内部一增一减的经济业务。因此,它涉及所有者权益类"实收资本"和"资本公积"这两个账户,应登记在"资本公积"账户的借方和"实收资本"账户的贷方。其登账情况如下:

【例4-4】 201×年1月8日,乙企业将原甲企业所欠货款300 000元,转作对甲企业的投资。

这项经济业务的发生,使甲企业的实收资本所有者权益项目增加了300 000元,同时另一项应付账款负债项目减少了300 000元,属于一项所有者权益增加的同时另一项负债减少的经济业务。因此,它涉及所有者权益类"实收资本"和负债类"应付账款"这两个账户,应登记在"应付账款"账户的借方和"实收资本"账户的贷方。其登账情况如下:

【例 4-5】 201×年 1 月 15 日,甲企业用银行存款 100 000 元,归还以前所欠乙企业的应付账款。

这项经济业务的发生,使甲企业的银行存款这一资产项目减少了 100 000 元,应付账款这一负债项目也相应减少了 100 000 元,属于资产和负债同减的经济业务。因此,它涉及资产类"银行存款"和负债类"应付账款"这两个账户,应登记在"应付账款"账户的借方和"银行存款"账户的贷方。其登账情况如下:

【例 4-6】 201×年 1 月 19 日,甲企业经股东大会决议,减少注册资本 100 000 元,已办妥相关资本核减手续,款项用银行存款支付。

这项经济业务的发生,使企业的银行存款这一资产项目减少了 100 000 元,实收资本这一所有者权益项目也减少了 100 000 元,属于资产和所有者权益同减的经济业务。因此,它涉及资产类"银行存款"和所有者权益类"实收资本"这两个账户,应登记在"实收资本"账户的借方和"银行存款"账户的贷方。其登账情况如下:

【例 4-7】 201×年 1 月 22 日,甲企业向银行借入期限为 24 个月的借款 500 000 元,款项存入开户银行。

这项经济业务的发生,使企业的银行存款这一资产项目增加了 500 000 元,同时另一项长期借款负债项目也增加了 500 000 元,属于资产和负债同增的经济业务。因此,它涉及资产类"银行存款"和负债类"长期借款"这两个账户,应登记在"银行存款"账户的借方和"长期借款"账户的贷方。其登账情况如下:

【例 4-8】 201×年 1 月 25 日，甲企业收到 A 投资者的投资 200 000 元，款项存入开户银行。

这项经济业务的发生，使企业的实收资本这一所有者权益项目增加了 200 000 元，同时另一项银行存款资产项目也增加了 200 000 元，属于资产和所有者权益同增的经济业务。因此，它涉及资产类"银行存款"和所有者权益类"实收资本"这两个账户，应记在"银行存款"账户的借方和"实收资本"账户的贷方。其登账情况如下：

【例 4-9】 201×年 1 月 26 日，甲企业外购原材料 50 000 元，材料已验收入库，用银行存款支付了 20 000 元，其余款项暂欠。

这项经济业务的发生，使企业的原材料这一资产项目增加了 50 000 元，银行存款这一资产项目减少 20 000 元和应付账款这一负债项目增加了 30 000 元，属于一项资产增加的同时，另一项资产减少和另一项负债增加的经济业务。因此，它涉及资产类"原材料"账户、"银行存款"账户和负债类"应付账款"账户，应记在"原材料"账户的借方和"银行存款""应付账款"账户的贷方。其登账情况如下：

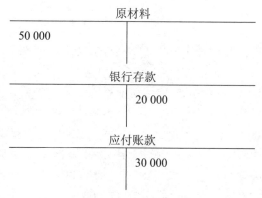

从以上所举例子说明，在借贷记账法下，对任何类型的经济业务，都应采用"有借必有贷，借贷(金额)必相等"的记账规则来进行会计核算。

对一般经济业务，在运用借贷记账法记账时，需要将其登记在一个账户的借方和一个账户的贷方。对有些复杂的经济业务,则需要将其登记在一个账户的借方和多个账户的贷方,或者登记在一个账户的贷方和多个账户的借方,甚至登记在多个账户的借方和多个账户的贷方。

4.3.4 借贷记账法下账户的对应关系和会计分录

1. 账户的对应关系

账户的对应关系是指采用借贷记账法对每笔交易或事项进行记录时,相关账户之间形成的应借、应贷的相互关系。存在对应关系的账户称为对应账户。例如,从银行提取现金2 000元,就应该在"库存现金"账户借方登记增加2 000元,同时在"银行存款"账户贷方登记减少2 000元,这样,借方的"库存现金"和贷方的"银行存款"就形成了对应关系,这两个账户就成了对应账户。

值得注意的是,相同方向的账户之间不形成对应关系。例如,外购材料一批,价值30 000元,货款用银行存款支付10 000元,其余款项暂欠,就应该在"原材料"账户借方登记30 000元,同时在"银行存款"账户贷方登记10 000元和在"应付账款"账户贷方登记20 000元,这时,借方的"原材料"和贷方的"银行存款""应付账款"就形成了对应关系,但贷方的"银行存款"和"应付账款"之间并不形成对应关系。

2. 会计分录

(1) 会计分录的含义。会计分录,简称分录,是对每项经济业务列示出应借应贷的账户名称、方向及其金额的一种记录。会计分录由应借应贷方向、应借应贷的账户名称及其金额三个要素构成。

会计分录的书写通常应为:先借后贷,借贷分行错开书写,即借在上方,贷在下方,贷方记账符号要比借方退后一格书写,例如:

  借:库存现金 2 000
    贷:银行存款 2 000

(2) 会计分录的分类。按照所涉及账户的多少,会计分录分为简单会计分录和复合会计分录。

简单会计分录是指只涉及一个借方账户和一个贷方账户的会计分录,即一借一贷的会计分录。

【例 4-10】承例 4-1~例 4-8,各项交易或事项应编制的会计分录如下:

① 借:库存现金   500
  贷:银行存款   500
② 借:应付账款   10 000
  贷:短期借款   10 000
③ 借:资本公积   200 000
  贷:实收资本   200 000
④ 借:应付账款   300 000
  贷:实收资本   300 000

⑤ 借：应付账款　　　　　　100 000
　　贷：银行存款　　　　　　　100 000
⑥ 借：实收资本　　　　　　100 000
　　贷：银行存款　　　　　　　100 000
⑦ 借：银行存款　　　　　　500 000
　　贷：长期借款　　　　　　　500 000
⑧ 借：银行存款　　　　　　200 000
　　贷：实收资本　　　　　　　200 000

复合会计分录是指由两个以上(不含两个)对应账户组成的会计分录，即一借多贷、多借一贷或多借多贷的会计分录。

【例 4-11】 承例 4-9，该项交易或事项应编制的会计分录如下：

借：原材料　　　　　　　50 000
　贷：银行存款　　　　　　　20 000
　　　应付账款　　　　　　　30 000

一个复合会计分录，是由多个简单会计分录合并组成的。必要时，可将复合会计分录拆分成若干个简单会计分录。如上例的复合会计分录，即可编成以下两个简单会计分录：

借：原材料　　　　　　　20 000
　贷：银行存款　　　　　　　20 000
借：原材料　　　　　　　30 000
　贷：应付账款　　　　　　　30 000

(3) 会计分录的编制步骤。当一笔经济业务发生后，需要从以下四个方面分析编制会计分录：

① 分析经济业务事项涉及的是资产(费用、成本)，还是权益(收入)。即分析经济业务的内容，确定它涉及哪些会计要素。

② 确定涉及哪些账户，即确定具体应使用的会计科目。

③ 确定涉及的账户是增加还是减少，即应记入哪个(或哪些)账户的借方，哪个(或哪些)账户的贷方。根据经济业务对会计要素的影响，如会计要素是增加还是减少，来确定相关会计科目应记录的方向。

④ 确定应借应贷账户是否正确、借贷方的金额是否相等。根据经济业务发生的金额和会计计量的要求，确定在相关账户中应记录的金额。

4.3.5　借贷记账法下账户的试算平衡

试算平衡，就是根据借贷记账法"有借必有贷，借贷必相等"的记账规则，检查和验证账户记录正确性的一种方法。

试算平衡表可定期或不定期地编制，它是企业经营性的会计工作之一。因为试算平衡表使用频繁，所以企业大多事先印好企业名称、试算平衡表名称、账户名称，实际编制时只要填入各账户余额或发生额并予以汇总即可。与上述两种试算平衡原理相对应，借贷记账法的试算平衡有账户发生额试算平衡法和账户余额试算平衡法两种。前者是以借贷记账法的记账规则为依据的,后者以资产等于权益(负债与所有者权益)的会计等式为依据。试算平衡表一般设为六栏,既可以进行总分类账户本期发生额的试算平衡,又可以进行总分类账户期初余额和期末余额的试算平衡。

把一定时期如一个月或一个年度的各项经济业务,按照"有借必有贷,借贷必相等"的记账规则做成会计分录,并全部登入总账以后,如果不发生错误,那么,每一笔会计分录中的借贷两方金额及全部账户中借方发生额合计和贷方发生额合计都应能自动保持平衡。

1. 账户发生额试算平衡法

账户发生额试算平衡法是以本期全部账户的借方发生额合计数和贷方发生额合计数是否相等来检验账户记录正确性的一种试算平衡方法。其平衡公式如下:

全部账户本期借方发生额合计=全部账户本期贷方发生额合计

根据借贷记账法"有借必有贷,借贷必相等"的记账规则,每一笔经济业务的会计分录,其借贷两方的发生额必然是相等的。一定时期内,所有账户的借方发生额合计数和贷方发生额合计数,分别是所有经济业务的会计分录的借方发生额和贷方发生额的累计。因此,将一定时期内的全部经济业务的会计分录全部登账后,所有账户的本期借方发生额和本期贷方发生额的合计数额也必然相等。

2. 账户余额试算平衡法

账户余额试算平衡法是以全部账户期初(或期末)的借方余额合计数和贷方余额合计数是否相等来检验账户记录正确性的一种试算平衡方法。其平衡公式如下:

全部账户的期初借方余额合计=全部账户的期初贷方余额合计

全部账户的期末借方余额合计=全部账户的期末贷方余额合计

根据借贷记账法的账户结构可知,所有账户的借方余额之和是资产的合计数,所有账户的贷方余额是权益的合计数,资产必然等于权益,因此,所有账户的期初(或期末)借方余额合计数必然等于所有账户的期初(或期末)贷方余额合计数。

如果试算平衡表借方余额合计数和贷方余额合计数不相等,说明记账工作存在错误,应当予以查明纠正。一般首先应检查试算平衡表本身有无差错,即借方余额和贷方余额的合计数有无漏加或错加。如果试算平衡表本身没有计算错误,就须用下列方法依次进行检查,直至找出错误。

(1) 检查全部账户是否都已列入了试算平衡表,并检查各个账户的发生额和期末余额是否都已正确地抄入试算表。

(2) 复核各个账户的发生额和期末余额是否计算正确。

(3) 追查由记账凭证转记分类账的过程,核对后应在已核对数旁做核对记号。追查结束后,再查寻记账凭证、分类账上有无未核对的金额。追查记账过程时,不仅要注意金额是否无误,而且要核对过账时借方和贷方有无错置。

(4) 核实记账凭证编制是否正确,有无记账方向差错、违反"有借必有贷,借贷必相等"记账规则的情况。

通过上述检查,一般来说,错误可以查出。

3. 试算平衡表的编制

试算平衡是通过编制试算平衡表进行的。试算平衡表通常是在期末结出各账户的本期发生额合计和期末余额后编制的,试算平衡表中一般应设置"期初余额""本期发生额""期末余额"三大栏目,其下分设"借方"和"贷方"两个小栏。各大栏中的借方合计与贷方合计应该平衡相等,否则便存在记账错误。为了简化表格,试算平衡表也可只根据各个账户的本期发生额编制,不填列各账户的期初余额和期末余额。试算平衡表的式样如表 4-5 所示。

表 4-5　试算平衡表

单位:元

账户名称	期初余额		本期发生额		期末余额	
	借方	贷方	借方	贷方	借方	贷方

在编制试算平衡表时,应注意以下几点。

(1) 必须保证所有账户的余额均已记入试算表。因为会计等式是对 6 项会计要素整体而言的,缺少任何一个账户的余额,都会造成期初或期末借方余额合计与贷方余额合计不相等。

(2) 如果试算表借贷不相等,账户记录肯定有错误,应认真查找,直到实现平衡。

(3) 即便是实现了有关三栏的平衡关系,也不能说明账户的记录绝对正确,因为有些错误并不会影响借贷双方的平衡关系。例如:①漏记某项经济业务,将使本期借贷双方的发生额等额减少,借贷仍然平衡;②重记某项经济业务,将使本期借贷双方的发生额等额虚增,借贷仍然平衡;③某项经济业务记错有关账户,借贷仍然平衡;④某项经济业务在账户记录中,颠倒了记账方向,借贷仍然平衡;⑤借方和贷方发生额中,偶然发生不同账户多记或少记并相互抵销,借贷仍然平衡;⑥借方和贷方发生额中,相同账户同时发生多记或少记相同金额,借贷仍然平衡。

因此在编制试算平衡表之前,应认真核对有关账户记录,以消除上述错误。

【例 4-12】 承例 4-1~例 4-10,甲企业 201×年 1 月发生的 10 笔交易或事项,可以编制 1 月份如表 4-6 所示的发生额试算平衡表:

表 4-6　试算平衡表

单位：元

账户名称	本期发生额	
	借　方	贷　方
库存现金	①500	
银行存款	⑦500 000；⑧200 000	①500；⑤100 000；⑥100 000；⑨20 000
原材料	⑨50 000	
应付账款	②10 000；④300 000；⑤100 000	⑨30 000
短期借款		②10 000
应付股利		⑩150 000
长期借款		⑦500 000
资本公积	③200 000	
实收资本	⑥100 000	③200 000；④300 000；⑧200 000
利润分配	⑩150 000	
合　计	1 610 500	1 610 500

【例 4-13】　假定甲企业 201×年 1 月份有关账户的期初余额如表 4-7 所示。

表 4-7　甲企业 201×年 1 月份有关账户的期初余额

单位：元

资　产	金　额	负债及所有者权益	金　额
库存现金	1 500	应付账款	401 500
银行存款	1 000 000	短期借款	130 000
原材料	780 000	应付股利	0
应收账款	450 000	长期借款	500 000
固定资产	1 800 000	资本公积	800 000
		实收资本	2 000 000
		利润分配	200 000
合　计	4 031 500	合　计	4 031 500

即可根据表 4-7 和甲企业 201×年 1 月份发生的 10 笔交易或事项，编制如表 4-8 所示的试算平衡表。

表 4-8　甲企业 201×年 1 月份发生额及余额试算平衡表

单位：元

账户名称	期初余额		本期发生额		期末余额	
	借方	贷方	借方	贷方	借方	贷方
库存现金	1 500		500		2 000	
银行存款	1 000 000		700 000	220 500	1 479 500	
原材料	780 000		50 000		830 000	
应收账款	450 000				450 000	
应付股利		0		150 000		150 000

续表

账户名称	期初余额 借方	期初余额 贷方	本期发生额 借方	本期发生额 贷方	期末余额 借方	期末余额 贷方
固定资产	1 800 000				1 800 000	
应付账款		401 500	410 000	30 000		21 500
短期借款		130 000		10 000		140 000
长期借款		500 000		500 000		1 000 000
资本公积		800 000	200 000			600 000
实收资本		2 000 000	100 000	700 000		2 600 000
利润分配		200 000	150 000			50 000
合　计	4 031 500	4 031 500	1 610 500	1 610 500	4 561 500	4 561 500

4.4 总分类账户和明细分类账户

4.4.1 总分类账户和明细分类账户的关系

总分类账户是所属明细分类账户的统驭账户，对所属明细分类账户起着控制作用；明细分类账户则是总分类账户的从属账户，对其所隶属的总分类账户起着辅助作用。总分类账户及其所属明细分类账户的核算对象是相同的，它们所提供的核算资料互相补充，只有把二者结合起来，才能既总括又详细地反映同一核算内容。

1. 总分类账户与明细分类账户的内在联系

(1) 二者所反映的经济业务内容相同。

(2) 登记账簿的原始依据相同，登记总分类账户与登记明细分类账户所依据的会计凭证(特别是原始凭证)相同。虽然登记总分类账户及其所属明细分类账户的直接依据不一定相同，但原始依据是相同的。

2. 总分类账户与明细分类账户的区别

(1) 二者反映经济内容的详细程度不一样。总账反映资金增减变动的总括情况，提供总括资料；明细账反映资金变动的详细情况，提供某一方面的详细资料；有些明细账还可以提供实物量指标和劳动量指标。

(2) 二者的作用不同。总账提供的经济指标，是明细账资料的综合，对所属明细账起着统驭作用；明细账是对有关总账的补充，起着详细说明的作用。

总分类账户与明细分类账户的密切关系，决定了总分类账户与其所属的明细分类账户应该进行平行登记。

4.4.2 总分类账户和明细分类账户的平行登记

平行登记，是指对所发生的每项交易或事项都要以会计凭证为依据，一方面记入有关总分类账户，另一方面记入有关总分类账户所属明细分类账户的方法。总分类账户与明细分类账户平行登记要求做到以下几点。

1. 同期间

同期间即对发生的每一交易或事项，既要记入有关的总分类账户，又要在同一会计期间记入其所属的明细分类账户。尽管登记总账与明细账的具体日期不一定相同，但都要在同一会计期间进行登记。

2. 同方向

同方向即将发生的交易或事项记入总分类账户及其所属的明细分类账户时，记账的借贷方向应当一致。如果相关交易或事项记入总分类账户的借方(或贷方)，记入其所属的明细分类账户时，也应记入借方(或贷方)。

3. 同金额

同金额即对发生的每一交易或事项，记入总分类账户的金额与记入其所属的明细分类账户的金额之和相等。

总分类账户与其所属明细分类账户之间平行登记的结果是：总分类账户与其所属明细分类账户之间必然形成在数量上平衡的关系，可用公式表示如下：

总分类账户期初借(或贷)方余额=所属明细分类账户期初借(或贷)方余额之和

总分类账户本期借(或贷)方发生额合计=所属明细分类账户本期借(或贷)方发生额合计之和

总分类账户期末借(或贷)方余额=所属明细分类账户期末借(或贷)方余额之和

下面举例说明总分类账户和明细分类账户平行登记的方法。

【例4-14】 2020年1月1日，企业的"原材料"和"应付账款"总分类账户及其所属的明细分类账户的余额如下。

(1) "原材料"总账账户为借方余额35 000元，其所属明细账户结存情况为：

① "甲材料"明细账户，结存2 000千克，单位成本为10元，金额计20 000元；

② "乙材料"明细账户，结存50吨，单位成本为300元，金额计15 000元。

(2) "应付账款"总账账户为贷方余额10 000元，其所属明细账户余额为：

① "A工厂"明细账户，贷方余额6 000元；

② "B工厂"明细账户，贷方余额4 000元。

2020年1月份，企业发生的有关交易或事项及其会计处理如下。

(1) 1月9日，向A工厂购入甲材料500千克，单价10元，计5 000元；向B工厂购入乙材料100吨，单价300元，计30 000元，甲、乙材料已验收入库，货款均尚未支付。

对发生的该交易或事项，企业应编制会计分录如下：

借：原材料——甲材料　　　　　5 000
　　　　——乙材料　　　　　30 000
　　贷：应付账款——A工厂　　　　5 000
　　　　　　　——B工厂　　　　30 000

(2) 1月12日，向A工厂购入甲材料400千克，单价10元，计4 000元；乙材料50吨，单价300元，计15 000元，材料均已验收入库，货款尚未支付。

对发生的该交易或事项，企业应编制会计分录如下：

借：原材料——甲材料　　　　　　　　4 000
　　　　　——乙材料　　　　　　　　15 000
　　贷：应付账款——A工厂　　　　　　19 000

(3) 1月20日，以银行存款偿付前欠A工厂的货款20 000元，B工厂货款30 000元。

对发生的该交易或事项，企业应编制会计分录如下：

借：应付账款——A工厂　　　　　　　20 000
　　　　　　——B工厂　　　　　　　30 000
　　贷：银行存款　　　　　　　　　　50 000

(4) 1月26日，生产车间为生产产品从仓库领用甲材料1 000千克，金额为10 000元；领用乙材料100吨，金额为30 000元。

对发生的该交易或事项，企业应编制会计分录如下：

借：生产成本　　　　　　　　　　　　40 000
　　贷：原材料——甲材料　　　　　　10 000
　　　　　　——乙材料　　　　　　　30 000

根据平行登记的要求，将上述交易或事项在"原材料"和"应付账款"总账账户及其所属的明细账户中进行登记。平行登记结果如表4-9～表4-14所示。

表4-9　原材料总账账户

账户名称：原材料　　　　　　　　　　　　　　　　　　　　　　　　　　　　　　单位：元

2020年		凭证号数	摘要	借方	贷方	借或贷	余额
月	日						
1	1		期初余额			借	35 000
1	9	(1)	购入材料	35 000		借	70 000
1	12	(2)	购入材料	19 000		借	89 000
1	26	(4)	领用材料		40 000	借	49 000

表4-10　应付账款总账账户

账户名称：应付账款　　　　　　　　　　　　　　　　　　　　　　　　　　　　　单位：元

2020年		凭证号数	摘要	借方	贷方	借或贷	余额
月	日						
1	1		期初余额			贷	10 000
1	9	(1)	购料欠款		35 000	贷	45 000
1	12	(2)	购料欠款		19 000	贷	64 000
1	20	(3)	偿还欠款	50 000		贷	14 000

表 4-11　原材料明细分类账

明细账户：甲材料　　　　　　　　　　计量单位：千克　　　　　　　　　　金额：元

2020年		凭证号数	摘要	收入			发出			结存		
月	日			数量	单价	金额	数量	单价	金额	数量	单价	金额
1	1		期初余额							2 000	10	20 000
1	9	(1)	购入材料	500	10	5 000				2 500	10	25 000
1	12	(2)	购入材料	400	10	4 000				2 900	10	29 000
1	26	(4)	生产领料				1 000	10	10 000	1 900	10	19 000
			本月合计	900		9 000	1 000		10 000	1 900	10	19 000

表 4-12　原材料明细分类账

明细账户：乙材料　　　　　　　　　　计量单位：吨　　　　　　　　　　　金额：元

2020年		凭证号数	摘要	收入			发出			结存		
月	日			数量	单价	金额	数量	单价	金额	数量	单价	金额
1	1		期初结存							50	300	15 000
1	9	(1)	购入材料	100	300	30 000				150	300	45 000
1	12	(2)	购入材料	50	300	15 000				200	300	60 000
1	26	(4)	生产领料				100	300	30 000	100	300	30 000
			本月合计	150		45 000	100		30 000	100	300	30 000

表 4-13　应付账款明细账

明细账户：A工厂　　　　　　　　　　　　　　　　　　　　　　　　　　　单位：元

2020年		凭证号数	摘要	借方	贷方	借或贷	余额
月	日						
1	1		期初余额			贷	6 000
1	9	(1)	购料欠款		5 000	贷	11 000
1	12	(2)	购料欠款		19 000	贷	30 000
1	20	(3)	偿还欠款	20 000		贷	10 000

表 4-14　应付账款明细账

明细账户：B工厂　　　　　　　　　　　　　　　　　　　　　　　　　　　单位：元

2020年		凭证号数	摘要	借方	贷方	借或贷	余额
月	日						
1	1		期初余额			贷	4 000
1	9	(1)	购料欠款		30 000	贷	34 000
1	20	(3)	偿还欠款	30 000		贷	4 000

小 结

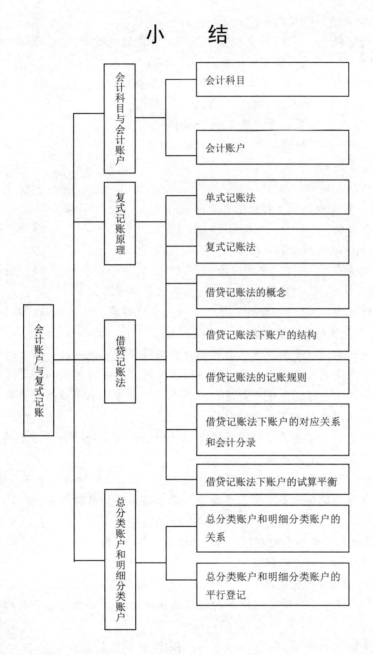

同 步 测 试

一、单项选择题

1. 下列不属于企业资产类科目的有(　　)。
   A. 预付账款　　　B. 应收账款　　　C. 固定资产　　　D. 预收账款
2. 应在账户的借方核算的有(　　)。
   A. 负债的增加额　　　　　　　　B. 所有者权益的增加额
   C. 收入的增加额　　　　　　　　D. 资产的增加额

3. 下列属于负债类科目的有(   )。
   A. 预付账款   B. 应交税费   C. 长期股权投资   D. 实收资本
4. 下列项目中，不属于所有者权益类科目的有(   )。
   A. 实收资本   B. 资本公积   C. 盈余公积   D. 主营业务收入
5. 下列属于二级明细账户的有(   )。
   A. 生产成本——基本生产成本(A 产品)
   B. 原材料——甲材料
   C. 制造费用
   D. 应付职工薪酬
6. 下列会计科目中，属于损益类的有(   )。
   A. 盈余公积   B. 固定资产   C. 制造费用   D. 财务费用
7. 下列不属于总账科目的有(   )。
   A. 固定资产   B. 应交税费   C. 应交增值税   D. 预付账款
8. 会计科目是对(   )的具体内容进行分类核算的项目。
   A. 经济业务   B. 会计主体   C. 会计对象   D. 会计要素
9. 下列关于会计科目设置的说法，错误的有(   )。
   A. 合法性原则就是所设置的会计科目应当符合国家统一会计制度的规定
   B. 企业在设置会计科目时应遵循合理性原则、相关性原则和合法性原则
   C. 单位在不违背国家统一规定的前提下，可以根据自身业务特点和实际情况，增加、减少或合并某些会计科目
   D. 设置会计科目是为了分类反映单位的经济信息，便于会计信息的使用者利用会计信息进行有关决策
10. 某公司资产总额为 20 万元，负债总额为 5 万元，以银行存款 2 万元偿还短期借款，并以银行存款 2 万元购买设备。则上述业务入账后该公司的负债总额为(   )万元。
    A. 2   B. 3   C. 25   D. 15
11. 发生额试算平衡法是根据(   )进行试算平衡的。
    A. 借贷记账法的记账规则   B. 经济业务内容
    C. 资产=负债+所有者权益   D. 经济业务类型
12. 一项资产增加、一项负债增加的经济业务发生后，都会使资产与权益较原来的总额(   )。
    A. 发生同增的变动   B. 发生同减的变动
    C. 不会变动   D. 发生不等额变动
13. 某企业年初银行存款余额为 100 万元，本期用银行存款偿还甲企业应付账款 5 万元，收到乙公司转账支付前欠货款 20 万元，则期末银行存款余额为(   )万元。
    A. 100   B. 120   C. 115   D. 125
14. 甲公司月末编制的试算平衡表中，全部账户的本月贷方发生额合计为 156 万元，除库存商品以外的账户本月借方发生额合计为 120 万元，则库存商品账户(   )。
    A. 本月贷方发生额为 36 万元   B. 本月贷方余额为 36 万元
    C. 本月借方发生额为 36 万元   D. 本月借方余额为 36 万元

15. 某企业库存商品总分类科目的本期借方发生额为 50 万元，贷方发生额为 30 万元，其所属的三个明细分类账中：甲商品本期借方发生额为 20 万元，贷方发生额为 9 万元；乙商品借方发生额为 15 万元，贷方发生额为 11 万元，则丙商品的本期借贷发生额分别为（　　）。
  A. 借方发生额为 85 万元，贷方发生额为 50 万元
  B. 借方发生额为 15 万元，贷方发生额为 10 万元
  C. 借方发生额为 15 万元，贷方发生额为 50 万元
  D. 借方发生额为 85 万元，贷方发生额为 10 万元

16. 复式记账法是以（　　）为理论依据的一种记账方法。
  A. 试算平衡　　　　　　　　B. 会计平衡公式
  C. 会计科目　　　　　　　　D. 经济业务

17. 对某项经济业务事项按照复式记账的要求，标明应借应贷账户名称、方向及其金额的记录称为（　　）。
  A. 账户　　B. 对应关系　　C. 会计分录　　D. 对应账户

18. 关于试算平衡法的下列说法不正确的有（　　）。
  A. 包括发生额试算平衡法和余额试算平衡法
  B. 试算不平衡，表明账户记录肯定有错误
  C. 试算平衡了，说明账户记录一定正确
  D. 其理论依据是会计等式

19. 对于所有者权益类账户而言（　　）。
  A. 增加记借方　　　　　　　　B. 增加记贷方
  C. 减少记贷方　　　　　　　　D. 期末无余额

20. 在领用材料时，销售部门发生的材料费用，应直接记入（　　）。
  A. 管理费用　　B. 财务费用　　C. 销售费用　　D. 制造费用

二、多项选择题

1. 下列关于会计账户和会计科目的说法正确的有（　　）。
  A. 会计科目是开设账户的依据，账户的名称就是会计科目的名称
  B. 二者都是对会计要素具体内容的科学分类，口径一致、性质相同
  C. 没有账户，会计科目就无法发挥作用
  D. 会计科目不存在固定的结构，账户则具有一定的格式和结构

2. 在下列会计科目中，与管理费用一样同属于损益类科目的有（　　）。
  A. 制造费用　　　　　　　　B. 销售费用
  C. 财务费用　　　　　　　　D. 其他应收款

3. 下列属于所有者权益类科目的有（　　）。
  A. 实收资本　　　　　　　　B. 盈余公积
  C. 利润分配　　　　　　　　D. 本年利润

4. 下列属于企业损益类科目的有（　　）。
  A. 主营业务收入　　　　　　B. 投资收益

C. 其他业务成本 D. 所得税费用

5. 以下属于按照会计科目反映的经济内容进行分类的有( )。

   A. 明细分类科目   B. 总分类科目   C. 损益类   D. 成本类

6. 企业购入材料6 000元，以银行存款支付3 000元，余款未付，材料已入库。这一经济业务涉及的账户有( )。

   A. 原材料   B. 应收账款   C. 应付账款   D. 银行存款

7. 下列关于借贷记账法的说法中正确的有( )。

   A. 可以进行发生额试算平衡和余额试算平衡
   B. 以"有借必有贷，借贷必相等"作为记账规则
   C. 以"借""贷"作为记账符号
   D. 借贷记账法下借方表示增加，贷方表示减少

8. 下列错误不会影响借贷双方平衡关系的有( )。

   A. 漏记某项经济业务   B. 重记某项经济业务
   C. 记错方向，把借方记入贷方   D. 借贷错误巧合，正好抵销

9. 会计分录的内容包括( )。

   A. 经济业务内容摘要   B. 账户名称
   C. 经济业务发生额   D. 应借应贷方向

10. 与单式记账法相比，复式记账法的优点包括( )。

    A. 可以反映资金运动的来龙去脉
    B. 可以全面反映经济业务的内容
    C. 可以对记录的结果进行试算平衡，以检查账户记录是否正确
    D. 记账手续简单

三、判断题

1. 会计科目都是根据会计账户设置的。( )
2. 为了满足管理的需要，企业的会计账户设置得越细越好。( )
3. 不违反国家统一会计制度的前提下明细会计科目可以根据企业内部管理的需要自行制定。( )
4. 所有的总分类科目都应该设置明细科目，进行明细核算。( )
5. 总分类会计科目对其所属明细分类科目具有统驭和控制作用。( )
6. 记账时，将借贷方向记反了，不会影响借贷双方的平衡关系。( )
7. 在平行登记法下，总分类账户和明细分类账户要同时登记。( )
8. 目前，我国企业、事业和行政单位均采用借贷记账法。( )
9. 对于一项经济业务，总分类账户登记在借方，其所属明细分类账户可以登记在贷方。( )
10. 复式记账法是指对于发生的每一项经济业务都要以相等的金额同时在相互联系的两个账户中进行登记的一种记账方法。( )

第4章 会计账户与复式记账

四、业务题

【业务题一】

(一)目的：练习账户的结构。

(二)资料：甲公司 2015 年 3 月 1 日 "银行存款" 账户与 "短期借款" 账户余额如下。

账户名称	期初借方余额	账户名称	期初贷方余额
银行存款	85 000	短期借款	45 000

甲公司 3 月份发生下列经济业务：

(1) 借入短期借款 300 000 元存入银行。

(2) 用银行存款支付工资 100 000 元。

(3) 用银行存款支付 500 元购买办公用品。

(4) 销售商品款存入银行 5 000 元。

(三)要求：计算以下各题数据。

(1) "银行存款" 账户本月借方发生额合计为(　　)。

(2) "银行存款" 账户本月贷方发生额合计为(　　)。

(3) "银行存款" 账户本月月末余额为(　　)。

(4) "短期借款" 账户本月贷方发生额合计为(　　)。

(5) "短期借款" 账户本月月末余额为(　　)。

【业务题二】

(一)目的：练习借贷记账法下试算平衡。

(二)资料：某企业 2015 年 1 月份资产、负债和所有者权益账户期初余额如下(单位：元)。

账户名称	余额	账户名称	余额
库存现金	1 000	短期借款	20 000
银行存款	150 000	应付账款	10 000
应收账款	20 000	应交税费	35 000
原材料	20 000	实收资本	100 000
固定资产	125 000	本年利润	166 000
生产成本	15 000		
合计	331 000	合计	331 000

该企业 2005 年 1 月份发生了以下经济业务：

(1) 从银行取得短期借款 10 000 元，存入银行；

(2) 采购员王强出差预借差旅费 800 元，以现金支付；

(3) 从银行提取现金 2 000 元备用；

(4) 管理部门购买办公用品 500 元，以现金支付；

(5) 收回应收账款 20 000 元存入银行；

(6) 购入材料一批，价款 40 000 元，材料已验收入库，款项尚未支付；

(7) 生产车间制造产品领用材料 10 000 元；

(8) 以银行存款偿还应付账款 40 000 元；
(9) 开出转账支票，上缴税金 28 000 元；
(10) 收到投资者投入货币资金 10 000 元，存入银行；
(11) 购入生产设备一台，价值 65 000 元，款项已用银行存款支付；
(12) 采购员王强报销差旅费 850 元，以现金支付其垫付款(备注：第 2 笔预借 800 元应先冲销)。

(三) 要求：
(1) 编制上述业务的会计分录。
(2) 作各账户的"T"型账户；登记期初余额、本期发生额，计算期末余额。
(3) 编制该企业 2015 年 1 月份的发生额和余额试算平衡表。

【业务题三】
(一) 目的：练习借贷记账法下试算平衡。
(二) 资料：甲公司 201× 年 5 月份的试算平衡表如下。

甲公司 201× 年 5 月份发生额及余额试算平衡表

单位：元

账户名称	期初余额		本期发生额		期末余额	
	借方	贷方	借方	贷方	借方	贷方
库存现金	300		2 000	—	2 300	
银行存款	200 000		( )	( )	313 000	
原材料	4 700		( )	12 000	( )	
固定资产	( )		40 000	—	200 000	
生产成本	15 000		12 000	( )	( )	
短期借款		10 000	30 000	20 000		—
应付账款		50 000	35 000	15 000		30 000
实收资本		320 000	—	200 000		520 000
合计	( )	( )	354 000	354 000	( )	( )

(三) 要求：请运用各类账户余额计算公式及发生额和余额试算平衡公式，将表格内括号中的数字填列完整。

【业务题四】
(一) 目的：练习总账与明细账的平行登记。
(二) 资料：甲公司 20×× 年 7 月 1 日，"原材料"和"应付账款"的总账和明细账资料如下。
(1) "原材料"借方余额 36 000 元，其中，原材料——甲材料 20 000 元，原材料——乙材料 16 000 元；
(2) "应付账款"贷方余额 48 000 元，其中，应付账款——南方公司 32 000 元，应付账款——北方公司 16 000 元。
甲公司 7 月份发生下列经济业务：
(1) 7 月 5 日，向南方公司购入原材料 42 000 元，其中，购买甲材料 22 000 元，乙材料20 000元。材料已验收入库，货款尚未支付。

(2) 7月11日，向北方公司购入原材料53 000元，其中，购买甲材料22 000元，乙材料31 000元。材料已验收入库，货款尚未支付。

(3) 7月13日，生产产品领用材料48 000元，其中，甲材料26 000元，乙材料22 000元。

(4) 7月18日，用银行存款归还前欠南方公司货款32 000元、北方公司货款20 000元。

(三)要求：根据上述资料，分别为"原材料""应付账款"开设"T"型总账和明细账，根据本月发生的经济业务登记相关账户的发生额并结出期末余额。

思考与练习

1. 简述会计账户与会计科目的区别与联系。
2. 什么叫借贷记账法？
3. 简述借贷记账法下各类账户的结构。
4. 通过试算平衡无法查找出的错账有哪些？
5. 总分类账与明细分类账的平行登记有哪些要点？

第 5 章 会计凭证填制与审核

【知识目标】

- 了解会计凭证的概念与作用。
- 了解会计凭证的传递。
- 熟悉原始凭证与记账凭证的种类。
- 熟悉会计凭证的保管。
- 掌握原始凭证与记账凭证的填制与审核。

【技能目标】

能正确填制审核原始凭证与记账凭证。

5.1 会计凭证及其种类

5.1.1 会计凭证的概念与作用

1. 会计凭证的概念

会计凭证，简称凭证，是记录经济业务发生或者完成情况的书面证明，是登记账簿的依据。

2. 会计凭证的作用

会计人员可以根据会计凭证，对日常大量、分散的各种经济业务进行整理、分类、汇总，并经过会计处理，为经济管理提供有用的会计信息。会计凭证的作用主要体现在以下三个方面。

(1) 记录经济业务，提供记账依据。会计凭证是记账的依据，通过会计凭证的填制、审核，按一定方法对会计凭证进行整理、分类、汇总，为会计记账提供真实、可靠的依据，并通过会计凭证的及时传递，对经济业务适时地进行记录。

(2) 明确经济责任，强化内部控制。填制和审核会计凭证，可加强经济业务管理责任制。任何会计凭证除记录有关经济业务的基本内容外，还必须由有关部门和人员签章，这样可以对会计凭证所记录经济业务的真实性、完整性、合法性等负责，防止舞弊行为，加强内部控制。

(3) 监督经济活动，控制经济运行。审核会计凭证可以发挥会计的监督作用。通过会计凭证的审核，可以查明每一项经济业务是否真实发生，是否符合国家有关法律、法规、制度的规定，是否符合计划、预算进度，是否有违法乱纪、铺张浪费行为等。对查出的问题，应积极采取措施予以纠正，实现对经济活动的事中控制，保证经济活动健康进行。

5.1.2 会计凭证的种类

会计凭证按其填制的程序和用途，可以分为原始凭证和记账凭证两种。

1. 原始凭证

原始凭证是在经济业务发生或完成时取得或填制的，用以记录或证明经济业务的发生或完成情况的原始凭据。

2. 记账凭证

记账凭证又称记账凭单，是指会计人员根据审核无误的原始凭证，按照经济业务的内容加以归类，并据以确定经济业务应借、应贷会计科目及金额的会计凭证，是登记账簿的直接依据。

原始凭证和记账凭证之间存在着密切的联系。原始凭证是记账凭证的基础，是编制记账凭证的依据，是记账凭证的附件；记账凭证是根据原始凭证的内容进行整理而编制的，是对原始凭证内容的概括和说明；当某些账户所属的明细账户较多时，原始凭证是登记明细账户的依据，二者关系密切，不可分割。

5.2 原始凭证的填制与审核

5.2.1 原始凭证的种类

1. 按其来源不同，分为外来原始凭证和自制原始凭证

(1) 外来原始凭证。外来原始凭证是指在经济业务发生或完成时，从外单位或个人处取得的单据。如供应单位开出的增值税专用发票(格式如表 5-1 所示)，银行结算凭证，收款单位或个人开出的收据，出差人员取得的车票、船票、机票、宿费单、铁路托运单、运杂费收据等。凡外来原始凭证必须盖有单位的公章或财税机关的统一检章方为有效。

表 5-1 增值税专用发票

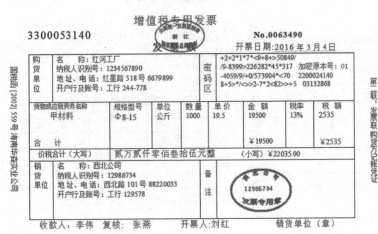

(2) 自制原始凭证。自制原始凭证是指在经济业务发生或完成时，由本单位业务经办部门的有关人员填制的单据。如"收货单"(格式如表 5-2 所示)"原材料成本计算表""产品入库单""产品出库单""工资结算单""差旅费报销单""制造费用分配表""固定资产折旧计算表"等。

表 5-2　收货单

收　货　单								
销货单位：			开单日期：	年　月　日			存放仓库：	
货号	规格、品名	单位	数量	单价	金额	税率%	进项税额	
合计								
价税合计(大写)			佰　拾　万　仟　佰　拾　元　角　分				￥	
包装类别		件数		每件内装		合同字号		
备注	发票号码				验收日期			
业务主管：		仓管员：		检验员：		采购员：		

2. 按其格式不同，分为通用凭证和专用凭证

(1) 通用凭证。通用凭证是指由有关部门统一印制、在一定范围内使用的具有统一格式和使用方法的原始凭证。

(2) 专用凭证。专用凭证是指由单位自行印制、仅在本单位内部使用的原始凭证。

3. 按其填制手续不同，分为一次凭证、累计凭证和汇总凭证

(1) 一次凭证。一次凭证是指一次填制完成，只记录一项经济业务且仅一次有效的原始凭证。所有的外来原始凭证都是一次凭证，自制原始凭证中大部分也是一次凭证。

(2) 累计凭证。累计凭证是指在一定时期内多次记录发生的同类经济业务且多次有效的原始凭证。如自制原始凭证中的"限额领料单"(格式如表 5-3 所示)。累计凭证的填制手续不是一次完成的，而是随着经济业务的陆续发生分次填写的，只有完成全部填制手续后，才能作为原始凭证据以记账。

表 5-3　限额领料单

限　额　领　料　单										
领料部门：生产车间								发料仓库：2号		
用　途：B产品生产			20×× 年 2 月					编　号：008		
材料类别	材料编号	材料名称及规格	计量单位	领料限额	实际领用		单价	金额	备注	
型钢	0348	圆钢φ10mm	公斤	500	480		4.40	2112		
日期	请　领		实　发				限额结余	退库		
	数量	签章	数量	发料人	领料人			数量	退库单	
2.3	200		200	姜同	王立		300			
2.12	100		100	姜同	王立		200			
2.20	180		180	姜同	王立		20			
合计	480		480				20			
供应部门负责人			生产计划部门负责人				仓库负责人签章			

(3) 汇总凭证。汇总凭证是指根据一定时期内若干份记录同类经济业务的原始凭证加以汇总编制的一种原始凭证。如将记录全月领料业务的"领料单"加以汇总后编制的"发料汇总表"(格式如表 5-4 所示)。一张汇总凭证只能汇总同类经济业务，不能汇总两类或两类以上不同类型的经济业务。

表 5-4 发料汇总表

发料汇总表

附领料单 25 份　　　　　　　　　2010 年 5 月 31 日　　　　　　　　　　　　单位：元

会计科目	领料部门	原材料	燃料	合计
基本生产成本	一车间	5 000	10 000	15 000
	二车间	8 000	14 000	22 000
	小计	13 000	24 000	37 000
辅助生产成本	供电车间	7 000	2 000	9 000
	锅炉车间		4 000	4 000
	小计	7 000	6 000	13 000
制造费用	一车间	400		400
	二车间	600		600
	小计	1 000		1 000
管理费用		200	300	500
合计		21 200	30 300	51 500

会计主管：　　　　　　　　审核：　　　　　　　　制单：

5.2.2 原始凭证的基本内容

由于原始凭证记录的经济业务内容多种多样，取得的来源渠道也是多方面的，因此原始凭证的格式和内容也不尽相同。但无论是哪一种原始凭证，都必须具备以下基本内容，这些基本内容称为原始凭证要素。

(1) 原始凭证的名称，如"增值税专用发票""领料单"等；
(2) 填制凭证的日期；
(3) 接收凭证单位或个人的名称；
(4) 经济业务内容；
(5) 经济业务中实物的名称、数量、单价和金额；
(6) 填制单位名称或填制人的姓名；
(7) 经办人员签名或盖章。

5.2.3 原始凭证的填制要求

1. 原始凭证填制的基本要求

由于原始凭证是经济业务发生的原始证明，是具有法律效力的书面证明文件，因此，原始凭证的填制必须符合一定的规范。其基本要求如下：

(1) 记录真实。原始凭证上记录的日期、经济业务内容和数字金额，必须与经济业务发生的实际情况完全相符，不得歪曲经济业务真相、弄虚作假。对于实物数量、质量和金额的计算，要准确无误，不得匡算或估算。

(2) 内容完整。原始凭证中规定的各项目必须填写齐全，不能遗漏和简略，需要填一式数联的原始凭证，必须用复写纸套写，各联的内容必须完全相同，联次也不得缺少；业务经办人员必须在原始凭证上签名或盖章，对凭证的真实性和正确性负责。

(3) 手续完备。经济业务的内容必须符合国家有关政策、法令、规章、制度以及内部控制的要求，手续完备。

(4) 书写清楚。原始凭证填写要认真，文字和数字要清楚，字迹必须工整、清晰，易于辨认。数量、单价和金额的计算必须正确，大小写金额要相符。

(5) 连续编号。有关货币资金收支等重要的原始凭证要连续编号；如果书写错误，应按规定手续注销、留存，然后重新填写，并在错误凭证上加盖"作废"戳记，与存根一同保存，不得撕毁，以免错收、错付，或被不法分子窃取库存现金。一般凭证如果书写错误，应用规定的方法予以更正，并由更正人员在更正处盖章，以示负责，不得随便涂改、刮擦或挖补。

(6) 符合技术规范。填制原始凭证时，还应符合《会计基础工作规范》的要求：阿拉伯数字应逐个书写清楚，不可连笔书写。阿拉伯数字合计金额的最高位数字前面应写人民币符号"¥"，在人民币符号"¥"与阿拉伯数字之间，不得留有空白。以元为单位的金额一律填写到角分；无角分的，角位和分位填写"0"，不得空格。汉字大写金额数字，应符合规定要求，使用既容易辨认，又不容易涂改的正楷字书写，如壹、贰、叁、肆、伍、陆、柒、捌、玖、拾、佰、仟、万、亿、元、角、分、零、整等。不得用一、二(两)、三、四、五、六、七、八、九、十、块、毛、令(0)等字样代替。大写金额前应有"人民币"字样，紧贴"人民币"后书写金额，中间不得留有空白。阿拉伯金额数字中间有"0"或连续有几个"0"时，汉字大写金额时只写一个"零"字即可，如5 006元，汉字大写金额应为"人民币伍仟零陆元整"。凡是规定填写大写金额的各种原始凭证，如银行结算凭证、发票、运单、提货单、各种库存现金收支凭证等，都必须在填写小写金额的同时填写大写金额。支票、汇票等重要票据的出票日期必须使用中文大写：零、壹、贰、叁、肆、伍、陆、柒、捌、玖、拾。月份中1月和2月前加"零"：零壹月、零贰月；11月和12月前加"壹"：壹拾壹月、壹拾贰月；10月前加"零"和"壹"：零壹拾月。日期中，1日至9日前加"零"，如5日，应写成零伍日；11日至19日前加"壹拾"，如11日，写成"壹拾壹日"；10日必须写成"零壹拾日"；20日、30日前加"零"：零贰拾日、零叁拾日。如2010年2月10日应该写成"贰零壹零年零贰月零壹拾日"。

(7) 填制及时。每笔经济业务发生或完成时，经办人员必须按照有关制度的规定，及时填制或取得原始凭证，并按照规定程序及时送交会计部门审核、记账，防止因时过境迁、记忆模糊而出现差错，难以查清。

2. 自制原始凭证的填制

(1) 一次凭证的填制。一次凭证的填制手续是在经济业务发生或完成时由业务经办人员一次填制完成的，一般只反映一项经济业务，或者同时反映若干项同类性质的经济业务。

现以"收料单"为例,说明原始凭证的填制方法。

收料单是企业购进材料验收入库时,由仓库保管人员填制的一次性自制原始凭证(格式如表5-5所示)。企业外购材料,都必须履行验收入库手续,由仓库保管人员根据供应单位开来的发票账单,严格审查验收,对运达的材料质量、数量、规格、型号等认真进行审核,并按实收数量认真填写收料单。收料单一式三联,一联随发票一起送交财会部门记账,会计据以作为材料增加核算的依据;一联留仓库,据以登记材料物资明细账(卡);一联交采购人员存查。

表5-5 收料单

收 料 单

材料类别:原材料 编号:12807
供货单位:三钢闽光公司
发票号码:0758 2016年3月4日 收料仓库:5号库

材料编号	材料名称	规格	计量单位	数量		实际价格				
				应收	实收	单价	发票金额	运杂费	合计	②记账联
10201	型钢	35mm	千克	2 000	2 000	6.00	12 000	500	12 500	
合计				2 000	2 000		12 000	500	12 500	
备注										

采购员: 检验员: 记账员: 保管员:

(2) 累计凭证的填制。累计凭证是在一定时期内不断重复反映同类经济业务的完成情况,是由经办人员于每次经济业务完成后在同一张凭证上重复填制而成的。下面通过"限额领料单"的填制实例来说明累计凭证的填制方法(格式如表5-3所示)。

限额领料单是由生产计划部门根据下达的生产任务和材料消耗定额对各用料单位确定一个时期(一般为一个月)内的领料限额,然后将领料限额签发在限额领料单中,用料单位持限额领料单在有效期间,连续多次使用,直到限额用完才完成全部填制手续。

限额领料单一般一料一单,一式两联,其中一联交仓库据以发料,一联交用料单位据以领料。用料单位领料时,在限额领料单内注明请领数量,经负责人签章批准后,持往仓库领料。

仓库发料时,根据材料的品名和规格在限额内发料,同时将实发数量及限额结余填写在限额领料单内,并由领、发料双方在单内签章。月末,在限额领料单内结出实发数量和金额转交财会部门,据以归集材料费用,并进行材料减少核算。

使用限额领料单领料,全月不能超过生产计划部门下达的全月领用限额。如果因生产任务增加需要追加限额时,应经生产计划部门的批准,办理追加限额的手续。如果是由于材料浪费或其他原因超限额用料而急需追加限额时,应由用料单位向生产计划部门提出追加限额申请,经批准后办理追加限额手续。

如果用料单位使用另一种材料代替限额领料单内所列材料时,应另填一张领料单,同时减少限额领料单内的限额结余。

(3) 汇总凭证的填制。汇总原始凭证应由相关人员在汇总一定时期内反映同类经济业务的原始凭证后填制完成。该凭证只能将类型相同的经济业务进行汇总,不能汇总两类或两类以上的经济业务。

3. 外来原始凭证的填制

外来原始凭证应在企业同外单位发生经济业务时，由外单位的相关人员填制完成。外来原始凭证一般由银行、税务局等部门统一印制，或经相关部门批准由经营单位印制，在填制时加盖出具凭证单位公章方为有效。对于一式多联的原始凭证必须用复写纸套写或打印机套打，如中国工商银行信汇凭证(格式如表5-6所示)。

表5-6 中国工商银行信汇凭证

中国工商银行信汇凭证
(回单)

委托日期 2006年6月20日   第　号：
                         应解汇款编号：

汇款人	全称	盛阳电子股份有限公司	收款人	全称	南浦电子元件有限公司	此联是汇出行给汇款人的回单
	账号或地址	2202005270020988857099		账号或地址	2002006201293683228231	
	开户银行	工商行浙海支行		开户银行	工商行东南支行	行号
金额	人民币(大写)	贰拾贰万柒仟肆佰肆拾捌元整			¥ 227 448.00	

汇款用途：支付前欠货款　　　　留行待取预留
　　　　　　　　　　　　　　　收款人全称
上列款项已代进账，如有错误，请持此联　　上列款项已照收无误。　　科目（借）　2006.6.20
来行面洽。　　　　　　　　　　　　　　　　　　　　　　　　　对方科目
银行转讫　　汇入行盖章　　　　　　　　　　　　　　　　　　　汇入行解讫日期
　　　　　　　　　　年　月　日　　收款人（盖章）　年　月　日　复核　出纳　记账

5.2.4 原始凭证的审核

为了如实反映经济业务的发生和完成情况，充分发挥会计的监督职能，保证会计信息的真实、合法、准确和完整，会计人员必须对会计凭证进行严格审核。只有审核无误的原始凭证，才能作为记账的依据。

1. 审核原始凭证的真实性

原始凭证所记载的经济业务是否与实际发生的经济业务情况相符合，包括与经济业务相关的当事人单位和当事人是否真实；经济业务发生的时间、地点和填制凭证的日期是否准确；经济业务的内容及其数量方面(包括实物数量、计量单位、单价、金额)是否与实际情况相符；原始凭证是否真实等。

2. 审核原始凭证的合法性

原始凭证所记载的经济业务是否合理合法，是否符合国家有关政策、法令、规章和制度的规定，是否符合计划、预算的规定；有无违法乱纪的行为，有无弄虚作假、营私舞弊、伪造涂改凭证的现象等。

3. 审核原始凭证的合理性

原始凭证所记录经济业务是否符合企业生产经营活动的需要，各项费用支出是否符合

开支范围及开支标准的规定,是否符合增收节支、增产节约、提高经济效益的原则,有无铺张浪费的现象等。

4. 审核原始凭证的正确性

原始凭证的摘要是否填写清楚;日期是否真实;实物数量、单价及金额是否正确;小计、合计及数字大写和小写有无错误;有无刮擦、挖补、涂改和伪造原始凭证等情况。外来原始凭证金额不得修改,如有错误,要求出具单位重新开具。

5. 审核原始凭证的完整性

原始凭证是否具备合法凭证所必需的基本内容,这些内容填写是否齐全,有无遗漏的项目;原始凭证的填制手续是否完备,有关单位和经办人员是否签章;是否经过主管人员审核批准;须经政府有关部门或领导批准的经济业务,其审批手续是否按规定履行等。

6. 审核原始凭证的及时性

原始凭证应在经济业务发生或完成时填制并传递。审核时应注意审查凭证的填制日期,尤其是支票、银行汇票、银行本票等实效性较强的原始凭证。

原始凭证的审核,是一项十分细致而又严肃的工作,必须按照制度要求,坚持原则,严格审核,以确保会计资料的真实、合法、准确和有效。要做到这一点,会计人员就必须熟悉与各种经济业务有关的政策、法令、规章、制度和计划、预算的规定,全面了解并掌握本单位的业务经营情况,认真履行会计人员的职责。在审核过程中,对内容不完整、手续不完备、数字不准确以及填写不清楚的原始凭证,应当退还给有关业务单位或个人,并令其补办手续或更正;对于违反有关法令、规章、制度、计划和预算的一切收支,会计人员有权拒绝付款和报销,并向本单位领导报告;如果发现伪造或涂改凭证、弄虚作假、虚报冒领等严重违法乱纪行为,会计人员应扣留原始凭证,并及时向领导汇报,请求严肃处理。

5.3 记账凭证的填制与审核

5.3.1 记账凭证的种类

1. 按凭证的用途,分为专用记账凭证和通用记账凭证

(1) 专用记账凭证。专用记账凭证是分类反映经济业务的记账凭证,按其反映的经济业务内容可分为收款凭证、付款凭证和转账凭证。

收款凭证,是用来记录和反映库存现金、银行存款等货币资金收款业务的记账凭证,是根据库存现金和银行存款收款业务的原始凭证填制的(格式如表 5-7 所示)。

付款凭证,是用来记录和反映库存现金、银行存款等货币资金付款业务的记账凭证,是根据库存现金和银行存款付款业务的原始凭证填制的。收款凭证和付款凭证是出纳人员办理收、付款项的依据,也是登记库存现金日记账和银行存款日记账的依据(格式如表 5-8 所示)。

表 5-7 收款凭证

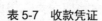

摘要	会计科目	明细科目	金额 亿千百十万千百十元角分	记账
合　计	（附件　　　张）			

制证　　　　　　　　　审核　　　　　　　　　记账

表 5-8 付款凭证

付　款　凭　证　　出纳编号_____
　　　　　　　　　　制单编号_____

对方单位 (或领款人)	摘要	借方科目		金额	记账符号
		总账科目	明细科目	千百十万千百十元角分	

会计主管　　记账　　复核　　出纳　　制单　　领款人签章

转账凭证，是用来记录和反映与库存现金、银行存款等货币资金收付无关的转账业务的记账凭证，是根据相关转账业务的原始凭证填制的(格式如表 5-9 所示)。

表 5-9 转账凭证

转　账　凭　证
年　月　日　　　　第　　号

摘要	会计科目	明细科目	借方金额 千百十万千百十元角分	贷方金额 千百十万千百十元角分	记账
合　计	（附件　　　张）				

制证　　　　　　　　　审核　　　　　　　　　记账

(2) 通用记账凭证。通用记账凭证是用来反映所有类型经济业务的记账凭证。在实际工作中，很多企业和行政事业单位，为了简化编制记账凭证工作，使用同一种格式的记账凭证来记录和反映所发生的各种经济业务，这种记账凭证称为通用记账凭证。通用记账凭证格式与转账凭证基本相同(格式如表5-10所示)。

表 5-10 通用记账凭证

摘要	会计科目	明细科目	借方金额 百十万千百十元角分	贷方金额 百十万千百十元角分	记账
合计：	(附件 张)				

会计主管　　　　审核　　　　制证　　　　记账

2. 按凭证的填列方式，分为单式记账凭证和复式记账凭证

(1) 单式记账凭证，是指只填列经济业务所涉及的一个会计科目及其金额的记账凭证。

(2) 复式记账凭证，是将每一笔经济业务所涉及的全部会计科目及其发生额在同一张记账凭证中反映的凭证。上述三种专用记账凭证和通用记账凭证都是复式记账凭证。使用复式记账凭证，有利于了解经济业务的全貌，便于查账，减少记账凭证的数量；不足之处是不便于分工记账和编制科目汇总表。

5.3.2 记账凭证的基本内容

记账凭证是登记账簿的依据，因其所反映经济业务的内容不同、各单位规模大小及其对会计核算繁简程度的要求不同，其内容有所差异，但应当具备以下基本内容。

(1) 凭证名称(如收款记账凭证、付款记账凭证、转账记账凭证或通用记账凭证等)；

(2) 填制凭证的日期；

(3) 记账凭证的编号；

(4) 经济业务摘要；

(5) 经济业务应借、应贷的会计科目(包括一、二级和明细科目)的名称；

(6) 金额；

(7) 所附原始凭证的张数；

(8) 填制凭证人员、会计机构负责人、会计主管人员签名或盖章。收款、付款的记账凭证还应由出纳人员签名或盖章。

以自制的原始凭证或者原始凭证汇总表代替记账凭证的,也必须具备记账凭证应有的项目。

5.3.3 记账凭证的填制要求

1. 记账凭证填制的基本要求

记账凭证填制正确与否,直接影响整个会计系统最终提供信息的质量。记账凭证应根据审核无误的原始凭证或原始凭证汇总表填制。记账凭证与原始凭证的填制要求相同,同时也要符合《会计基础工作规范》要求。

(1) 记账凭证各项内容必须完整。

(2) 记账凭证的书写应清楚、规范。

(3) 除结账和更正错误的记账凭证可以不附原始凭证外,其他记账凭证必须附有原始凭证。

(4) 记账凭证可以根据每一张原始凭证填制,或根据若干张同类原始凭证汇总编制,也可以根据原始凭证汇总表填制;但不得将不同内容和不同类别的原始凭证汇总填制在一张记账凭证上。

(5) 正确给记账凭证编号。记账凭证在一个月内应当连续编号,以便分清记账凭证的先后顺序,便于登记账簿和日后对账和查核,并防止散失。编号的方法,可以将全部记账凭证作为一类统一编号,每月从第一号记账凭证开始,按经济业务发生的顺序,依次编号;也可以分别按库存现金收入、银行存款收入、库存现金付出、银行存款付出、转账业务分类编号,例如,现收字第×号、现付字第×号、银收字第×号、银付字第×号、转字第×号等。但无论按何种方法编号,均应分月按自然数 1,2,3,……顺序编号,不得跳号或重号。如果一笔经济业务需要编制多张记账凭证时,可采用"分数编号法",并将原始凭证附在某一张记账凭证后,在未附原始凭证的记账凭证上注明"单据附在第×号记账凭证上",前面的整数表示经济业务的顺序号,分数的分母表示本笔经济业务共编制了几张记账凭证,分数的分子表示是其第几张凭证。如一笔经济业务需要编制 4 张转账凭证,该笔经济业务的顺序号是 20,则第一张的编号为"转字第 20 1/4 号",第二张的编号为"转字第 20 2/4 号",第三张的编号为"转字第 20 3/4 号",第四张的编号为"转字第 20 4/4 号"。

(6) 填制记账凭证时若发生错误,应当重新填制。

(7) 记账凭证填制完经济业务事项后,如有空行,应当自金额栏最后一笔金额数字下的空行处至合计数上的空行处划线注销。

2. 收款凭证的填制

收款凭证是用来记录货币资金收款业务的记账凭证,它是根据审核无误的有关库存现金和银行存款收款业务的原始凭证填制的。

在借贷记账法下,收款凭证的设置科目是借方科目。在收款凭证左上方所列的"借方科目"后应填列"库存现金"或"银行存款"科目;收款凭证上方的年、月、日应按编制凭证的日期填写;右上方记账凭证编号,应按顺序编号,即分别自"银收字第 1 号""现收字第 1 号"顺序编写,不得漏号、重号、错号,每月从 1 号起编号,直至最后 1 张。"摘要"栏应填写经济业务内容的简要说明。在凭证内所反映的"贷方科目"中应填写与收入库存现金和银行存款相对应的总账科目和明细科目。各贷方科目的金额应填入与本科目同一行的"金额"栏中。"合计"行的金额表示借方科目"银行存款"或"库存现金"的金额。"记账符号"栏应注明记入分类账或日记账的页码,或以"√"代替,表示已经记账。附件张数应按独立的原始凭证计算填列(格式如表5-11所示)。

表5-11 收款凭证

收款凭证

借方科目: 银行存款   2016年 4月 12日   凭证编号 银收字第16号

摘要	贷方科目		金额										记账符号
	总账科目	二级或明细科目	亿	千	百	十	万	千	百	十	元	角	分	
收到前欠货款	应收账款	阔光公司					4	6	8	0	0	0	0	
合计	附件 贰 张		¥				4	6	8	0	0	0	0	

会计主管人员:李伟 记账:张丽丽 稽核:王红 制单:张灿 出纳:黎明 交款人:

3. 付款凭证的填制

付款凭证是用来记录货币资金付款业务的记账凭证,它是根据审核无误的有关库存现金和银行存款付款业务的原始凭证填制的。

在借贷记账法下,付款凭证的设置科目是贷方科目。在付款凭证左上方所列的"贷方科目"后应填列"库存现金"或"银行存款"科目;在付款凭证内所反映的借方科目中,应填列与付出库存现金或银行存款相对应的总账科目和明细科目;其余各项目的填列方法与收款凭证基本相同(格式如表5-12所示)。

表5-12 付款凭证

付款凭证

贷方科目: 银行存款   2016年 4月 20日   凭证编号 付字第14号

摘要	借方科目		金额										记账符号
	总账科目	二级或明细科目	亿	千	百	十	万	千	百	十	元	角	分	
支付广告费	销售费用	广告费						2	0	0	0	0	0	
合计	附件 壹 张		¥					2	0	0	0	0	0	

会计主管人员:李伟 记账:张丽丽 稽核:王红 制单:张灿 出纳:黎明 领款人:

应当注意的是,对于库存现金和银行存款之间以及各种货币资金之间相互划转的业务,在实际工作中，只填制一张付款凭证，不再填制收款凭证，记账时，根据"借方科目"和"贷方科目"分别登记入账。例如，将库存现金存入银行，根据该项经济业务的原始凭证，只填制一张库存现金付款凭证，不再填制银行存款收款凭证；相反，从银行提取库存现金时，根据有关原始凭证，只填制一张银行存款付款凭证，不再填制库存现金收款凭证。这种方法不仅可以减少记账凭证的编制数量，而且可以避免重复记账。

出纳人员在办理收款或付款业务后，应在原始凭证上加盖"收讫"或"付讫"的戳记，以免重收、重付。

4. 转账凭证的填制

转账凭证是用来记录与货币资金收付无关的经济业务的记账凭证，它是根据不涉及库存现金和银行存款收付的有关转账业务的原始凭证填制的。

在借贷记账法下，转账凭证将经济业务所涉及的会计科目全部填列在凭证内。"会计科目"栏应分别填列应借、应贷的一级科目和明细科目，借方科目在先，贷方科目在后。相应的金额栏内填列应借科目的"借方金额"和应贷科目的"贷方金额"。"借方金额"合计数与"贷方金额"合计数相等。其余各项目的填列方法与收、付款凭证基本相同(格式如表 5-13 所示)。

表 5-13 转账凭证

转账凭证

2016 年 4 月 28 日　　凭证编号 转字第 14 号

摘要	会计科目		借方金额	贷方金额	记账符号
	总账科目	二级或明细科目	亿 千 百 十 万 千 百 十 元 角 分	亿 千 百 十 万 千 百 十 元 角 分	
报销差旅费	管理费用	差旅费	2 7 5 0 0 0		
	其他应收款	张军		2 7 5 0 0 0	
合计	附件叁张		￥2 7 5 0 0 0	￥2 7 5 0 0 0	

会计主管人员：李伟　　记账：张丽丽　　稽核：王红　　制单：张灿

5. 通用记账凭证的填制方法

通用记账凭证是用来记录各项经济业务的记账凭证，它是根据审核无误的有关原始凭证填制的。其填制方法与转账凭证的填制方法类似(格式如表 5-14 所示)。

表 5-14 通用记账凭证

5.3.4 记账凭证的审核

为了保证会计信息的质量，记账前应由有关稽核人员对会计记账凭证进行严格审核，审核的内容主要包括以下 6 项。

1. 内容是否真实

审核记账凭证是否附有原始凭证，所附原始凭证的内容是否与记账凭证记录的内容一致，记账凭证汇总表与记账凭证的内容是否一致。

2. 项目是否齐全

审核记账凭证各项目的填写是否齐全，如日期、凭证编号、摘要、会计科目、金额、所附原始凭证张数等。

3. 科目是否正确

审核记账凭证的应借、应贷科目是否正确，是否有明确的账户对应关系等。

4. 金额是否正确

审核记账凭证所记录的金额与原始凭证的有关金额是否一致、记账凭证汇总表的金额与记账凭证的金额合计是否相符等。

5. 书写是否规范

审核记账凭证中的记录是否文字工整、数字清晰，是否按规定使用蓝黑墨水笔或碳素墨水笔等。

6. 手续是否完备

记账凭证中有关手续是否完备、有关人员是否签字或盖章。

在审核过程中,如果发现记账凭证填制有错误,或者不符合要求,则需要由填制人员重新填制,但如果凭证已装订,并登记账簿,必须按规定的方法进行更正。只有经过审核无误的记账凭证,才可以据以登记入账。

5.4 会计凭证的传递与保管

5.4.1 会计凭证的传递

会计凭证的传递,是指从会计凭证取得或填制时起到归档保管时止,在单位内部有关部门和人员之间的传送程序。会计凭证的传递,应当满足内部控制制度的要求,使传递合理有效,节约传递的时间,减少传递的工作量。

会计凭证的传递是企业会计制度的一个重要组成部分,应当在企业会计制度中做出明确的规定。会计凭证的传递主要包括两方面的内容,即会计凭证传递程序和会计凭证传递时间。

5.4.2 会计凭证的保管

会计凭证的保管,是指会计凭证登记入账后的整理、装订、归档和存查工作。会计凭证是记账的依据,是重要的会计档案和经济资料。任何单位在完成经济业务手续和记账后,必须将会计凭证按规定的立卷归档形成会计档案资料,妥善保管,以便日后随时查阅。

1. 定期装订成册,防止散失

会计部门在依据会计凭证记账以后,应定期(每天、每旬或每月)对各种会计凭证进行分类整理,将各种记账凭证按照编号排序,连同所附的原始凭证加具封面和封底,装订成册,并在装订线上加贴封签,由装订人员在装订线封签处签名或盖章。

从外单位取得的原始凭证遗失时,应当取得原开出单位盖有公章的证明,并注明原来凭证的号码、金额和内容等,由经办单位会计机构负责人、会计主管人员和单位领导人批准后,才能代作原始凭证。如果确实无法取得证明的,如火车、轮船、飞机票等凭证,由当事人写出详细情况,由经办单位会计机构负责人、会计主管人员和单位领导人批准后,代作原始凭证。

2. 封面项目齐全

会计凭证封面应注明单位名称、凭证种类、凭证张数、起止号数、年度、月份、会计主管人员、装订人员等有关事项,会计主管人员和保管人员均应在封面上签章。

3. 加贴封条,防止抽换

原始凭证不得外借,其他单位如有特殊原因确实需要使用时,经本单位会计机构负责人、会计主管人员批准,可以复制。向外单位提供的原始凭证复制件,应在专设的登记簿上登记,并由提供人员和收取人员共同签名、盖章。

4. 凭证较多,单独装订

原始凭证较多时可单独装订,但应在凭证封面注明所属记账凭证的日期、编号和种类,同时在所属的记账凭证上注明"附件另订"及原始凭证的名称和编号,以便查阅。对各种重要的原始凭证,如押金收据、提货单等,以及各种需要随时查阅和退回的单据,应另编目录,单独登记保管,并在有关的记账凭证和原始凭证上分别注明日期和编号。

5. 及时移交,统一保管

每年装订成册的会计凭证,在年终可暂由单位会计机构保管一年,期满后应当移交本单位档案机构统一保管;未设立档案机构的,应当在会计机构内部指定专人保管。出纳人员不得兼管会计档案。

6. 严格遵守保管期限要求

严格遵守会计凭证的保管期限要求,期满前任何单位不得擅自销毁会计凭证。

小 结

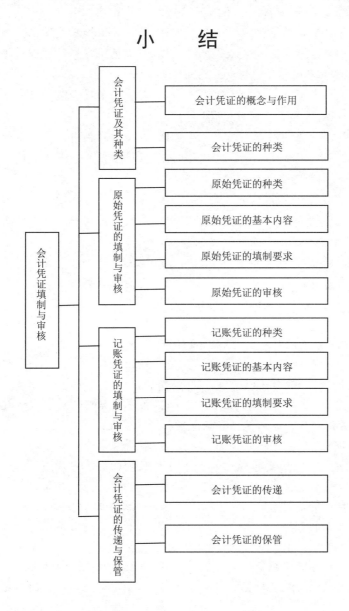

同步测试

一、单项选择题

1. 限额领料单属于会计凭证中的( )。
   A. 一次凭证　　　B. 累计凭证　　　C. 单式凭证　　　D. 汇总原始凭证
2. 下列属于外来原始凭证的有( )。
   A. 入库单　　　B. 发料汇总表　　　C. 银行收账通知单　　　D. 出库单
3. 下列不属于会计凭证的有( )。
   A. 发货票　　　B. 领料单　　　C. 购销合同　　　D. 住宿费收据
4. 自制原始凭证按其填制手续不同可以分为( )。
   A. 一次凭证和汇总凭证
   B. 单式凭证和复式凭证
   C. 收款凭证、付款凭证、转账凭证
   D. 一次凭证、累计凭证、汇总凭证
5. 原始凭证的基本内容不包括( )。
   A. 日期及编号　　　B. 内容摘要　　　C. 实物数量及金额　　　D. 会计科目
6. 原始凭证和记账凭证的相同点有( )。
   A. 反映经济业务的内容相同
   B. 编制时间相同
   C. 所起作用相同
   D. 经济责任的当事人相同
7. 下列业务应编制转账凭证的有( )。
   A. 支付购买材料价款
   B. 支付材料运杂费
   C. 收回出售材料款
   D. 车间领用材料
8. 企业将现金存入银行应编制( )。
   A. 银行存款付款凭证
   B. 现金付款凭证
   C. 银行存款收款凭证
   D. 现金收款凭证
9. 下列科目可能是收款凭证借方科目的有( )。
   A. 材料采购　　　B. 短期借款　　　C. 银行存款　　　D. 累计折旧
10. 下列科目可能是收款凭证贷方科目的有( )。
    A. 制造费用　　　B. 生产成本　　　C. 应收账款　　　D. 坏账准备
11. 外来原始凭证一般都是( )。
    A. 一次凭证　　　B. 累计凭证　　　C. 汇总原始凭证　　　D. 记账凭证
12. 将会计凭证划分为原始凭证和记账凭证的依据是( )。
    A. 填制时间
    B. 取得来源
    C. 填制的程序和用途
    D. 反映的经济内容
13. 记账凭证中不可能有( )。
    A. 接收单位的名称
    B. 记账凭证的编号
    C. 记账凭证的日期
    D. 记账凭证的名称
14. 原始凭证是( )。
    A. 登记日记账的根据
    B. 编制记账凭证的根据
    C. 编制科目汇总表的根据
    D. 编制汇总记账凭证的根据

15. 制造费用分配表有( )。
    A. 外来原始凭证 B. 通用记账凭证 C. 累计凭证 D. 自制原始凭证
16. 将记账凭证分为收款凭证、付款凭证、转账凭证的依据是( )。
    A. 凭证填制的手续   B. 凭证的来源
    C. 凭证所反映的经济业务内容   D. 所包括的会计科目数
17. 下列属于累计凭证的有( )。
    A. 增值税专用发票   B. 收料单
    C. 发料汇总表   D. 限额领料单
18. 会计凭证入账后的整理、装订和归档存查称为( )。
    A. 会计凭证的传递   B. 会计凭证的保管
    C. 会计凭证的编制   D. 会计凭证的销毁
19. 差旅费报销单属于( )。
    A. 记账凭证   B. 自制原始凭证
    C. 外来原始凭证   D. 累计凭证
20. 填制原始凭证时应做到大小写数字符合规范、填写正确。如大写金额"壹仟零壹元伍角整"，其小写应为( )。
    A. 1 001.50 元   B. ¥1 001.50   C. ¥1 001.50 元   D. ¥1 001.5 元

二、多项选择题

1. 下列属于一次原始凭证的有( )。
    A. 限额领料单   B. 领料单   C. 领料登记表
    D. 购货发票   E. 销货发票
2. 记账凭证编制的依据可以有( )。
    A. 收、付款凭证   B. 一次凭证   C. 累计凭证
    D. 汇总原始凭证   E. 转账凭证
3. 企业购入材料一批，货款已付，材料验收入库，则应编制的全部会计凭证有( )。
    A. 收料单   B. 累计凭证   C. 收款凭证
    D. 付款凭证   E. 转账凭证
4. 下列属于原始凭证的有( )。
    A. 发出材料汇总表   B. 汇总收款凭证   C. 购料合同
    D. 限额领料单   E. 收料单
5. 原始凭证审核时应注意下列几方面内容？( )
    A. 凭证反映的业务是否合法
    B. 所运用的会计科目是否正确
    C. 凭证上各项目是否填列齐全完整
    D. 各项目的填写是否正确
    E. 数字计算有无错误
6. 下列科目中可能成为付款凭证借方科目的有( )。
    A. 库存现金   B. 银行存款   C. 应付账款

D. 应交税费 E. 销售费用

7. 转账凭证属于( )。
   A. 记账凭证 B. 专用记账凭证 C. 会计凭证
   D. 复式记账凭证 E. 通用记账凭证

8. 涉及现金与银行存款相互划转的业务应编制的记账凭证有( )。
   A. 现金收款凭证 B. 现金付款凭证 C. 银行存款收款凭证
   D. 银行存款付款凭证 E. 转账凭证

9. 下列凭证中,属于汇总原始凭证的有( )。
   A. 发料汇总表 B. 制造费用分配表 C. 发货票
   D. 现金收入汇总表 E. 工资结算汇总表

10. 下列凭证中,属于复式记账凭证的有( )。
    A. 单科目凭证 B. 收款凭证 C. 付款凭证
    D. 转账凭证 E. 通用记账凭证

11. 下列属于外来原始凭证的有( )。
    A. 购入材料的发票 B. 出差住宿费收据 C. 银行结算凭证
    D. 收款凭证 E. 转账凭证

12. 收款凭证和付款凭证是( )。
    A. 登记现金、银行存款日记账的依据 B. 编制报表的直接依据
    C. 调整和结转有关账项的依据 D. 成本计算的依据
    E. 出纳人员办理收、付款项的依据

13. 记账凭证的编号方法有( )。
    A. 顺序编号法 B. 分类编号法 C. 奇偶数编号法
    D. 任意编号法 E. 分数编号法

14. 正确组织会计凭证传递的意义在于( )。
    A. 可以及时反映和监督经济业务的发生和完成情况
    B. 合理有效组织经济活动
    C. 有利于原始凭证的编制
    D. 可以强化经济管理责任制
    E. 有利于研究会计发展历史

15. 自制原始凭证按其填制程序和内容不同,可以分为( )。
    A. 外来凭证 B. 一次凭证
    C. 累计凭证 D. 汇总原始凭证

16. 外来原始凭证应该是( )。
    A. 从企业外部取得的 B. 由企业会计人员填制的
    C. 一次凭证 D. 盖有填制单位公章的
    E. 累计凭证

17. 填制原始凭证时应做到( )。
    A. 遵纪守法 B. 记录真实 C. 填写认真
    D. 内容完整 E. 会计科目正确

18. 记账凭证应该是( )。

A. 由经办业务人员填制的　　　　　B. 由会计人员填制的
C. 在经济业务发生时填制的　　　　D. 登记账簿的直接依据
E. 根据审核无误的原始凭证填制的

19. 在编制记账凭证时，错误的做法有(　　)。
    A. 编制复合会计分录
    B. 一个月内的记账凭证连续编号
    C. 将不同类型业务的原始凭证合并编制为一张记账凭证
    D. 从银行提取现金时只填现金收款凭证
    E. 更正错账的记账凭证可以不附原始凭证

20. 会计凭证的保管应做到(　　)。
    A. 定期归档以便查阅　　　　　　B. 保证会计凭证的安全完整
    C. 由企业自行销毁　　　　　　　D. 办理相关手续后可销毁

三、判断题

1. 一次凭证是指只反映一项经济业务的凭证，如"领料单"。　　　　　　　　(　　)
2. 累计凭证是指在一定时期内连续记载若干项同类经济业务，其填制手续是随着经济业务发生而分次完成的凭证，如"限额领料单"。　　　　　　　　(　　)
3. 会计凭证按其填制的程序和用途，可以分为原始凭证和记账凭证两种。　(　　)
4. 记账凭证按凭证的用途，分为专用记账凭证和通用记账凭证。　　　　　(　　)
5. 原始凭证是登记日记账、明细账的根据。　　　　　　　　　　　　　　(　　)
6. 制造费用分配表属于自制原始凭证。　　　　　　　　　　　　　　　　(　　)
7. 将记账凭证分为收款凭证、付款凭证、转账凭证的依据是凭证填制的手续和凭证的来源。　　　　　　　　　　　　　　　　　　　　　　　　　　　(　　)
8. 对于库存现金和银行存款之间相互划转的业务，在实际工作中，只填制一张付款凭证，不再填制收款凭证。　　　　　　　　　　　　　　　　　　　　　(　　)
9. 会计凭证登账后的整理、装订和归档2年后可销毁。　　　　　　　　　(　　)
10. 根据一定期间的记账凭证全部汇总填制的"科目汇总表"是一种累计凭证。
　　　　　　　　　　　　　　　　　　　　　　　　　　　　　　　　(　　)

思考与练习

1. 会计凭证如何分类？每种凭证有何作用？
2. 什么是原始凭证？有哪些种类？
3. 什么是记账凭证？如何分类？
4. 专用记账凭证有哪些种类？适合哪些业务？
5. 原始凭证有哪些填制要求？
6. 记账凭证有哪些填制要求？
7. 什么是会计凭证的传递？什么是会计凭证的保管？

第6章 复式记账与会计凭证的应用

【知识目标】

- 掌握企业资金的循环与周转过程。
- 掌握核算企业主要经济业务的会计科目。
- 掌握企业主要经济业务的账务处理。
- 掌握企业净利润的计算。
- 掌握企业净利润的分配。

【技能目标】

能运用借贷记账法对企业经济业务进行会计实务处理。

6.1 制造业的主要经济业务

企业是一种具有一定规模和系统的经济组织，主要通过各类资源整合和处理向其他企业和个人提供产品和服务。企业组织形式和经营内容各不相同，因此根据企业的主营业务划分为不同的行业，相对于其他行业而言，制造企业的经济活动更为复杂多样、全面完整。因此，本章主要以有限责任公司形式的制造企业为主要对象，学习其主要经济业务的会计核算过程。

制造企业是产品的生产单位，其完整的生产经营过程由供应、生产和销售过程所构成，企业为了进行生产经营活动，必须拥有一定的经营资金，而这些资金都需要从一定渠道获得和自身发展积累而形成。经营资金在生产过程中以不同资金的占有形态，分为货币资金、固定资金、储备资金、生产资金、成品资金等，而且随着生产经营过程的不断进行，这些资金形态不断转化，形成经营资金的循环和周转。

1. 投资与筹资经济业务

筹资经济业务主要指的是企业从各种渠道筹集生产所需要资金的活动，其筹资的主要渠道为接受投资者投入和从债权人借入各种款项，完成筹资的任务也就是企业从外部获取资金的过程。投资经济业务主要指的是企业将资金以投资者的身份对外输出的活动，其投资业务主要有在经营过程中由于战略布局、渠道开发、技术需求等原因对外收购、设立分支机构；为提高资金的效率利用剩余资金购买股票、债权、基金等金融产品。

2. 货币资金经济业务

货币资金经济业务主要是指现金及现金等价物的收取和支付活动，主要表现在两个方面：一是销售商品收到款项、对外投资支付款项、采购材料或其他资产支付款项以及货币资金自身转换的内部流转；二是接受投资收到款项、偿还债务、上缴各项税费、向投资者分配利润等外部流转。

3. 采购与付款经济业务

生产经营活动离不开生产工具和生产对象,企业用货币资金购买机器设备等生产工具,购买原材料等生产对象,为生产产品做好物质上的准备,资金形态也由货币资金转化为固定资金和储备资金。采购与付款的经济业务的主要活动包括支付采购的价款和相关税费、计算采购成本、采购货物的验收入库等。

4. 生产与存货经济业务

资金投入企业以后,依次经过供应、生产、销售三个主要经营过程。生产过程是制造企业经营过程的中心环节。在生产过程中,企业聘请的劳动者借助生产工具对生产对象进行加工改造,生产出各种满足市场需求的产品。在生产过程中,生产对象依次经过原材料、在产品、半成品、产成品等不同存货形态的流转。其资金形态从固定资金、储备资金和部分货币资金形态转化为生产资金形态,随着生产过程的不断进行,产成品生产出来并验收入库后,其资金形态又转换为成品资金形态。

5. 成本与费用经济业务

在生产过程中发生着原材料的消耗、动力和能源的耗用、固定资产磨损的折旧费,生产工人的劳务支出的人工费等产品的相关成本。这些生产中耗用的成本费用需要经过归集计算和分配到各种产品上,形成产品的成本价值。为保证生产活动的正常进行,企业还需要一定的管理经营活动,需要聘用经营管理人员的人工费、购买管理办公设备的折旧费、消耗办公用品等相关费用。

6. 销售与收款经济业务

完成产品的生产和成本计算之后,企业出售产品使得经营资金又从产品资金形态转化为货币资金形态,同时发生收取销售款项、结转销售产品成本、计算应缴纳税费、计算财务成果等业务活动。由此完成了一次资金的循环,回到了资金循环周转的起点(见图6-1)。

对制造企业而言,生产销售产品为其主要经营业务,在主要经营业务之外,企业经营活动还要发生销售材料、出租厂房等其他经营业务。在经营活动之外还销售固定资产、获得政府补助、对外捐赠支出、意外发生货物毁损等非经营业务。

针对企业生产经营过程中发生的上述经济业务,账务处理的主要内容有以下几方面。

(1) 资金筹集业务的账务处理。
(2) 固定资产业务的账务处理。
(3) 材料采购业务的账务处理。
(4) 生产业务的账务处理。
(5) 销售业务的账务处理。
(6) 期间费用的账务处理。
(7) 利润形成与分配业务的账务处理。

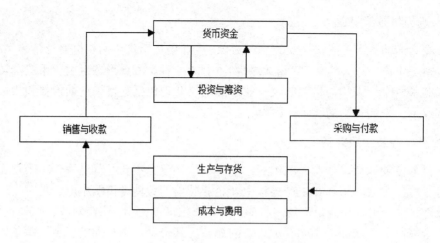

图 6-1 企业资金循环周转过程

6.2 资金筹集业务的账务处理

企业的经济活动离不开资产要素，业务活动的流程也就是企业资产不断流转的过程，而企业成立并独立运营首先需要的就是资本的投入，即资金筹集的业务。企业资金筹集业务按其资金的来源通常分为投资者权益资金筹集业务和债权人权益资金筹集业务。投资者权益资金的筹集为投资者对企业的投资及其增值，此部分资本的所有者既享有企业的经营收益，也承担企业的经营风险；债权人权益筹集为企业向债权人借入的资金和结算形成的负债资金等，此部分资本所有者按照合同或者协议享有按照合同或者协议收回本金和利息的权利。投资者将资金投入企业进而对企业资产所形成的要求权为企业的所有者权益，债权人将资金借给企业进而对企业资产所形成的要求权为企业的负债，二者统称为权益。

6.2.1 所有者权益筹资的账务处理

1. 所有者投入资本的构成

所有者投入资本按照投资主体的不同可以分为国家资本金、法人资本金、个人资本金和外商资本金等。

所有者投入的资本主要包括实收资本和资本公积。

实收资本是指企业的投资者按照企业章程、合同或协议的约定，实际投入企业的资本金，以及按照有关规定由资本公积、盈余公积等转增资本的资金，以此形成企业的注册资本。

资本公积是企业收到投资者投入的超出其在企业注册资本中所占份额的投资，以及直接计入所有者权益的利得和损失等。资本公积作为企业所有者权益的重要组成部分，主要用于转增资本。

2. 账户设置

企业通常设置以下账户对所有者权益筹资业务进行核算。

(1) "实收资本"账户。"实收资本"账户属于所有者权益类账户,用以核算企业接受投资者投入的实收资本。

该账户贷方登记所有者投入企业资本的增加额,借方登记所有者投入企业资本的减少额。期末余额在贷方,反映企业期末实收资本的总额。

该账户可按投资者的不同设置明细账户,进行明细核算。

(2) "资本公积"账户。"资本公积"账户属于所有者权益类账户,用以核算企业收到投资者出资额超出其在注册资本或股本中所占份额的部分,以及直接计入所有者权益的利得和损失等。

该账户借方登记资本公积的减少额,贷方登记资本公积的增加额。期末余额在贷方,反映企业期末资本公积的结余数额。

该账户可按资本公积的来源不同,分为"资本溢价(或股本溢价)""其他资本公积"进行明细核算。

(3) "库存现金"账户。"库存现金"账户属于资产类账户,用以核算企业的库存现金增减变动及其结存情况。

该账户借方登记库存现金的增加,贷方登记库存现金的减少。期末余额在借方,反映企业持有的库存现金。

(4) "银行存款"账户。"银行存款"账户属于资产类账户,用以核算企业存入银行或其他金融机构的各种款项,但是银行汇票存款、银行本票存款、信用卡存款、信用证保证金存款、存出投资款、外埠存款等,通过"其他货币资金"账户核算。

该账户借方登记存入的款项,贷方登记提取或支出的存款。期末余额在借方,反映企业存在银行或其他金融机构的各种款项。

该账户应当按照开户银行、存款种类等分别进行明细核算。

(5) "无形资产"账户。"无形资产"账户属于资产类账户,用以核算企业持有的无形资产的成本。无形资产包括专利权、非专利技术、商标权、著作权、土地使用权等。

该账户的借方登记无形资产成本的增加,贷方登记无形资产成本的减少。期末余额在借方反映企业期末无形资产的成本。

该科目可按无形资产项目进行明细核算。

(6) "应交税费"账户。"应交税费"账户属于负债类账户,用以核算企业按照税法等规定计算应缴纳的各种税费,包括增值税、消费税、所得税、资源税、土地增值税、城市维护建设税、房产税、土地使用税、车船税、教育费附加、矿产资源补偿费等。企业代扣代缴的个人所得税等,也通过本账户核算。

其中"应交税费——应交增值税"账户,用于核算企业按照《税法》规定应缴纳的增值税。借方登记企业购进货物或接受劳务而支付给供货单位、准予从销项税额中抵扣的增值税税额等,一般通过"应交税费——应交增值税(进项税额)"账户核算;贷方登记企业销售货物或提供应税劳务而向购买方收取的增值税税额,一般通过"应交税费——应交增值税(销项税额)"账户核算;期末余额一般在贷方。

该账户贷方登记各种应交未交税费的增加额,借方登记实际缴纳的各种税费。期末余额在贷方,反映企业尚未缴纳的税费;期末余额在借方,反映企业多交或尚未抵扣的税费。

该账户可按应交的税费项目进行明细核算。

3. 账务处理

企业接受投资者投入的资本，财务部门根据银行进账单、资产验收单、增值税发票等，按照收到投资的所属账户类别，借记"银行存款""固定资产""无形资产""长期股权投资"账户；按其在注册资本或股本中所占份额，贷记"实收资本"科目，按其差额，贷记"资本公积——资本溢价(或股本溢价)"科目。

福建客家工业科技有限公司是一般纳税人企业，企业增值税税率为13%，所得税税率为25%，截至2020年4月30日，公司注册资本2 000万元，其中陈某投资1 500万元，占公司注册资本的75%，林某投资500万元，占公司注册资本的25%。

公司法定代表人兼总经理陈某，负责企业全面工作；会计人员三人和财务经理领导组织公司会计核算工作；负责审核会计凭证、对账和编制财务报表并进行财务分析；负责保管财务专用章；负责编制科目汇总表；负责编制纳税申报表；组织会计档案的整理和保管；组织编制财务预算、决算；组织财产清查等。会计进行成本核算；根据原始凭证编制会计凭证；登记明细账等。出纳办理库存现金、银行存款的收款、付款及银行结算等业务；保管库存现金、有价证券及法人代表名章；登记库存现金日记账、银行存款日记账；配合清查人员进行库存现金、银行存款清查等工作。

【例6-1】2020年8月福建客家工业科技有限公司为了扩大生产经营规模，陈某与林某同意以银行存款增加投资，二人按照原出资比例分别出资750万元、250万元，股东会决议如表6-1所示。

表6-1 股东会决议

股东会决议(摘录)

会议时间：2020年8月1日

……

一、同意公司注册资本由2 000万元人民币，变更为3 000万元人民币，本次增加注册资本以货币出资，认缴出资情况如下：股东陈某认缴出资额750万元人民币，认缴后的出资额为2 250万元，占注册资本的75%；股东林某认缴出资额250万元人民币，认缴后的出资额为750万元，占注册资本的25%；

……

根据以上经济事项和原始凭证，作如下会计分录：
借：银行存款　　　　　　10 000 000
　　贷：实收资本　　　　　　10 000 000

【例6-2】2020年9月，为增加技术投入，公司股东决定注册资本由3 000万元增至3 351万元，同意引入拥有一定专利技术的福建欣华机械有限公司为新的股东，福建欣华机械公司以机器设备作为出资，将机器设备作价300万元。

股东会决议和资产评估报告书如表6-2、表6-3所示。

表 6-2　股东会决议

股东会决议（摘录）

会议时间：2020 年 9 月 1 日

……

一、同意公司注册资本由 3 000 万元人民币，变更为 3 300 万元人民币，本次增加注册资本由新股东以固定资产出资，其机器人手臂设备作价 300 万元。

……

表 6-3　资产评估报告书

资产评估报告书（摘录）

……

五、评估结果

委托评估的机器人手臂设备评估值为¥300 万元(人民币叁佰万元整)，具体情况详见明细表。

……

根据以上经济事项和原始凭证，作如下会计分录：

借：固定资产　　　　　　　　　3 000 000
　　贷：实收资本　　　　　　　　　　　3 000 000

【例 6-3】2020 年 10 月，公司接受福建华冬投资有限公司以专利权出资，公司注册资本由 3 351 万元增加至 3 651 万元，专利权作价金额为 500 万元，其中 300 万元作为实收资本，另 200 万元作为资本公积。

借：无形资产　　　　　　　　　5 000 000
　　贷：实收资本　　　　　　　　　　　3 000 000
　　　　资本公积　　　　　　　　　　　2 000 000

6.2.2　负债筹资的账务处理

1. 负债筹资的构成

负债筹资主要包括短期借款、长期借款以及结算形成的负债等。

短期借款是指企业为了满足其生产经营对资金的临时性需要而向银行或其他金融机构等借入的偿还期限在一年以内(含一年)的各种借款。

长期借款是指企业向银行或其他金融机构等借入的偿还期限在一年以上(不含一年)的各种借款。

结算形成的负债主要有应付账款、应付职工薪酬、应交税费等。

2. 账户设置

企业通常设置以下账户对负债筹资业务进行核算。

(1) "短期借款"账户。"短期借款"账户属于负债类账户，用以核算企业的短期借款。

该账户贷方登记短期借款本金的增加额，借方登记短期借款本金的减少额。期末余额在贷方反映企业期末尚未归还的短期借款。

该账户可按借款种类、贷款人和币种进行明细核算。

(2) "长期借款"账户。"长期借款"账户属于负债类账户，用以核算企业的长期借款。

该账户贷方登记企业借入的长期借款本金等，借方登记归还长期借款的本金等。期末余额在贷方反映企业期末尚未偿还的长期借款。

该账户可按贷款单位和贷款种类等进行明细核算。

(3) "应付利息"账户。"应付利息"账户属于负债类账户，用以核算企业按照合同约定应支付的利息，包括按月计提的短期借款利息、吸收存款、分期付息到期还本的长期借款、企业债券等应支付的利息。

该账户贷方登记企业按合同利率计算确定的应付未付利息，借方登记归还的利息。期末余额在贷方，反映企业应付未付的利息。

该账户可按存款人或债权人进行明细核算。

(4) "财务费用"账户。"财务费用"账户属于损益类账户，用以核算企业为筹集生产经营所需资金等而发生的筹资费用，包括利息支出(减利息收入)、汇兑损益以及相关的手续费、企业发生的现金折扣或收到的现金折扣等。

该账户借方登记手续费、利息费用等财务费用的增加额，贷方登记应冲减财务费用的利息收入、期末转入"本年利润"账户的财务费用净额等。期末结转后，该账户无余额。

该账户可按费用项目进行明细核算。

3. 账务处理

(1) 短期借款的账务处理。企业借入的各种短期借款，财务部门根据银行贷款合同、银行借款借据，按照收到存款及金额，借记"银行存款"账户、贷款及金额，贷记"短期借款"账户，归还借款时作相反的会计分录。

资产负债表日，财务部门根据贷款合同计算确定短期借款的利息费用，按照收到付款通知书或利息计算单，借记"财务费用"科目，贷记"银行存款""应付利息"等科目。

到期日，财务部门根据贷款合同要求归还借款，按照支票存根或银行进账单，借记"短期借款""应付利息""财务费用"科目，贷记"银行存款"。

(2) 长期借款的账务处理。企业借入长期借款，财务部门根据银行贷款合同、银行借款借据，按照收到存款及金额，借记"银行存款"科目，按贷款本金贷记"长期借款"科目。

到期日，财务部门根据贷款合同要求归还借款，按照支票存根或银行进账单，借记"长期借款""应付利息"科目，贷记"银行存款"。

【例6-4】2020年6月福建客家工业科技有限公司因生产经营需要，向银行申请期限为6个月、年利率为6%的流动资金贷款2 000 000元。款项存入银行。银行贷款合同(摘录)如表6-4所示。

表6-4　贷款合同

贷款合同(摘录)
编号：012300123 贷款方：中国工商银行人民支行　　　借款方：福建客家工业科技有限公司 …… 　一、由贷款方提供借款方贷款人民币贰佰万元整(¥2 000 000)，用于补充企业流动资金，贷款期限为2020年6月23日至2020年12月22日。 　二、借款利率为银行同期年利率6%，2020年12月22日归还本金及全部利息。 ……

根据以上经济事项和原始凭证，作如下会计分录：
借：银行存款　　　　　　　2 000 000
　　贷：短期借款　　　　　　　　2 000 000

2020年7月22日，计算并提取借款利息。
企业应计提借款利息=2 000 000×6%/12=10 000(元)
借：财务费用　　　　　　　10 000
　　贷：应付利息　　　　　　　　10 000

2020年8月22日、9月22日、10月22日、11月22日都需要作一笔上述会计分录，以计提当月利息费用。

2020年12月22日，借款到期，公司通过银行存款支付上述借款及利息，作如下会计分录：
借：短期借款　　　　　　　2 000 000
　　财务费用　　　　　　　　10 000
　　应付利息　　　　　　　　50 000
　　贷：银行存款　　　　　　　　2 050 000

【例6-5】2020年7月，福建客家工业科技有限公司为建设新厂房，向银行申请期限为2年、年利率为6%的贷款5 000 000元，按年付息，到期还本。

2020年7月10日公司银行账户收到贷款，根据相关原始凭证作如下会计分录：
借：银行存款　　5 000 000
　　贷：长期借款　　　5 000 000

6.3　供应过程业务的账务处理

企业筹集到资金后，就进入了生产准备阶段，即动用筹集来的货币资金购买机器设备和材料物资以形成企业的生产能力过程。在这一生产准备阶段，企业主要从事材料等存货以及设备固定资产的采购业务，通过物资采购业务，企业的财产物资增加，同时，因采购而支付相应存款或承担相应负债，即货币资金相应减少或负债相应增加。

6.3.1 固定资产的账务处理

1. 固定资产的概念与特征

固定资产是指为生产商品、提供劳务、出租或者经营管理而持有、使用寿命超过一个会计年度的有形资产。

固定资产具有以下特征：①属于一种有形资产；②为生产商品、提供劳务、出租或者经营管理而持有；③使用寿命超过一个会计年度。

2. 固定资产的成本

固定资产的成本是指企业购建某项固定资产达到预定可使用状态前所发生的一切合理、必要的支出。

企业可以通过外购、自行建造、投资者投入、非货币性资产交换、债务重组、企业合并和融资租赁等方式取得固定资产。取得的方式不同，固定资产成本的具体构成内容及其确定方法也不尽相同。

外购固定资产的成本，包括购买价款、相关税费，以及使固定资产达到预定可使用状态前所发生的可归属于该项资产的运输费、装卸费、安装费和专业人员服务费等。

3. 固定资产的折旧

固定资产折旧是指在固定资产使用寿命内，按照确定的方法对应计折旧额进行的系统分摊。

4. 账户设置

企业通常设置以下账户对固定资产业务进行会计核算。

(1) "固定资产"账户。"固定资产"账户属于资产类账户，用以核算企业持有的固定资产原价。

该账户的借方登记固定资产原价的增加，贷方登记固定资产原价的减少。期末余额在借方，反映企业期末固定资产的原价。

该账户可按固定资产类别和项目进行明细核算。

(2) "累计折旧"账户。"累计折旧"账户属于资产类备抵账户，用以核算企业固定资产计提的累计折旧。

该账户贷方登记按月提取的折旧额，即累计折旧的增加额，借方登记因减少固定资产而转出的累计折旧。期末余额在贷方反映期末固定资产的累计折旧额。

该账户可按固定资产的类别或项目进行明细核算。

5. 账务处理

(1) 固定资产的购入。企业购入不需要安装的固定资产，财务部门根据固定资产购买合同、增值税发票、银行付款凭证，按应计入固定资产成本的金额，借记"固定资产""应交税费——应交增值税(进项税额)"科目，贷记"银行存款"等科目。

(2) 固定资产的折旧。企业按月计提的固定资产折旧，财务部门根据固定资产折旧计算单及固定资产的用途计入相关资产的成本或者当期损益，生产用的固定资产折旧借记"制造费用"科目,销售部门使用的固定资产折旧借记"销售费用"科目,管理部门使用的固定资产折旧借记"管理费用"科目,贷记"累计折旧"科目。

【例6-6】 2020年10月福建客家工业科技有限公司因生产经营的需要,购入不需要安装的电子检测设备一台,对生产车间生产的产品进行检测,购买价300 000元,包装费及其他费用2 000元。全部款项以银行存款支付。该设备于本月运达企业并投入使用。

根据以上经济事项和原始凭证,作如下会计分录:

固定资产入账价值=300 000+2 000=302 000(元)

借:固定资产　　　　　　　　　302 000
　　贷:银行存款　　　　　　　　　　302 000

【例6-7】 2020年10月福建客家工业科技有限公司因销售货物运输需要从外部购入货运汽车一辆,价款400 000元。

购入固定资产,作如下会计分录:

借:固定资产　　　　　　　　　400 000
　　贷:银行存款　　　　　　　　　　400 000

【例6-8】 2020年12月,福建客家工业科技有限公司生产车间、管理部门、销售部门应分配的固定资产折旧额为:生产车间厂房、机器设备等计提折旧40 000元,管理部门房屋建筑物等计提折旧50 000元,销售部门运输设备等计提折旧30 000元。

借:制造费用　　　　　　　　　40 000
　　销售费用　　　　　　　　　30 000
　　管理费用　　　　　　　　　50 000
　　贷:累计折旧　　　　　　　　　120 000

6.3.2 材料采购的账务处理

1. 材料的采购成本

材料的采购成本是指企业物资从采购到入库前所发生的全部合理的、必要的支出,包括购买价款、相关税费、运输费、装卸费、保险费以及其他可归属于采购成本的费用。

在实务中,企业也可以将发生的运输费、装卸费、保险费以及其他可归属于采购成本的费用等先进行归集,期末按照所购材料的存销情况进行分摊。

2. 账户设置

企业通常设置以下账户对材料采购业务进行会计核算。

(1) "原材料"账户。"原材料"账户属于资产类账户,用以核算企业库存的各种材料,包括原料及主要材料、辅助材料、外购半成品(外购件)、修理用备件(备品备件)、包装材料、燃料等的计划成本或实际成本。企业收到来料加工装配业务的原料、零件等,应当设置备查簿进行登记。

该账户借方登记已验收入库材料的成本,贷方登记发出材料的成本。期末余额在借方,反映企业库存材料的计划成本或实际成本。

该账户可按材料的保管地点(仓库)、材料的类别、品种和规格等进行明细核算。

(2)"在途物资"账户。"在途物资"账户属于资产类账户,用以核算企业采用实际成本(或进价)进行材料、商品等物资的日常核算、货款已付尚未验收入库的在途物资的采购成本。

该账户借方登记购入材料、商品等物资的买价和采购费用(采购实际成本),贷方登记已验收入库材料、商品等物资应结转的实际采购成本。期末余额在借方,反映企业期末在途材料、商品等物资的采购成本。

该账户可按供应单位和物资品种进行明细核算。

(3)"应付账款"账户。"应付账款"账户属于负债类账户,用以核算企业因购买材料、商品和接受劳务等经营活动应支付的款项。

该账户贷方登记企业因购入材料、商品和接受劳务等尚未支付的款项,借方登记偿还的应付账款。期末余额一般在贷方,反映企业期末尚未支付的应付账款余额;如果在借方,反映企业期末预付账款余额。

该账户可按债权人进行明细核算。

(4)"应付票据"账户。"应付票据"账户属于负债类账户,用以核算企业购买材料、商品和接受劳务等开出、承兑的商业汇票,包括银行承兑汇票和商业承兑汇票。

该账户贷方登记企业开出、承兑商业汇票的票面金额,借方登记企业已经支付或者到期无力支付商业汇票的票面金额。期末余额在贷方,反映企业尚未到期的商业汇票的票面金额。

该账户可按债权人进行明细核算。

(5)"预付账款"账户。"预付账款"账户属于资产类账户,用以核算企业按照合同规定预付的款项。预付款项不多的,也可以不设置该账户,将预付的款项直接记入"应付账款"账户。

该账户的借方登记企业因购货等业务预付的款项,贷方登记企业收到货物后应支付的款项等。期末余额在借方,反映企业预付的款项;期末余额在贷方,反映企业尚需补付的款项。

该账户可按供货单位进行明细核算。

(6)"应交税费"账户。"应交税费"账户属于负债类账户,用以核算企业按照《税法》等规定计算应缴纳的各种税费,包括增值税、消费税、所得税、资源税、土地增值税、城市维护建设税、房产税、土地使用税、车船税、教育费附加、矿产资源补偿费等,企业代扣代缴的个人所得税等,也通过该账户核算。

该账户贷方登记各种应交未缴税费的增加额,借方登记实际缴纳的各种税费。期末余额在贷方,反映企业尚未缴纳的税费;期末余额在借方,反映企业多交或尚未抵扣的税费。

该账户可按应交的税费项目进行明细核算。

3. 账务处理

材料的日常收发结存可以采用实际成本法核算,也可以采用计划成本法核算。实际成本法核算的账务处理如下。

实际成本法下,一般通过"原材料"和"在途物资"等科目进行核算。企业外购材料时,按材料是否验收入库分为以下两种情况。

① 材料尚未验收入库。如果货款已经支付，发票账单已到，但材料尚未验收入库，财务部门根据增值税专用发票和银行回单，按支付的金额借记"在途物资""应交税费——应交增值税(进项税额)"等科目，贷记"银行存款"等科目，如货款未付，则贷记"应付账款"等科目。待验收入库时，财务部门根据运输单据和入库单，借记"原材料"，贷记"在途物资"。

② 材料已验收入库。如果货款已经支付，发票账单已到，材料已验收入库，财务部门根据银行进账单、增值税专用发票、运输单据和收料单，按支付的实际金额，借记"原材料""应交税费——应交增值税(进项税额)"等科目，贷记"银行存款"科目，如存在前期预先支付的购货款，应贷记"预付账款"等科目。

如果货款尚未支付，材料已经验收入库，财务部门根据增值税专用发票、运输单据和入库单，按相关发票凭证上应付的金额，借记"原材料""应交税费——应交增值税(进项税额)"等科目，按照未来需要支付款项的方式，贷记"应付账款""应付票据"等科目。

如果货款尚未支付，材料已经验收入库，但月末仍未收到相关发票凭证，财务部门根据运输单据和入库单，按照暂估价入账，即借记"原材料"科目，贷记"应付账款"等科目。下月初作相反分录予以冲回，收到相关发票账单后再编制会计分录。

对于可以抵扣的增值税进项税额，一般纳税人企业应根据收到的增值税专用发票上注明的增值税额，借记"应交税费——应交增值税(进项税额)"科目。

【例6-9】2020年9月，福建客家工业科技有限公司购入生产用甲型钢材30吨，单价为2 000元，总价为60 000元，增值税发票已到，上面列明增值税进项税额7 800元。货款已通过银行存款支付，材料尚未收到。

根据以上经济事项和原始凭证，计算材料成本并作如下会计分录：

借：在途物资——甲型钢材　　　　　　　　60 000
　　应交税费——应交增值税(进项税额)　　 7 800
　　贷：银行存款　　　　　　　　　　　　67 800

【例6-10】承例6-9，2020年9月30日，福建客家工业科技有限公司购入生产用30吨甲型钢材已收到并入库。

根据以上经济事项和原始凭证，作如下会计分录：

借：原材料——甲型钢材　　　　　　　　　60 000
　　贷：在途物资——甲型钢材　　　　　　60 000

【例6-11】2020年9月15日，福建客家工业科技有限公司开出转账支票预付福建岗特钢铁有限公司购买乙型钢材款项20 000元。

根据以上经济事项和原始凭证，作如下会计分录：

借：预付账款——福建岗特钢铁有限公司　　20 000
　　贷：银行存款　　　　　　　　　　　　20 000

【例6-12】承例6-11，2020年10月10日，福建客家工业科技有限公司从福建岗特钢铁有限公司购买乙型钢材款项25吨，每吨价格1 800元。增值税发票已到，上面列明增值税进项税额为5850元，材料已验收入库。由供应方代付采购过程中发生装卸费、保险费等3 000元。

原材料入账价值=25×1 800+3 000=48 000(元)
借：原材料——乙型钢材　　　　　　　　　　　　48 000
　　应交税费——应交增值税(进项税额)　　　　　 5 850
　　贷：预付账款——福建岗特钢铁有限公司　　　　　53 850

【例6-13】承例6-11和例6-12，2020年11月10日，福建客家工业科技有限公司以银行存款支付福建岗特钢铁有限公司剩余款项及采购费。

公司剩余未付的款项=53 850-20 000=33 850(元)
借：预付账款——福建岗特钢铁有限公司　　　　　33 850
　　贷：银行存款　　　　　　　　　　　　　　　　33 850

【例6-14】2020年10月11日，福建客家工业科技有限公司从江西井江钢铁有限公司购买丙型钢材款项32吨，每吨价格1 500元。增值税发票已到，上面列明增值税进项税额6 240元，对方代垫运费4 500元。材料验收入库，款项尚未支付。

原材料入账价值=32×1 500+4 500=52 500(元)。
借：原材料——丙型钢材　　　　　　　　　　　　52 500
　　应交税费——应交增值税(进项税额)　　　　　 6 240
　　贷：应付账款——江西井江钢铁有限公司　　　　　58 740

【例6-15】承例6-14，2020年11月11日，福建客家工业科技有限公司用银行存款支付前欠江西井江钢铁有限公司购买丙型钢材货款58 740元。

借：应付账款——江西井江钢铁有限公司　　58 740
　　贷：银行存款　　　　　　　　　　　　　　　　58 740

【例6-16】承例6-15，2021年3月10日，福建客家工业科技有限公司向上海天德机械有限公司购买A、B型钢管开出的银行承兑汇票86 292元，到期支付。

借：应付票据——上海天德机械有限公司　　86 292
　　贷：银行存款　　　　　　　　　　　　　　　　86 292

6.4　生产业务的账务处理

企业产品的生产过程同时也是生产资料的耗费过程。企业在生产过程中发生的各项生产费用，是企业为获得收入而预先垫支并需要得到补偿的资金耗费。这些费用最终都要归集、分配给特定的产品，形成产品的成本。

产品成本的核算是指把一定时期内企业生产过程中所发生的费用，按其性质和发生地点，分类归集、汇总、核算，计算出该时期内生产费用的发生总额，并按适当方法分别计算出各种产品的实际成本和单位成本等。

1. 生产费用的构成

企业当期所发生的各种成本耗用可分为生产费用和非生产费用两类，生产费用直接计入产品的生产成本，非生产费用作为期间费用，例如，管理费用、财务费用、销售费用等，直接计入当期损益。生产费用是指与企业日常生产经营活动有关的费用，按其经济用途可分为直接材料费用、直接人工费用和制造费用。

(1) 直接材料费用。直接材料是指构成产品实体的原材料以及有助于产品形成的主要材料和辅助材料。

(2) 直接人工费用。直接人工费用是指直接从事产品生产人员的薪酬。直接人工费用包括直接生产人员工资、奖金、福利、津补贴及按照职工工资总额计提的职工经费等各种薪酬。

(3) 制造费用。制造费用是指企业为生产产品和提供劳务而发生的各项间接费用。制造费用包括生产车间管理人员的工资及福利费、生产车间固定资产折旧费用、修理费、办公费、水电费、劳动保护费、机物料消耗等。

2. 账户设置

企业通常设置以下账户对生产费用业务进行会计核算。

(1) "生产成本"账户。"生产成本"账户属于成本类账户，用以核算企业生产各种产品(产成品、自制半成品等)、自制材料、自制工具、自制设备等发生的各项生产成本。

该账户借方登记应计入产品生产成本的各项费用，包括直接计入产品生产成本的直接材料费、直接人工费和其他直接支出，以及期末按照一定的方法分配计入产品生产成本的制造费用；贷方登记完工入库产成品应结转的生产成本。期末余额在借方，反映企业期末尚未加工完成的在产品成本。

该账户可按基本生产成本和辅助生产成本进行明细分类核算。基本生产成本应当分别按照基本生产车间和成本核算对象(如产品的品种、类别、订单、批别、生产阶段等)设置明细账(或成本计算单)，并按照规定的成本项目设置专栏。

(2) "制造费用"账户。"制造费用"账户属于成本类账户，用以核算企业生产车间(部门)为生产产品和提供劳务而发生的各项间接费用。

该账户借方登记实际发生的各项制造费用，贷方登记期末按照一定标准分配转入"生产成本"账户借方的应计入产品成本的制造费用。期末结转后，该账户一般无余额。

该账户可按不同的生产车间、部门和费用项目进行明细核算。

(3) "库存商品"账户。"库存商品"账户属于资产类账户，用以核算企业库存的各种商品的实际成本(或进价)或计划成本(或售价)，包括库存产成品、外购商品、存放在门市部准备出售的商品、发出展览的商品以及寄存在外的商品等。

该账户借方登记验收入库的库存商品成本，贷方登记发出的库存商品成本。期末余额在借方反映企业期末库存商品的实际成本(或进价)或计划成本(或售价)。

该账户可按库存商品的种类、品种和规格等进行明细核算。

(4) "应付职工薪酬"账户。"应付职工薪酬"账户属于负债类账户，用以核算企业根据有关规定应付给职工的各种薪酬。

该账户借方登记本月实际支付的职工薪酬；贷方登记本月计算的应付职工薪酬，包括短期薪酬、离职后福利、辞退福利、其他长期职工薪酬。期末余额在贷方反映企业应付未付的职工薪酬。

3. 账务处理

(1) 材料费用的归集与分配。在确认材料费用时应根据领料凭证区分车间、部门和不同用途后按照发出材料的成本进行不同科目的核算。

① 对于直接用于某种产品生产的材料费用应直接计入该产品生产成本明细账中的直接材料费用项目，借记"生产成本"科目，贷记"原材料"等科目。

② 对于由多种产品共同耗用、由这些产品共同负担的材料费用应选择适当的标准在这些产品之间进行分配，按分担的金额计入相应的成本计算对象(生产产品的品种、类别等)。

共同负担的材料费用分配率=共同负担的材料费用/分配标准合计

各产品应承担的材料费用=各产品分配标准×共同负担的材料费用分配率

根据分配后的材料费用，应借记"生产成本"，贷记"原材料"等科目。

③ 对于为提供生产条件等间接消耗的各种材料费用，应先通过"制造费用"科目进行归集，期末再按照一定的标准分配计入有关产品成本，应借记"制造费用"科目，贷记"原材料"等科目。

④ 对于行政管理部门领用的材料费用，应借记"管理费用"科目，贷记"原材料"等科目。

【例 6-17】2020 年 9 月 10 日，福建客家工业科技有限公司生产领用甲型钢材 5 吨，每吨 2 000 元，用于生产 A 型轴承。

借：生产成本——轴承　　　　　　　　　　10 000
　　贷：原材料——甲型钢材　　　　　　　　　　10 000

【例 6-18】2020 年 9 月 12 日，福建客家工业科技有限公司生产车间领用材料乳化油一批，金额 2 300 元，用于对产品车间的加工。

借：制造费用　　　　　　　　　　　　　　2 300
　　贷：原材料——乳化油　　　　　　　　　　　2 300

【例 6-19】2020 年 9 月 15 日，福建客家工业科技有限公司生产领用 A 型钢管一批，数量 5 吨，3 500 元/吨，用于生产 M 型缸套 3 000 个，成本 10 500 元；N 型缸套 2 000 个，成本 7 000 元。假设钢管按照生产缸套的数量比例进行分配。

借：生产成本——缸套(M 型)　　　　　　10 500
　　　　　　——缸套(N 型)　　　　　　 7 000
　　贷：原材料——钢管　　　　　　　　　　　 17 500

【例 6-20】2020 年 9 月 20 日，福建客家工业科技有限公司管理部门领用材料液压油一批，金额 3 400 元。

借：管理费用　　　　　　　　　　　　　　3 400
　　贷：原材料——液压油　　　　　　　　　　　3 400

(2) 职工薪酬的归集与分配。职工薪酬是指企业为获得职工提供的服务或解除劳动关系而给予各种形式的报酬或补偿，具体包括：短期薪酬、离职后福利、辞退福利和其他长期职工福利。企业提供给职工配偶、子女、受培养人、已故员工遗属及其他受益人等的福利，也属于职工薪酬。

对于短期职工薪酬，企业应当在职工为其提供服务的会计期间，按实际发生额确认为负债，并计入当期损益或相关资产成本。企业应当根据职工提供服务的受益对象，分下列情况处理。

① 应由生产产品、提供劳务负担的短期职工薪酬，计入产品成本或劳务成本。其中，生产工人的短期职工薪酬属于生产成本，应借记"生产成本"科目，贷记"应付职工薪酬"科目；生产车间管理人员的短期职工薪酬属于间接费用，应借记"制造费用"科目，贷记"应付职工薪酬"科目。

当企业采用计件工资制时，生产工人的短期职工薪酬属于直接费用，应直接计入有关产品的成本。当企业采用计时工资制时，只生产一种产品的生产工人的短期职工薪酬也属于直接费用，应直接计入产品成本；同时生产多种产品的生产工人的短期职工薪酬，则需采用一定的分配标准(实际生产工时或定额生产工时等)分配计入产品成本。

共同负担的人员薪酬分配率=共同负担的人员薪酬/分配标准合计

各产品应承担的人员薪酬=各产品分配标准×共同负担的人员薪酬分配率

② 企业行政管理部门人员和专设销售机构销售人员的短期职工薪酬均属于期间费用，确认时应分别借记"管理费用""销售费用"等科目，贷记"应付职工薪酬"科目。

【例6-21】2020年9月30日，福建客家工业科技有限公司计提本月应付职工短期薪酬86 500元。其中生产人员工资41 000元，生产人员中生产轴承的人员工时为3 100小时，工资为31 000元，生产缸套的人员工时为1 000小时，工资为10 000元；车间管理人员工资17 000元，厂部管理人员工资15 400元，销售部门人员工资13 100元。

借：生产成本——轴承　　　　　　　31 000
　　　　　　——缸套　　　　　　　10 000
　　制造费用　　　　　　　　　　　17 000
　　管理费用　　　　　　　　　　　15 400
　　销售费用　　　　　　　　　　　13 100
　　贷：应付职工薪酬　　　　　　　86 500

【例6-22】2020年10月14日，福建客家工业科技有限公司用银行存款发放上月工资86 500元。

借：应付职工薪酬　　　　　　　　86 500
　　贷：银行存款　　　　　　　　86 500

【例6-23】2020年9月18日，福建客家工业科技有限公司用支票从银行提取现金3 000元，并于当日支付某职工生活困难补助费1 000元，离退休人员过节补贴1 000元。

借：库存现金　　　　　　　　　　3 000
　　贷：银行存款　　　　　　　　3 000
借：应付职工薪酬　　　　　　　　2 000
　　贷：库存现金　　　　　　　　2 000

(3) 制造费用的归集与分配。企业发生的制造费用，应当以合理的分配标准按月分配计入各成本核算对象的生产成本。企业可以采取的分配标准包括机器工时、人工工时、计划分配率等。

制造费用分配率=制造费用总额/分配标准合计

各产品应承担的制造费用=各产品分配标准×制造费用分配率

企业发生制造费用时，借记"制造费用"科目，贷记"累计折旧""银行存款""应付职工薪酬"等科目；结转或分摊时，借记"生产成本"等科目，贷记"制造费用"科目。

【例 6-24】2020 年 9 月 19 日，福建客家工业科技有限公司用库存现金支付车间管理人员报销的办公费 600 元，劳动保险费 2 000 元。

  借：制造费用   2 600
    贷：银行存款   2 600

【例 6-25】2020 年 9 月 19 日，福建客家工业科技有限公司开出转账支票支付电费，电费增值税发票上列示电费 5 400 元。其中生产车间耗用 7 300 度，电费 4 380 元，企业管理部门耗用 1 700 度，电费 1 020 元。

  借：制造费用   4 380
    管理费用   1 020
    贷：银行存款   5 400

【例 6-26】2020 年 9 月 30 日，福建客家工业科技有限公司汇总本月制造费用发生额为 8 200 元，其中生产人员中生产轴承的人员工时为 3 100 小时，承担制造费用 6 200 元，生产缸套的人员工时为 1 000 小时，承担制造费用 2 000 元。

  借：生产成本——轴承   6 200
      ——缸套   2 000
    贷：制造费用   8 200

（4）完工产品生产成本的计算与结转。产品生产成本计算是指将企业生产过程中为制造产品所发生的各种费用按照成本计算对象进行归集和分配，以便计算各种产品的总成本和单位成本。有关产品成本信息是企业进行库存商品计价和确定销售成本的依据。

企业应设置产品生产成本明细账，用来归集应计入各种产品成本的生产费用。通过对材料费用、职工薪酬、制造费用的归集和分配，企业各月生产产品所发生的生产费用已记入"生产成本"科目中。

如果月末某种产品全部完工，该种产品生产成本明细账所归集的费用总额，就是该种完工产品的总成本，用完工产品总成本除以该种产品的完工总产量即可计算出该种产品的单位成本。如果月末某种产品全部未完工，该种产品"生产成本"明细账所归集的费用总额就是该种产品在产品的总成本。

如果月末某种产品一部分完工，一部分尚未完工，此时归集在产品成本明细账中的费用总额还需在完工产品和在产品之间进行合理的分配，在此基础上计算出完工产品的总成本和单位成本。完工产品成本的计算公式为：

完工产品生产成本=期初在产品成本+本期发生的生产费用-期末在产品成本

产品完工并验收入库时，借记"库存商品"科目，贷记"生产成本"科目。

【例 6-27】2020 年 9 月 30 日，福建客家工业科技有限公司根据例 6-17 生产轴承产品直接领用材料成本 10 000 元，根据例 6-19 生产缸套产品直接领用材料成本 17 500 元；根据例 6-21 生产轴承的直接人工成本 31 000 元，生产缸套直接人工成本 10 000 元；根据例 6-26 生产轴承的制造费用为 6 200 元，生产缸套的制造费用为 2 000 元。期初没有在产品，本期生产的产品全部完工，并验收入库。

  轴承的完工成本=10 000+31 000+6 200=47 200(元)

  缸套的完工成本=17 500+10 000+2 000=29 500(元)

  借：库存商品——轴承   47 200
      ——缸套   29 500
   贷：生产成本——轴承   47 200
      ——缸套   29 500

6.5 销售业务的账务处理

  企业经过了产品生产过程，生产出了符合要求、可供对外销售的产品，形成了商品存货，接下来就要进入销售过程。通过销售将生产出来的产品销售出去，实现其价值。这是企业生产经营活动的最后一个阶段。企业在销售过程中除了发生销售商品、提供劳务等业务，即主营业务外，还可能发生一些其他业务，例如，销售材料、出租包装物、出租固定资产等。

  销售业务的账务处理涉及以下内容。

1. 商品销售收入的确认与计量

  企业销售商品收入的确认，必须同时符合以下5个条件：①企业已将商品所有权上的主要风险和报酬转移给购货方；②企业既没有保留通常与商品所有权相联系的继续管理权，也没有对已售出的商品实施控制；③收入的金额能够可靠地计量；④相关的经济利益很可能流入企业；⑤相关的已发生或将发生的成本能够可靠地计量。

2. 账户设置

  企业通常设置以下账户对销售业务进行会计核算。

  (1)"主营业务收入"账户。"主营业务收入"账户属于损益类账户，用以核算企业确认的销售商品、提供劳务等主营业务的收入。

  该账户贷方登记企业实现的主营业务收入，即主营业务收入的增加额；借方登记期末转入"本年利润"账户的主营业务收入(按净额结转)，以及发生销售退回和销售折让时应冲减本期的主营业务收入。期末结转后，该账户无余额。

  该账户应按照主营业务的种类设置明细账户，进行明细分类核算。

  (2)"其他业务收入"账户。"其他业务收入"账户属于损益类账户，用以核算企业确认的除主营业务活动以外的其他经营活动实现的收入，包括出租固定资产、出租无形资产、出租包装物和商品、销售材料等活动。

  该账户贷方登记企业实现的其他业务收入，即其他业务收入的增加额；借方登记期末转入"本年利润"账户的其他业务收入。期末结转后，该账户无余额。

  该账户可按其他业务的种类设置明细账户，进行明细分类核算。

  (3)"应收账款"账户。"应收账款"账户属于资产类账户，用以核算企业因销售商品、提供劳务等经营活动应收取的款项。

  该账户借方登记由于销售商品以及提供劳务等发生的应收账款，包括应收取的价款、税款和代垫款等；贷方登记已经收回的应收账款。期末余额如果在借方，反映企业尚未收回的应收账款；期末余额如果在贷方，反映企业预收的账款。

该账户应按不同的债务人进行明细分类核算。

(4) "应收票据"账户。"应收票据"账户属于资产类账户，用以核算企业因销售商品、提供劳务等而收到的商业汇票。

该账户借方登记企业收到应收票据的票面金额，贷方登记票据到期收回应收票据的票面金额；期末余额在借方，反映企业持有的商业汇票的票面金额。

该账户可按开出、承兑商业汇票的单位进行明细核算。

(5) "预收账款"账户。"预收账款"账户属于负债类账户，用以核算企业按照合同规定预收的款项。预收账款情况不多的，也可以不设置该账户，将预收的款项直接记入"应收账款"账户。

该账户贷方登记企业向购货单位预收的款项等，借方登记销售实现时按实现的收入转销的预收款项等。期末余额在贷方，反映企业预收的款项；期末余额在借方，反映企业已转销但尚未收取的款项。

该账户可按购货单位进行明细核算。

(6) "主营业务成本"账户。"主营业务成本"账户属于损益类账户，用以核算企业确认销售商品、提供劳务等主营业务收入时应结转的相关成本。

该账户借方登记主营业务发生的实际成本，贷方登记期末转入"本年利润"账户的主营业务成本。期末结转后，该账户无余额。

该账户可按主营业务的种类进行明细分类核算。

(7) "其他业务成本"账户。"其他业务成本"账户属于损益类账户，用以核算企业确认的除主营业务活动以外的其他经营活动所发生的成本，包括销售材料的成本、出租固定资产的折旧额、出租无形资产的摊销额、出租包装物的成本或摊销额等。

该账户借方登记其他业务的支出额，贷方登记期末转入"本年利润"账户的其他业务支出额。期末结转后，该账户无余额。该账户可按其他业务的种类设置明细账户，进行明细分类核算。

(8) "税金及附加"账户。"税金及附加"账户属于损益类账户，用以核算企业经营活动发生的消费税、城市维护建设税、房产税、车船税、土地使用税、印花税、资源税和教育费附加等相关税费。

该账户借方登记企业应按规定计算确定的与经营活动相关的税费，贷方登记期末转入"本年利润"账户的与经营活动相关的税费。期末结转后，该账户无余额。

3. 账务处理

(1) 主营业务收入的账务处理。企业销售商品或提供劳务实现的收入，应按实际收到、应收或者预收的金额，借记"银行存款""应收账款""应收票据""预收账款"等科目，按确认的营业收入，贷记"主营业务收入"科目。

对于增值税销项税额，一般纳税人应贷记"应交税费——应交增值税(销项税额)"科目；小规模纳税人应贷记"应交税费——应交增值税"科目。

(2) 主营业务成本的账务处理。期(月)末，企业应根据本期(月)销售各种商品、提供各种劳务等实际成本，计算应结转的主营业务成本，借记"主营业务成本"科目，贷记"库存商品"等科目。

采用计划成本或售价核算库存商品的,平时的营业成本按计划成本或售价结转,月末,还应结转本月销售商品应分摊的产品成本差异或商品进销差价。

(3) 其他业务收入与成本的账务处理。当企业发生其他业务收入时,按已收取或应收的款项,借记"银行存款""应收账款""应收票据"等科目,按确定的收入金额,贷记"其他业务收入"科目,同时确认相关税金;在结转其他业务收入的同一会计期间,企业应根据本期应结转的其他业务成本金额,借记"其他业务成本"科目,贷记"原材料""累计折旧""应付职工薪酬"等科目。

【例6-28】福建客家工业科技有限公司于2020年10月8日向江南机械制造公司销售一批轴承,开出的增值税专用发票上注明售价为60 000元,增值税税额为7 800元;商品已经发出,款项已收到存入银行;该批商品的成本为42 000元。

(1) 确认收入
借:银行存款　　　　　　　　　　　　　　67 800
　　贷:主营业务收入——轴承　　　　　　60 000
　　　　应交税费——应交增值税(销项税额)　7 800

(2) 结转成本
借:主营业务成本——轴承　　　　　　　　42 000
　　贷:库存商品——轴承　　　　　　　　42 000

【例6-29】福建客家工业科技有限公司于2020年10月11日向山东旅讯工业制造有限公司销售轴承一批,开出的增值税专用发票上注明售价为70 000元,增值税税额为9 100元;商品已经发出,收到银行承兑汇票一张;该批商品的成本为49 000元。

借:应收票据　　　　　　　　　　　　　　79 100
　　贷:主营业务收入——轴承　　　　　　70 000
　　　　应交税费——应交增值税(销项税额)　9 100
借:主营业务成本——轴承　　　　　　　　49 000
　　贷:库存商品——轴承　　　　　　　　49 000

【例6-30】承例6-29,2021年4月10日,福建客家工业科技有限公司应收山东旅讯工业制造有限公司银行承兑汇票到期,金额为79 100元,办理收款手续,收到款项存入银行。

借:银行存款　　　　　　　　　　　　　　79 100
　　贷:应收票据——山东旅讯工业制造有限公司　79 100

【例6-31】福建客家工业科技有限公司于2020年10月11日向江苏雷胜汽车制造有限公司销售缸套一批,开出的增值税专用发票上注明售价为50 000元,增值税税额为6 500元;商品已经发出,款项未收;该批商品的成本为32 000元。

借:应收账款——江苏雷胜汽车制造有限公司　56 500
　　贷:主营业务收入——缸套　　　　　　50 000
　　　　应交税费——应交增值税(销项税额)　6 500
借:主营业务成本——缸套　　　　　　　　32 000
　　贷:库存商品——缸套　　　　　　　　32 000

【例6-32】承例6-31，福建客家工业科技有限公司于2020年10月30日收到江苏雷胜汽车制造有限公司所欠货款56 500元，存入银行。

  借：应收账款——江苏雷胜汽车制造有限公司 56 500
    贷：银行存款   56 500

【例6-33】福建客家工业科技有限公司于2020年10月11日收到浙江哈雨汽车制造厂预付货款10 000元，存入银行。

  借：预收账款——浙江哈雨汽车制造厂 10 000
    贷：银行存款   10 000

【例6-34】承例6-33，福建客家工业科技有限公司于2020年10月21日向浙江哈雨汽车制造厂销售缸套一批，开出的增值税专用发票上注明售价为80 000元，增值税税额为10 400元；商品已经发出；该批商品的成本为56 000元。

  借：预收账款——浙江哈雨汽车制造厂 90 400
    贷：主营业务收入——缸套   80 000
      应交税费——应交增值税(销项税额) 10 400
  借：主营业务成本——缸套   56 000
    贷：库存商品——缸套   56 000

【例6-35】承例6-34和例6-33，福建客家工业科技有限公司于2020年10月30日收到浙江哈雨汽车制造厂剩余货款83 600元，存入银行。

  剩余货款=93 600-10 000=83 600(元)

  借：预收账款——浙江哈雨汽车制造厂 83 600
    贷：银行存款   83 600

【例6-36】2020年10月20日，福建客家工业科技有限公司将一批生产用的甲型钢铁销售给兴达工业科技有限公司，增值税专用发票上列明价款10 000元，增值税额1 700元，共计11 700元，材料已经发出，同时收到款项。该批材料成本是8 000元。

 (1) 确认收入

  借：银行存款   11 700
    贷：其他业务收入   10 000
      应交税费——应交增值税(销项税额) 1 700

 (2) 结转成本

  借：其他业务成本   8 000
    贷：原材料   8 000

【例6-37】承例6-7，2020年12月5~7日，福建客家工业科技有限公司将外部购入的货运汽车租借给福建捷畅有限公司使用，收取租赁押金30 000元，存入银行。

  借：银行存款   30 000
    贷：其他应付款——福建捷畅有限公司 30 000

【例6-38】承例6-37和例6-7，2020年12月8日，福建客家工业科技有限公司以银行存款退还福建捷畅有限公司支付的租赁押金30 000元。

  借：其他应付款——福建捷畅有限公司 30 000
    贷：银行存款   30 000

【例6-39】2020年10月31日,福建客家工业科技有限公司本期实际应上缴城市维护建设税5 600元,教育费附加2 400元。11月9日通过银行存款缴纳。

(1) 计提相关税费

借:税金及附加　　　　　　　　　　　　　　8 000
　　贷:应交税费——应交城市维护建设税　　　　　　5 600
　　　　　　　　——应交教育费附加　　　　　　　　2 400

(2) 上缴相关税费

借:应交税费——应交城市维护建设税　　　　　5 600
　　　　　　——应交教育费附加　　　　　　　2 400
　　贷:银行存款　　　　　　　　　　　　　　　　　8 000

6.6　财务成果形成及其他业务的核算

企业作为一个独立的经济实体,其经营活动的主要目的就是不断地提高企业盈利水平,增强企业的获利能力。通常用企业在一定会计期间的各项收入抵补各项支出的差额来反映,表现为盈利或者亏损。当收入大于费用时,差额为正,形成盈利,说明企业实现了利润;反之,当收入小于费用时,则说明企业发生了亏损。利润就是一个反映企业获利能力的综合指标,而且还反映了企业向整个社会做出贡献的大小,也是评价企业经济效益优劣的重要标志,同时还是各有关方面对企业进行财务预测和投资预测的重要依据。因此,利润形成的核算和利润分配的核算,就构成了企业财务成果核算的内容。

6.6.1　期间费用的账务处理

1. 期间费用的构成

期间费用是指企业日常活动中不能直接归属于某个特定成本核算对象的在发生时应直接计入当期损益的各种费用。它是企业在经营过程中随着时间的推进而不断地发生,与产品生产活动的管理和销售有一定关系,但与产品的制造过程没有直接关系的各种费用。一般来说,我们能够很容易地确定应归属的会计期间,但难以确定其应归属的产品。期间费用包括管理费用、销售费用和财务费用。

管理费用是指企业为组织和管理企业生产经营活动所发生的各种费用。管理费用包括企业在筹建期间的开办费、行政管理部门在企业的经营管理中发生的公司经费、咨询费、中介机构费用、诉讼费、业务招待费、技术转让费、研究费用等。

销售费用是指企业销售商品和材料、提供劳务的过程中发生的各种费用。销售费用包括保险费、包装费、展览费和广告费、商品维修费、运输费等。

财务费用是指企业为筹集生产经营所需资金等而发生的筹资费用。财务费用包括利息支出(减利息收入)、汇兑损益以及相关的手续费、企业发生的现金折扣或收到的现金折扣等。

2. 账户设置

企业通常设置以下账户对期间费用业务进行会计核算。

(1)"管理费用"账户。"管理费用"账户属于损益类账户,用以核算企业为组织和管理企业生产经营所发生的各种费用。该账户借方登记发生的各项管理费用,贷方登记期末转入"本年利润"账户的管理费用额。期末结转后,该账户无余额。该账户可按费用项目设置明细账户,进行明细分类核算。

(2)"销售费用"账户。"销售费用"账户属于损益类账户,用以核算企业发生的各项销售费用。

该账户借方登记发生的各项销售费用,贷方登记期末转入"本年利润"账户的销售费用。期末结转后该账户无余额。

该账户可按费用项目设置明细账户,进行明细分类核算。

(3)"财务费用"账户。"财务费用"账户属于损益类账户,用以核算企业为筹集生产经营所需资金等而发生的筹资费用。

该账户借方登记手续费、利息费用等财务费用的增加额,贷方登记应冲减财务费用的利息收入、期末转入"本年利润"账户的财务费用净额等。期末结转后,该账户无余额。

该账户可按费用项目进行明细核算。

3. 账务处理

(1) 管理费用的账务处理。企业在筹建期间发生的开办费,包括人员工资、办公费、培训费、差旅费、印刷费、注册登记费,借记"管理费用"科目,贷记"应付利息""银行存款"等科目。

确认行政管理部门人员的职工薪酬,借记"管理费用"科目,贷记"应付职工薪酬"科目。

计提行政管理部门的固定资产折旧,借记"管理费用"科目,贷记"累计折旧"科目。

行政管理部门发生的办公费、水电费、业务招待费、聘请中介机构费、咨询费、诉讼费、技术转让费、企业研究费用,借记"管理费用"科目,贷记"库存现金""银行存款"等科目。

(2) 销售费用的账务处理。企业在销售商品过程中发生的包装费、保险费、展览费和广告费、运输费、装卸费等费用,借记"销售费用"科目,贷记"库存现金""银行存款"等科目。

企业发生的为销售本企业商品而专设的销售机构的职工薪酬、业务费等费用,借记"销售费用"科目,贷记"应付职工薪酬""银行存款""累计折旧"等科目。

(3) 财务费用的账务处理。企业除筹建期间外发生的财务费用,借记"财务费用"科目,贷记"银行存款""应付利息"等科目。

发生的应冲减财务费用的利息收入、汇兑损益,借记"银行存款""应付账款"等科目,贷记"财务费用"科目。

【例6-40】2020年12月2日,福建客家工业科技有限公司从银行提取现金3 200元。

借:库存现金　　　　　　　　　　3 200
　　贷:银行存款　　　　　　　　　　3 200

【例6-41】承例6-40,2020年12月5日,福建客家工业科技有限公司管理部门员工刘某准备出差预借差旅费1 200元,以现金支付。

根据上述经济事项及原始凭证，作如下会计分录：
  借：其他应收款——刘某   1 200
    贷：库存现金   1 200

【例6-42】承例6-41和例6-40，2020年12月7日，福建客家工业科技有限公司管理部门员工刘某出差归来报销差旅费980元，余款退回现金。
  借：管理费用   980
    库存现金   220
    贷：其他应收款——刘某   1 200

【例6-43】2020年12月8日，福建客家工业科技有限公司新员工王某入职，以现金收取宿舍电器押金500元。
  借：库存现金   500
    贷：其他应付款——王某   500

【例6-44】2020年12月9日，福建客家工业科技有限公司新员工陈某离职，以现金支付宿舍电器押金500元。
  借：其他应付款——陈某   500
    贷：库存现金   500

【例6-45】2020年12月10日，福建客家工业科技有限公司用库存现金支付业务招待费600元。编制会计分录如下：
  借：管理费用   600
    贷：库存现金   600

【例6-46】福建客家工业科技有限公司计提2020年12月份厂部办公设备的折旧费2 600元。
  借：管理费用   2 600
    贷：累计折旧   2 600

【例6-47】2020年12月13日，福建客家工业科技有限公司为宣传新产品参加展会，发生展览费6 000元，以银行存款支付。
  借：销售费用   6 000
    贷：银行存款   6 000

【例6-48】2020年12月13日，福建客家工业科技有限公司销售产品因质量问题，发生产品保修费用2 000元，以银行存款支付。
  借：销售费用   2 000
    贷：银行存款   2 000

【例6-49】2020年12月14日，福建客家工业科技有限公司下设销售网点，经计算销售网点人员工资3 400元。
  借：销售费用   3 400
    贷：应付职工薪酬   3 400

【例6-50】2020年12月15日，福建客家工业科技有限公司转账支付金融机构手续费500元。
  借：财务费用   500

　　　　贷：银行存款　　　　　　　　　　　　　　　　500

【例6-51】2020年12月15日，福建客家工业科技有限公司预缴本年度所得税6 000元，款项以银行存款支付。

　　借：应交税费——应交所得税　　　　　　6 000
　　　　贷：银行存款　　　　　　　　　　　　　　　6 000

6.6.2　利润形成的账务处理

1. 利润的形成

利润是指企业在一定会计期间的经营成果，包括收入减去费用后的净额、直接计入当期损益的利得和损失等。利润由营业利润、利润总额和净利润三个层次构成。

(1) 营业利润。营业利润是反映企业管理者经营业绩的指标，其计算公式如下：

营业利润=营业收入-营业成本-税金及附加-销售费用-管理费用-财务费用+公允价值变动收益(-公允价值变动损失)+投资收益(-投资损失)

其中，营业收入=主营业务收入+其他业务收入

营业成本=主营业务成本+其他业务成本

(2) 利润总额。利润总额，又称税前利润，是营业利润加上营业外收入减去营业外支出后的金额，其计算公式如下：

利润总额=营业利润+营业外收入-营业外支出

(3) 净利润。净利润，又称税后利润，是利润总额扣除所得税费用后的净额，其计算公式如下：

净利润=利润总额-所得税费用

其中，所得税费用=应纳税所得额×所得税税率=(利润总额±所得税纳税调整金额)×所得税税率。

2. 账户设置

企业通常设置以下账户对利润形成业务进行会计核算。

(1) "本年利润"账户。"本年利润"账户属于所有者权益类账户，用以核算企业当期实现的净利润(或发生的净亏损)。企业期(月)末结转利润时，应将各损益类账户的金额转入该账户，结平各损益类账户。

该账户贷方登记企业期(月)末转入的主营业务收入、其他业务收入、营业外收入和投资收益等；借方登记企业期(月)末转入的主营业务成本、税金及附加、其他业务成本、管理费用、财务费用、销售费用、营业外支出、投资损失和所得税费用等。上述结转完成后，该账户余额如在贷方，即为当期实现的净利润；余额如在借方，即为当期发生的净亏损。年终，应将本年实现的净利润(或发生的净亏损)，转入"利润分配——未分配利润"账户贷方(或借方)，结转后该账户无余额。

(2) "营业外收入"账户。"营业外收入"账户属于损益类账户，用以核算企业发生的各项营业外收入，主要包括非流动资产处置利得、非货币性资产交换利得、债务重组利得、政府补助、盘盈利得、捐赠利得等。

该账户贷方登记营业外收入的实现,即营业外收入的增加额;借方登记会计期末转入"本年利润"账户的营业外收入额。期末结转后,该账户无余额。

该账户可按营业外收入项目设置明细账户,进行明细分类核算。

(3)"营业外支出"账户。"营业外支出"账户属于损益类账户,用以核算企业发生的各项营业外支出,包括非流动资产处置损失、非货币性资产交换损失、债务重组损失、公益性捐赠支出、非常损失、盘亏损失等。

该账户借方登记营业外支出的发生,即营业外支出的增加额;贷方登记期末转入"本年利润"账户的营业外支出额。期末结转后,该账户无余额。

该账户可按支出项目设置明细账户,进行明细分类核算。

(4)"所得税费用"账户。"所得税费用"账户属于损益类账户,用以核算企业确认的应从当期利润总额中扣除的所得税费用。该账户借方登记企业应计入当期损益的所得税;贷方登记企业期末转入"本年利润"账户的所得税。期末结转后,该账户无余额。

3. 账务处理

会计期末(月末或年末)结转各项收入时,借记"主营业务收入""其他业务收入""营业外收入""投资收益"等科目,贷记"本年利润"科目;结转各项支出时,借记"本年利润"科目,贷记"主营业务成本""税金及附加""其他业务成本""管理费用""财务费用""销售费用""资产减值损失""营业外支出""所得税费用"等科目。

【例6-52】2020年12月20日,因为供货单位违反合同规定,福建客家工业科技有限公司收到了一笔罚款收入8 000元,款已存入银行。

借:银行存款　　　　　　　　　　8 000
　　贷:营业外收入　　　　　　　　　　8 000

【例6-53】2020年12月25日,福建客家工业科技有限公司收到2020年度政府关于技术创新的补助款10 000元,存入银行。

借:银行存款　　　　　　　　　　10 000
　　贷:营业外收入　　　　　　　　　　10 000

【例6-54】2020年12月27日,福建客家工业科技有限公司福州市红十字会捐赠货币资金20 000元,款项以银行存款支付。

借:营业外支出　　　　　　　　　　20 000
　　贷:银行存款　　　　　　　　　　20 000

【例6-55】2020年12月7日,福建客家工业科技有限公司因气体排放超标被环保局罚款15 000元,以银行存款支付上述罚款。

借:营业外支出　　　　　　　　　　15 000
　　贷:银行存款　　　　　　　　　　15 000

【例6-56】福建客家工业科技有限公司2020年有关损益类科目的年末结账前余额如表6-5所示,假设公司所得税税率为25%,所得税纳税调整金额为0。

表 6-5 损益类账户结账前余额

账户名称	借方发生额	贷方发生额
主营业务收入		6 000 000
其他业务收入		70 000
营业外收入		18 000
主营业务成本	4 000 000	
其他业务成本	40 000	
税金及附加	8 000	
销售费用	510 000	
管理费用	770 000	
财务费用	20 000	
营业外支出	20 000	

营业利润=主营业务收入+其他业务收入-主营业务成本-其他业务成本-税金及附加-销售费用-管理费用-财务费用
=6 000 000+70 000-4 000 000-40 000-8 000-510 000-770 000-20 000=722 000
利润总额=营业利润+营业外收入-营业外支出=722 000+18 000-20 000=720 000
所得税费用=(利润总额±所得税纳税调整金额)×所得税税率=720 000×25%=180 000
净利润=利润总额-所得税费用=720 000-180 000=540 000

借：主营业务收入　　　　6 000 000
　　其他业务收入　　　　　 70 000
　　营业外收入　　　　　　 18 000
　　贷：本年利润　　　　　　　　　6 088 000

借：本年利润　　　　　　5 368 000
　　贷：主营业务成本　　　　　　 4 000 000
　　　　税金及附加　　　　　　　　　 8 000
　　　　其他业务成本　　　　　　　　40 000
　　　　管理费用　　　　　　　　　770 000
　　　　财务费用　　　　　　　　　 20 000
　　　　销售费用　　　　　　　　　510 000
　　　　营业外支出　　　　　　　　 20 000

确认应交所得税：
借：所得税费用　　　　　　180 000
　　贷：应交税费——应交所得税　　180 000
将所得税费用结转计入"本年利润"账户：
借：本年利润　　　　　　　180 000
　　贷：所得税费用　　　　　　　　180 000

6.6.3 利润分配的账务处理

利润分配是指企业根据国家有关规定和企业章程、投资者协议等，对企业当年可供分配利润指定其特定用途和分配给投资者的行为。利润分配的过程和结果不仅关系到每个股东的合法权益是否得到保障，而且关系到企业未来的发展。

1. 利润分配的顺序

企业向投资者分配利润，应按一定的顺序进行。按照我国《公司法》的有关规定，利润分配应按下列顺序进行。

(1) 计算可供分配的利润。企业在利润分配前，应根据本年净利润(或亏损)、年初未分配利润(或亏损)以及其他转入的金额(如盈余公积弥补的亏损)等项目，计算可供分配的利润，即：

可供分配的利润=净利润(或亏损)+年初未分配利润(-弥补以前年度的亏损)
　　　　　　　+其他转入的金额

如果可供分配的利润为负数(即累计亏损)，不能进行后续分配；如果可供分配利润为正数(即累计盈利)，则可进行后续分配。

(2) 提取法定盈余公积。按照《公司法》的有关规定，公司应当按照当年净利润(抵减年初累计亏损后)的10%提取法定盈余公积，提取的法定盈余公积累计额超过注册资本50%的，可以不再提取。

(3) 提取任意盈余公积。公司提取法定盈余公积后，经股东会或者股东大会决议，还可以从净利润中提取任意盈余公积。

(4) 向投资者分配利润(或股利)。企业可供分配的利润扣除提取的盈余公积后，形成可供投资者分配的利润，即：

可供投资者分配的利润=可供分配的利润-提取的盈余公积

企业可采用现金股利、股票股利和财产股利等形式向投资者分配利润(或股利)。

2. 账户设置

企业通常设置以下账户对利润分配业务进行会计核算。

(1) "利润分配"账户。"利润分配"账户属于所有者权益类账户，用以核算企业利润的分配(或亏损的弥补)和历年分配(或弥补)后的余额。

该账户借方登记实际分配的利润额，包括提取的盈余公积和分配给投资者的利润，以及年末从"本年利润"账户转入的全年发生的净亏损；贷方登记用盈余公积弥补的亏损额等其他转入数，以及年末从"本年利润"账户转入的全年实现的净利润。年末，应将"利润分配"账户下的其他明细账户的余额转入"未分配利润"明细账户，结转后，除"未分配利润"明细账户可能有余额外，其他各个明细账户均无余额。"未分配利润"明细账户的贷方余额为历年累积的未分配利润(即可供以后年度分配的利润)，借方余额为历年累积的未弥补亏损(即留待以后年度弥补的亏损)。

该账户应当分别按"提取法定盈余公积""提取任意盈余公积""应付现金股利(或利润)""转作股本的股利""盈余公积补亏""未分配利润"等进行明细核算。

(2) "盈余公积"账户。"盈余公积"账户属于所有者权益类账户，用以核算企业从净利润中提取的盈余公积。

该账户贷方登记提取的盈余公积，即盈余公积的增加额；借方登记实际使用的盈余公积，即盈余公积的减少额。期末余额在贷方，反映企业结余的盈余公积。

该账户应当分别按"法定盈余公积""任意盈余公积"进行明细核算。

3. 账务处理

(1) 净利润转入利润分配。会计期末，企业应将当年实现的净利润转入"利润分配——未分配利润"科目，即借记"本年利润"科目，贷记"利润分配——未分配利润"科目，如为净亏损，则作相反会计分录。

结转前，如果"利润分配——未分配利润"明细科目的余额在借方，上述结转当年所实现净利润的分录反映了当年实现的净利润自动弥补以前年度亏损的情况。因此，在用当年实现的净利润弥补以前年度亏损时，无须另行编制会计分录。

(2) 提取盈余公积。企业提取的法定盈余公积，借记"利润分配——提取法定盈余公积"科目，贷记"盈余公积——法定盈余公积"科目；提取的任意盈余公积，借记"利润分配——提取任意盈余公积"科目，贷记"盈余公积——任意盈余公积"科目。

(3) 向投资者分配利润或股利。企业根据股东大会或类似机构审议批准的利润分配方案，按应支付的现金股利或利润，借记"利润分配——应付现金股利"科目，贷记"应付股利"等科目；对于股票股利，应在办妥增资手续后，按转作股本的金额，借记"利润分配——转作股本股利"科目，贷记"股本"等科目。

董事会或类似机构通过的利润分配方案中拟分配的现金股利或利润，不作账务处理，但应在附注中披露。

(4) 企业未分配利润的形成。年终，企业应将"利润分配"科目所属其他明细科目的余额转入该科目"未分配利润"明细科目。结转盈余公积补亏，借记"利润分配——盈余公积补亏"科目，贷记"利润分配——未分配利润"科目；结转已分配的利润，借记"利润分配——未分配利润"科目，贷记"利润分配——提取法定盈余公积""利润分配——提取任意盈余公积""利润分配——应付现金股利""利润分配——转作股本股利"等科目。

结转后，"利润分配"科目中除"未分配利润"明细科目外，所属其他明细科目无余额。"未分配利润"明细科目的贷方余额表示累积未分配的利润，该科目如果出现借方余额，则表示累积未弥补的亏损。

【例 6-57】承例 6-56，福建客家工业科技有限公司 2020 年度实现净利润 558 750 元，提取法定盈余公积 55 875 元，宣告发放现金股利 50 000 元。

借：本年利润　　　　　　　　　　　　558 750
　　贷：利润分配——未分配利润　　　　　　558 750
借：利润分配——提取法定盈余公积　　 55 875
　　贷：盈余公积——法定盈余公积　　　　　 55 875
借：利润分配——应付现金股利　　　　 50 000
　　贷：应付股利　　　　　　　　　　　　　 50 000
借：利润分配——未分配利润　　　　　105 875
　　贷：利润分配——提取法定盈余公积　　　 55 875
　　　　　　　——应付现金股利　　　　　　 50 000

小　结

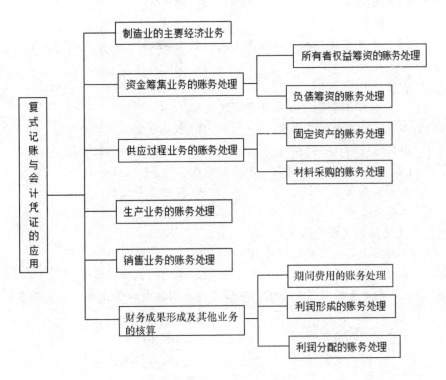

同　步　测　试

一、单项选择题

1. (　　)是指企业的投资者按照企业章程、合同或协议的约定，实际投入企业的资本金，以及按照有关规定由资本公积、盈余公积等转增资本的资金。
   A. 实收资本　　　　　B. 未分配利润
   C. 资本溢价　　　　　D. 银行存款

2. 企业的资金筹集业务按(　　)分为所有者权益筹资和负债筹资。
   A. 资金来源　　　　　B. 资金运用
   C. 资金分配　　　　　D. 资金占用

3. (　　)是制造企业经营的核心，在这一过程中，通过各种生产要素的结合，制造出各种产品，产品生产过程就是生产消耗过程。
   A. 资金筹集业务　　　B. 销售业务
   C. 采购业务　　　　　D. 生产业务

4. (　　)是指企业为了满足其生产经营对资金的临时性需要而向银行或其他金融机构等借入的偿还期限在一年以内(含一年)的各种借款。
   A. 短期借款　　　　　B. 长期借款

C. 应付债券　　　　　　　D. 应付账款

5. 增值税一般纳税人购进生产用机器设备所支付的增值税款应记入(　　)。
   A. 物资采购　　　　　　　B. 固定资产
   C. 应交税费　　　　　　　D. 在建工程

6. 分配生产车间直接参加产品生产工人的职工薪酬时，应借记的账户是(　　)。
   A. 生产成本　　　　　　　B. 制造费用
   C. 管理费用　　　　　　　D. 应付职工薪酬

7. 应在"应付职工薪酬"账户贷方登记的有(　　)。
   A. 本月实际支付的工资数　　B. 本月应分配的工资总额
   C. 本月结转的代扣款项　　　D. 本月多支付的工资数

8. 下列账户中，用于计算商品、产品制造成本的有(　　)。
   A. 主营业务成本　　　　　　B. 其他业务成本
   C. 库存商品　　　　　　　　D. 制造费用

9. 下列不通过制造费用核算的有(　　)。
   A. 生产用设备的日常修理费用　B. 车间的折旧费
   C. 车间的办公费　　　　　　　D. 车间的机物料消耗

10. 企业本期发生的下列支出中，不能直接或间接归入营业成本，而是直接计入当期损益的费用是(　　)。
    A. 车间管理人员工资　　　　B. 业务招待费
    C. 生产车间水电费　　　　　D. 在建工程人员工资

11. 下列项目中，不通过"应收账款"账户核算的有(　　)。
    A. 员工预借差旅费　　　　　B. 销售库存商品应收的款项
    C. 提供劳务应收的款项　　　D. 销售原材料应收的款项

12. 下列各项中，(　　)应计入营业成本。
    A. 出租的无形资产计提的摊销　B. 罚款支出
    C. 固定资产处置损失　　　　　D. 应收账款坏账损失

13. 下列属于期间费用的有(　　)。
    A. 财务费用　　　　　　　　B. 生产费用
    C. 营业成本　　　　　　　　D. 制造费用

14. 下列项目中，不应计入企业销售费用的有(　　)。
    A. 销售部门人员工资　　　　B. 销售部门设备折旧费
    C. 销售产品广告费　　　　　D. 销售产品代垫运杂费

15. 下列应计入利润表"税金及附加"项目的有(　　)。
    A. 增值税、消费税　　　　　　B. 消费税、印花税
    C. 城市维护建设税、教育费附加　D. 资源税、个人所得税

16. 下列各项中，不会引起利润总额增减的有(　　)。
    A. 销售费用　　　　　　　　B. 管理费用
    C. 所得税费用　　　　　　　D. 营业外支出

17. "利润分配"科目归属于(　　)。

A. 资产要素 B. 负债要素
C. 利润要素 D. 所有者权益要素

18. 企业计算应交所得税时，正确的会计分录是( )。
A. 借：本年利润 B. 借：管理费用
　　贷：所得税费用 　　贷：所得税费用
C. 借：所得税费用 D. 借：所得税费用
　　贷：银行存款 　　贷：应交税费——应交所得税

二、多项选择题

1. 所有者投入的资本主要包括( )。
A. 实收资本 B. 资本公积 C. 盈余公积 D. 未分配利润

2. 投资者可以以( )投资。
A. 货币资金 B. 存货 C. 固定资产 D. 非现金资产

3. 企业收到投资者投入资本，可能涉及的所有者权益科目有( )。
A. 实收资本 B. 资本公积 C. 固定资产 D. 投资收益

4. 下列关于长期借款账户的说法，正确的有( )。
A. 长期借款属于负债类的账户
B. 贷方登记企业借入的长期借款本金
C. 借方登记归还的本金和利息
D. 期末余额在借方，反映企业期末尚未偿还的长期借款

5. 企业从银行借入的期限为1个月的借款到期，偿还该借款本息时所编制的会计分录可能涉及的账户有( )。
A. 管理费用 B. 财务费用 C. 短期借款 D. 银行存款

6. 下列关于"应付账款"账户的表述中，正确的有( )。
A. 一般应按照债权人设置明细科目进行明细核算
B. 借方登记偿还的应付账款或已冲销的无法支付的应付账款
C. 贷方登记企业购买材料、商品和接受劳务等而发生的应付账款
D. 期末贷方余额反映企业尚未支付的应付账款

7. 下列各项中，应计入一般纳税企业材料采购成本的有( )。
A. 购买材料支付的买价 B. 支付的材料运费
C. 购买材料发生的增值税 D. 采购过程中的保险费

8. 生产费用是指与企业日常生产经营活动有关的费用，按其经济用途可分为( )。
A. 直接材料 B. 直接人工 C. 制造费用 D. 管理费用

9. 职工薪酬中的"职工"是指与企业订立劳动合同的所有人员，包括( )。
A. 董事会成员 B. 兼职
C. 临时职工 D. 劳务用工合同人员

10. 企业的职工薪酬主要包括( )。
A. 工资 B. 奖金 C. 津贴 D. 福利费

11. 下列项目中，应记入"营业外支出"账户的有( )。

A. 广告费　　　　　　B. 借款利息　　　　　C. 固定资产盘亏　　　D. 捐赠支出

12. 以下项目中，会影响营业利润计算的有(　　)。
 A. 营业外收入　　　　　　　　　　B. 税金及附加
 C. 营业成本　　　　　　　　　　　D. 销售费用

13. 下列各项费用中，应通过"管理费用"科目核算的有(　　)。
 A. 诉讼费　　　　　　　　　　　　B. 研究费用
 C. 排污费　　　　　　　　　　　　D. 日常经营活动聘请中介机构费

14. 利润分配的明细科目包括(　　)。
 A. 提取任意盈余公积　　　　　　　B. 盈余公积补亏
 C. 未分配利润　　　　　　　　　　D. 转作股本的股利

15. 下列选项中，通过"其他业务成本"账户核算的有(　　)。
 A. 出租无形资产的摊销额　　　　　B. 销售材料的成本
 C. 出租包装物的成本或摊销额　　　D. 销售商品的成本

16. 下列科目属于损益类科目的有(　　)。
 A. 管理费用　　　B. 销售费用　　　C. 制造费用　　　D. 财务费用

17. 企业当年实现净利润100万元，按25%的所得税税率计算，本年度应缴所得税为25万元，则该项经济业务涉及的账户有(　　)。
 A. 应交税费　　　B. 税金及附加　　C. 银行存款　　　D. 所得税费用

三、判断题

1. 实收资本代表一个企业的实力，是创办企业的"本钱"，反映企业所有者投入企业的外部资金来源。　　　　　　　　　　　　　　　　　　　　　　　　(　　)
2. 现金折扣在发生时记入当期的财务费用，在确认收入时不考虑。　　(　　)
3. 短期借款的利息不可以预提，均应在实际支付时直接计入当期损益。(　　)
4. 企业的借款通常按照其流动性或偿还时间的长短，划分为短期借款和长期借款。
   　　　　　　　　　　　　　　　　　　　　　　　　　　　　　　(　　)
5. 预付账款核算企业按照合同规定预付的款项，属于企业的一项负债。(　　)
6. 生产车间使用的固定资产所计提的折旧应计入生产成本。　　　　　(　　)
7. 企业购入需要安装的固定资产，应将购入时发生的成本和安装过程中发生的相关支出，先通过"在建工程"科目核算。　　　　　　　　　　　　　　　　　(　　)
8. "固定资产"账户的期末借方余额，反映期末实有固定资产的净值。　(　　)
9. 企业根据有关规定应付给职工的各种薪酬，包括职工工资、奖金、津贴和补贴、职工福利费等均应通过"应付职工薪酬"科目进行核算。　　　　　　　(　　)
10. 对于直接用于某种产品生产的材料费用，要先通过"制造费用"科目进行归集，期末再同其他间接费用一起按照一定的标准分配计入有关产品成本。(　　)
11. 商品取得的收入均属于"主营业务收入"，而提供劳务取得的收入则属于"其他业务收入"。　　　　　　　　　　　　　　　　　　　　　　　　　　(　　)
12. "盈余公积"账户属于所有者权益类账户，该账户借方登记提取的盈余公积，贷方登记实际使用的盈余公积。期末借方余额反映结余的盈余公积。　　(　　)

13. 企业计算所得税费用时应以净利润为基础，根据适用税率计算确定。（　）
14. 营业外支出是指与主营业务相关的支出。（　）
15. "税金及附加"账户在期末结转时，借记"税金及附加"科目，贷记"本年利润"科目。（　）
16. 企业支付的银行承兑汇票的手续费通过"管理费用"账户进行核算。（　）
17. "税金及附加"科目主要核算企业经营活动中发生的增值税、消费税、所得税等相关税费。（　）
18. 如果不存在年初累计亏损，提取法定盈余公积的基数为可供分配利润；如果存在年初累计亏损，提取的法定盈余公积的基数为当年实现的净利润。（　）
19. 利润总额=营业利润+营业外收入-营业外支出。（　）
20. 收入类科目转入本年利润的贷方，费用类科目转入本年利润的借方。（　）

四、业务题

【业务题一】

(一)目的：练习所有者权益筹资的账务处理。

(二)资料：2020年5月10日，A、B、C三公司共同投资组成ABC公司。按ABC公司的章程规定，注册资本为900万元，A、B、C三方各占1/3的股份。假定A公司以厂房投资，投资各方确认的价值为300万元。B公司以价值300万元的一项专利权投资，其价值已被投资各方确认，并已向ABC公司移交了专利证书等有关凭证。C公司以货币资金300万元投资，已存入ABC公司的开户银行。

(三)要求：根据上述资料分别作出公司2020年5月10日成立时分别收到A、B、C公司投资时的会计分录。

【业务题二】

(一)目的：练习负债筹资的账务处理。

(二)资料：景承公司于2021年7月1日向银行借入一笔生产经营用的短期借款600 000元，期限为9个月，年利率为5%，根据和银行达成的借款协议，利息按月预提，按季支付，到期一次还本。

(三)要求：作出2021年7月1日、2021年7月31日、2021年8月31日、2021年9月30日上述短期借款的会计分录。

【业务题三】

(一)目的：练习固定资产的账务处理。

(二)资料：郁江公司于2020年12月16日，购入一台不需要安装的机器设备，价款310万元，增值税税额40.3万元，另支付保险费和包装费6万元，款项均以银行存款支付。

(三)要求：计算郁江公司2020年12月15日购入设备的成本并编制相关会计分录。

【业务题四】

(一)目的：练习材料采购的账务处理。

(二)资料：2021年3月12日，酷凡公司与方宇公司签订原材料采购合同，向方宇公司采购活性炭材料30吨，每吨单价6 000元，所需支付的款项总额为180 000元，合同约定，合同订立之日，酷凡公司向方宇公司预付货款的40%，验收货物后补付其余款项，当日，酷凡公司以银行存款预付货款，方宇公司收到货款。

2021年4月20日，方宇公司向酷凡公司发出材料，同日酷凡公司收到方宇公司发来的材料并验收入库，取得的增值税专用发票上记载的价款为180 000元，增值税税额为23 400元。

2021年4月21日，酷凡公司以银行存款补付剩余款项，方宇公司收到剩余款项。

(三)要求：(1) 分别编制酷凡公司2021年3月12日、2021年4月20日、2021年4月21日的会计分录。

(2) 分别编制方宇公司2021年3月12日、2021年4月20日、2021年4月21日的会计分录。

【业务题五】

(一)目的：练习生产业务的账务处理。

(二)资料：

乐德公司2021年3月份发生下列业务：5日基本生产车间为生产产品领用棉纱材料6 000元，用于生产西服产品。15日计算并分配工资31 000元，其中西服车间生产工人工资7 000元，衬衫车间生产人员工资8 000元，车间管理人员工资6 000元。16日计提车间设备的折旧5 000元，管理部门折旧1 000元。28日结转西服生产车间的制造费用7 000元，计入西服生产成本。31日西服产品完工入库，结转完工西服的成本18 000元。

(三)要求：分别编制乐德公司2021年3月5日、15日、16日、28日和31日的会计分录。

【业务题六】

(一)目的：练习销售业务的账务处理。

(二)资料：荆辉公司2021年12月3日向旭瑟公司销售鱼粉产品一批，售价800 000元，增值税136 000元，商品已发出，货款尚未收到，该批商品的成本为600 000元；旭瑟公司于同日收到鱼粉，购入鱼粉作为原材料用于生产猪饲料，款项尚未支付。

(三)要求：编制荆辉公司2021年12月3日销售鱼粉的会计分录。

【业务题七】

(一)目的：练习期间费用的账务处理。

(二)资料：居业公司2021年7月份主要业务如下。

2日，以库存现金支付办公用品费650元，其中生产车间300元，管理部门350元。

4日，刘某出差预借差旅费3 000元，以现金支付。

14日，以现金支付厂部电脑维修费200元。

15日，刘某出差归来，报销差旅费2 950元，余款退回现金。

18日，以银行存款支付产品广告费4 000元。

31日，预提本月短期借款利息1 000元。

31日，以银行存款支付本季度短期借款利息3 000元。

31日，以银行存款支付本月水电费41 800元，其中生产车间水电费40 000元，行政管理部门水电费1 800元。

(三)要求：编制居业公司2021年7月份的上述会计分录。

【业务题八】

(一)目的：练习利润形成和分配的账务处理。

(二)资料：琥曲公司有关资料如下。

账户名称	借方	贷方
主营业务收入		4 500 000
其他业务收入		525 000
投资收益		450 000
营业外收入		37 500
主营业务成本	3 450 000	
其他业务成本	300 000	
税金及附加	60 000	
销售费用	375 000	
管理费用	450 000	
财务费用	75 000	
营业外支出	150 000	

琥曲公司企业所得税税率为25%，按净利润的10%计提法定盈余公积，5%计提任意盈余公积，向投资者分配50 000元的利润。

(三)要求：(1) 编制结转各损益类科目的会计分录。

(2) 计算应缴纳的企业所得税。

(3) 编制确认并结转所得税费用的会计分录。

(4) 编制将"本年利润"转入"利润分配——未分配利润"的会计分录。

(5) 编制提取盈余公积和宣告分配利润的会计分录。

【业务题九】

(一)目的：练习货币资金业务的账务处理。

(二)资料：广裕公司2021年6月份发生经济业务如下。

(1) 5日，出纳员向银行提取现金30 000元，准备发放工资。

(2) 10日，以现金发放本月工资30 000元。

(3) 15日，购海藻原材料一批，金额3 000元，材料已验收入库，货款尚未支付。

(4) 20日，购买汽车一辆，买价60 000元，款项通过银行存款支付。

(5) 26日，向银行申请2年期借款100 000元，借款已划入银行存款账户。

(三)要求：编制以上业务的会计分录。

【业务题十】

(一)目的：练习原材料购入与财务成果形成的账务处理。

(二)资料：亚龙公司存货采用实际成本核算，2020年11月发生下列有关存货的经济业务。

1日，购入A材料50千克，每千克100元，计价款5 000元，增值税进项税额650元，均已用银行存款支付，材料尚未到达。

5日，购入B材料200千克，每千克400元，计价款80 000元，增值税进项税额10 400元，款项未付，材料已验收入库。

6日，上月购入C材料200千克，每千克200元，今日到达并验收入库。

12日，销售给红光厂甲产品100千克，每千克2 000元，增值税销项税额26 000元，款项尚未收到。

17日，结转销售给红光厂产品成本150 000元。

18日，收到红光厂转来的贷款226 000元，存入银行。

20日，用银行存款支付违约金罚款2 000元。

25日，收到政府关于环境保护的奖励1 500元。

(三)要求：根据上述资料编制会计分录。

【业务题十一】

(一)目的：练习综合业务的账务处理。

(二)资料：

闽邦汽车机械制造有限公司(以下简称"公司")是一家以冷轧钢板和合金钢板为主要原材料，通过液压机、压力机等生产设备对钢板进行加工，生产汽车底板和汽车门板两类产品的一家汽车零部件制造企业，本月月初不存在在产品，公司1~11月份的净利润为2 450 000元。2021年12月份发生如下经济业务。

1日，向工商银行借入偿还期限为5个月的借款2 000 000元，款项已存入银行。

2日，收到新股东以货币出资投入的投资款4 000 000元，款项已存入银行。

3日，向国源金属有限公司购入冷轧钢板150吨，每吨2 000元，购入合金钢板200吨，每吨2 500元，增值税税率为13%，材料尚在途中，款项未付。

4日，生产车间领用原材料冷轧钢板272 000元，合金钢板283 000元，其中用于生产汽车底板领用250 000元，用于生产汽车门板领用300 000元，车间一般耗用5 000元。

5日，向东威汽车有限公司销售汽车底板一批，价款300 000元，增值税税率为13%，款项未收。

6日，购入生产用压力机一台，价款600 000元，增值税税额78 000元，发生与购入相关的运杂费等7 000元，均用银行存款支付，购入设备不需要安装直接使用。

7日，以库存现金支付3日从国源金属有限公司购入材料的搬运装卸费等共计7 000元，此费用按照材料重量比例进行分配。冷轧钢板和合金钢板均已运到并验收入库，结转其实际采购成本。

8日，用银行存款支付上月应交增值税20 000元，城市维护建设税1 000元，教育费附加600元。

9日，公司出纳从银行提取现金5 000元。

10日，以银行存款发放上月员工工资830 000元，以及支付各类员工福利费40 000元。

12日，向奇瑞汽车股份公司销售汽车底板一批，价款500 000元，增值税税率为13%，收到银行承兑汇票一张。

13日，用银行存款支付因销售产品而发生的广告宣传费3 000元。

14日，向长安汽车有限公司销售汽车门板一批，价款800 000元，增值税税率为13%，收到款项存入银行。

15日，以库存现金支付管理部门购买的办公用品3 500元。

16日，接银行通知，收到广岛汽车零部件有限公司上月所欠货款234 000元。

17日，计提本月固定资产折旧，其中生产车间折旧为111 000元，厂部折旧为29 000元。

18日，员工张某出差，预借差旅费2 000元，以库存现金支付。

19日，以银行存款支付因销售产品的运杂费4 500元，支付厂部招待费15 500元。

20日，以银行存款支付水电费30 000元，其中车间水电费23 000元，厂部水电费7 000元。

22日，收到政府奖励款项30 000元，款项存入银行。

24日，用银行存款捐赠希望小学20 000元。

25日，用银行存款支付3日向国源金属有限公司购入材料款项，合计936 000元。

26日，员工张某出差归来，报销差旅费2 200元，不足部分以库存现金支付。

27日，以银行存款支付银行转账手续费300元。

28日，以库存现金收取公司销售的废旧包装纸张等300元。

29日，将收到的现金300元存入银行。

30日，收到5日向东威汽车有限公司销售汽车底板的货款351 000元，款项存入银行。

31日，计提本月应交的城市维护建设税1 700元，教育费附加1 020元。

31日，分配本月工资费用共计147 000元，其中汽车底板生产工人工资48 000元，汽车门板生产工人工资52 000元，车间管理人员工资8 000元，厂部管理人员工资30 000元，销售人员工资9 000元。

31日，计提本月应负担的银行借款利息6 000元。

31日，按照汽车底板和汽车门板的工人工资比例分配并结转制造费用。

31日，本月生产的汽车底板和汽车门板全部完工验收入库，结转其实际生产成本。

31日，结转本月销售产品的实际成本1 120 000元，其中汽车底板520 000元，汽车门板600 000元。

31日，将各损益类账户余额结转至"本年利润"账户。

31日，计算本月利润总额，公司不存在所得税纳税调整事项，按25%的税率计算所得税并结转所得税费用。

年末，计算本月及全年的净利润，并结转全年实现的净利润。按照全年实现的净利润10%提取法定盈余公积，20%向投资者分配现金股利，结转"利润分配"明细分类账户。

(三)要求：根据上述资料编制闽邦汽车机械制造有限公司2021年12月份的会计分录。

思考与练习

1. 企业的主要经济内容有哪些？
2. 企业筹集资金的途径有哪些？如何进行会计处理？
3. 供应过程业务核算的主要经济业务有哪些？如何进行会计处理？
4. 生产过程业务核算的主要经济业务有哪些？如何进行会计处理？
5. 销售过程业务核算的主要经济业务有哪些？如何进行会计处理？
6. 企业的财务成果如何实现？
7. 如何计算营业利润、利润总额、净利润？
8. 利润是如何形成的？利润分配主要内容和分配顺序是什么？

第 7 章 会 计 账 簿

【知识目标】

- 掌握会计账簿的种类和格式。
- 掌握会计账簿的登记技术、记账规则、错账的查找和更正方法。
- 熟悉对账的内容构成和结账的程序、方法。
- 了解账簿的更换与保管。

【技能目标】

- 明确会计账簿的作用和种类。
- 掌握登记账簿的规则。
- 掌握各种账簿的设置和登记方法。
- 熟练掌握错账的更正技术及对账和结账方法。
- 了解账簿更换与保管相关知识。

7.1 会计账簿及其种类

7.1.1 会计账簿的概念与作用

会计账簿是指由一定格式的账页组成，以经审核的会计凭证为依据，全面、系统、连续地记录各项经济业务的簿籍。

设置和登记会计账簿，是编制财务报告的基础，是连接会计凭证与会计报表的中间环节。设置和登记账簿主要有以下作用。

1. 记载、储存会计信息

将会计凭证所记录的经济业务记入有关账簿，可以完全反映会计主体在一定时期所发生的各项资金运动，储存所需要的各项会计信息。

2. 分类、汇总会计信息

账簿由不同的相互关联的账户所组成，通过账簿记录，一方面可以分门别类地反映各项会计信息，提供一定时期内经济活动的详细情况；另一方面可以通过发生额、余额计算，提供各方面所需要的总括会计信息，反映财务状况及经营成果的综合价值指标。

3. 检查、校正会计信息

账簿记录是会计凭证信息的进一步整理，如在永续盘存法下，通过有关盘存账户余额与实际盘存或核查结果的核对，可以确认财产的盘盈或盘亏，并根据实际结存数额调整账簿记录，做到账实相符，提供如实、可靠的会计信息。

4. 编报、输出会计信息

为了反映一定日期的财务状况及一定时期的经营成果，应定期进行结账工作，进行有关账簿之间的核对，计算出本期发生额和余额，据以编制会计报表，向有关各方面提供所需的会计信息。账簿所记录的会计信息是编制财务报表的主要资料来源，账簿所提供的资料是编制财务报表的主要依据。

7.1.2 会计账簿的基本内容

在实务中，由于各种账簿所记录的经济业务不同，账簿的格式也多种多样。但是各种账簿都具备以下基本内容。

1. 封面

封面主要用来标明账簿名称，如总分类账、各种明细分类账、库存现金日记账、银行存款日记账等。

2. 扉页

扉页主要列明科目索引、账簿启用和经管人员一览表。活页账、卡片账在装订成册后，填写"账簿启用和经管人员"一览表(账簿启用登记表)，其格式如表 7-1 所示。

表 7-1 账簿启用和经管人员一览表

单位名称：_____   账簿名称：_____
账簿编号：_____   账簿册数：_____
账簿页数：_____   启用日期：_____
单位负责人(盖章)：   会计主管(盖章)：   记账人员(盖章)：

移交日期			移交人		接管日期			接管人		会计主管	
年	月	日	姓名	盖章	年	月	日	姓名	盖章	姓名	盖章

3. 账页

账页是账簿用来记录经济业务事项的载体，包括账户的名称、登记账户的日期栏、凭证种类和号数栏、摘要栏(记录经济业务内容的简要说明)、金额栏(记录经济业务的金额增减变动情况)、总页次和分户页次等基本内容。

7.1.3 会计账簿与账户的关系

账簿与账户之间是形式与内容的关系。账户存在于账簿之中,账簿中的每一账页就是账户的存在形式和载体,没有账簿,账户就无法存在;账簿序时、分类地记载经济业务,是在每个账户中完成的。因此,账簿只是一个外在形式,账户才是它的真实内容。

7.1.4 会计账簿的种类

会计账簿的种类很多,不同类别的账簿可以提供不同的会计信息,满足不同的需要。一般来说,账簿可以按其用途、账页格式和外形特征进行分类。

1. 按用途分类

账簿按其用途不同可分为序时账簿、分类账簿和备查账簿三种。

(1) 序时账簿。序时账簿又称日记账,是按照经济业务发生或完成时间的先后顺序逐日逐笔进行登记的账簿。序时账簿按其记录的内容,通常分为两种:①普通日记账,是按照经济业务发生时间先后顺序直接根据原始凭证在普通日记账上逐笔编制会计分录,所以也称为"会计分录簿"。②特种日记账,是用来登记某一特定种类经济业务发生情况的账簿。特种日记账包括库存现金日记账、银行存款日记账、转账日记账等。在我国,大多数单位一般只设库存现金日记账和银行存款日记账,而不设转账日记账。

(2) 分类账簿。分类账簿是对全部经济业务事项按照会计要素的具体类别而设置的分类进行登记的账簿。按照分类反映经济业务的概括程度不同,又分为总分类账簿和明细分类账簿两种:①总分类账簿,是按照总分类账户分类登记经济业务事项的账簿,简称总账。②明细分类账簿,是按照明细分类账户分类登记经济业务事项的账簿,简称明细账。明细分类账是对总分类账的补充和具体化,并受总分类账的控制和统驭。分类账簿提供的核算信息是编制会计报表的主要依据。

(3) 备查账簿。备查账簿简称备查簿,是对某些在序时账簿和分类账簿等主要账簿中都不予登记或登记不够详细的经济业务事项进行补充登记时使用的账簿。例如,租入固定资产登记簿、受托加工材料登记簿、代销商品登记簿、应收(付)票据备查簿等。备查账簿可以由各单位根据需要进行设置。

备查账簿与序时账簿和分类账簿相比,存在两点不同:一是登记依据可能不需要记账凭证,甚至不需要一般意义上的原始凭证;二是账簿的格式和登记方法不同,备查账簿的主要栏目不记录金额,它更注重用文字来表述某项经济业务的发生情况,即无固定格式。

2. 按账页格式分类

按账页格式的不同,账簿可以分为两栏式、三栏式、多栏式、数量金额式和横线登记式五种。

(1) 两栏式账簿。两栏式账簿是指只有借方和贷方两个基本金额栏目的账簿。普通日记账和转账日记账一般采用两栏式,如表 7-2 所示。

表 7-2　普通日记账

第　　页

年		凭证字号	摘要	会计科目		借方金额	贷方金额	过账
月	日			一级科目	明细科目			

(2) 三栏式账簿。三栏式账簿是设有借方、贷方和余额三个基本栏目的账簿。各种日记账、总分类账，以及资本、债权、债务明细账都可采用三栏式账簿。三栏式账簿又分为设对方科目和不设对方科目两种。区别是在摘要栏和借方科目之间是否有一栏"对方科目"。设有"对方科目"栏的，称为设对方科目的三栏式账簿；不设有"对方科目"栏的，称为不设对方科目的三栏式账簿，如表 7-3 所示。

表 7-3　总分类账

账户名称：

年		凭证字号	摘要	对方科目	借方	贷方	借或贷	余额
月	日							

(3) 多栏式账簿。多栏式账簿是在账簿的两个基本栏目借方和贷方按需要分设若干专栏的账簿。收入、成本、费用、利润和利润分配明细账一般均采用这种格式的账簿，如表 7-4 所示。

表 7-4　本年利润明细分类账

年		凭证字号	摘要	借方				贷方				借或贷	余额
月	日			主营业务成本	其他业务成本	……	合计	主营业务收入	其他业务收入	……	合计		

(4) 数量金额式账簿。数量金额式账簿是在借方、贷方和余额三个栏目内，都分设数量、单价和金额三小栏，借以反映财产物资的实物数量和价值量。如原材料、库存商品、产成品等存货明细账一般都采用数量金额式账簿，如表 7-5 所示。

表 7-5 原材料明细分类账

类别：　　　　　　　　　　　　　　　　计划单价：
品名或规格：　　　　　　　　　　　　　储备定额：
存放地点：　　　　　　　　　　　　　　计量单位：

年		凭证字号	摘要	收入			发出			结存		
月	日			数量	单价	金额	数量	单价	金额	数量	单价	金额

(5) 横线登记式账簿。横线登记式账簿又称平行登记式或同行登记式账簿，是将前后密切相关的经济业务在同一横线内详细登记，当经济业务发生时的一方登记后，与之相应的业务则不管什么时候再发生，均在同一行次的另一方平行登记，以便检查每笔业务的完成和变动情况。其适用于材料采购、在途物资、应收票据和一次性备用金等明细账户的核算，如表 7-6 所示。

表 7-6 其他应收款(一次性备用金)明细分类账

借方(借支)						贷方(报销和收回)						结清
年		凭证字号	户名	摘要	金额	年		凭证字号	摘要	报销金额	收回金额	
月	日					月	日					

3. 按外形特征分类

账簿按其外形特征不同可分为订本账、活页账和卡片账三种。

(1) 订本账。订本账是启用之前就已将账页装订在一起，并对账页进行连续编号的账簿。订本账的优点是能避免账页散失和防止抽换账页；其缺点是不能准确为各账户预留账页，同一账簿在同一时间只能由一人登记，这样不便于会计人员分工记账。这种账簿一般适用于总分类账、库存现金日记账、银行存款日记账。

(2) 活页账。活页账是在账簿登记完毕之前并不装订在一起，而是装在活页账夹中。

当账簿登记完毕之后(通常是一个会计年度结束之后),才将账页予以装订,加具封面,并给各账页连续编号。这类账簿的优点是记账时可以根据实际需要,随时将空白账页装入账簿,或抽取不需要的账页,可根据需要增减账页,便于分工记账;其缺点是如果管理不善,可能会造成账页散失或故意抽换账页。通常各种明细分类账一般采用活页账形式。

(3) 卡片账。卡片账是将账户所需格式印刷在硬质卡片上。严格地说,卡片账也是一种活页账。在我国,企业一般只对固定资产明细账的核算采用卡片账形式,也有少数企业在材料核算中使用材料卡片账。

7.2 会计账簿的启用与登记

7.2.1 会计账簿的启用

启用会计账簿时,应当在账簿封面上写明单位名称和账簿名称,在账簿扉页上应当附启用表,填写启用日期、账簿页数、记账人员和会计机构负责人、会计主管人员姓名,并加盖名章和单位公章。

记账人员或者会计机构负责人、会计主管人员调动工作时,应当注明交接日期,并由交接双方和监交人员签名或者盖章。

启用订本式账簿,应当从第一页到最后一页顺序编定页数,不得跳页、缺号。

使用活页式账页,应当按账户顺序编号,并需定期装订成册。装订后再按实际使用的账页顺序编定页码,另加目录,标明每个账户的名称和页次。

7.2.2 会计账簿的登记要求

为了保证账簿记录的正确性,会计人员应当根据审核无误的会计凭证登记会计账簿。登记会计账簿的基本要求有以下10点。

1. 登账准确完整

登记会计账簿时,应当将会计凭证日期、编号、业务内容摘要、金额和其他有关资料逐项记入账内;做到数字准确、摘要清楚、登记及时、字迹工整。

2. 注明记账符号

登记完毕后,要在记账凭证上签名或者盖章,并标注已经记账的符号,表示已经记账,避免重记或漏记。

3. 书写规范

账簿中书写的文字和数字上面要留有适当空格,不要写满格;一般应占格距的1/2。

4. 正确使用记账用笔

登记账簿要符合档案管理的要求,使用蓝黑墨水笔或者碳素墨水笔书写,不得使用圆珠笔或者铅笔书写。

5. 下列情况，可以用红色墨水笔记账

(1) 以红字冲账的记账凭证，冲销错误记录。
(2) 在不设借贷等栏的多栏式账页中，登记减少数。
(3) 在三栏式账户的余额栏前，如未印明余额方向的，在余额栏内登记负数余额。
(4) 根据国家统一会计制度的规定可以用红字登记的其他会计记录。

6. 顺序连续登记

各种账簿按页次顺序连续登记，不得跳行、隔页。如果发生跳行、隔页，应当将空行、空页划线注销，或者注明"此行空白""此页空白"字样，并由记账人员签名或者盖章。

7. 结出余额

凡需要结出余额的账户，结出余额后，应当在"借或贷"等栏内写明"借"或者"贷"等字样。没有余额的账户，应当在"借或贷"等栏内写"平"字，并在余额栏内用"0"表示。库存现金日记账和银行存款日记账必须逐日结出余额。

8. 过次承前

每一账页登记完毕结转下页时，应当结出本页合计数及余额，写在本页最后一行和下页第一行的有关栏内，并在摘要栏内注明"过次页"和"承前页"字样；也可以将本页合计数及金额只写在下页第一行有关栏内，并在摘要栏内注明"承前页"字样。

对需要结计本月发生额的账户，结计"过次页"的本页合计数应当为自本月初起至本页末止的发生额合计数；对需要结计本年累计发生额的账户，结计"过次页"的本页合计数应当为自年初起至本页末止的累计数；对既不需要结计本月发生额也不需要结计本年累计发生额的账户，可以只将每页末的余额结转次页。

9. 正确更正错账

登记账簿发生错误时，必须按规定方法更正，不得涂改、刮擦、挖补，或使用化学药物清除字迹。发现差错必须根据差错的具体情况采用划线更正、红字更正、补充登记等方法更正。

10. 定期打印账页

实行会计电算化的单位，总账和明细账应当定期打印。发生收款和付款业务的，在输入收款凭证和付款凭证的当天，必须打印出现金日记账和银行存款日记账，并与库存现金核对无误。

7.2.3 会计账簿的格式与登记方法

1. 日记账的格式与登记方法

日记账是按照经济业务发生或完成的时间先后顺序逐笔进行登记的账簿。设置日记账的目的在于将会计主体发生的交易或事项按时间先后顺序清晰地反映在账簿记录中。日记账按其所核算和监督经济业务的范围,可分为普通日记账和特种日记账。普通日记账是两栏式日记账,是按时间顺序逐笔登记会计主体全部经济业务的发生和完成情况的账簿。常见的特种日记账有库存现金日记账、银行存款日记账和转账日记账。在我国,大多数企业一般只设置库存现金日记账和银行存款日记账。

(1) 库存现金日记账的格式和登记方法。库存现金日记账是用来核算和监督库存现金每天的收入、支出和结存情况的账簿,其格式有三栏式和多栏式两种。无论采用三栏式还是多栏式现金日记账,都必须使用订本账。

① 三栏式库存现金日记账。三栏式库存现金日记账是用来登记企业库存现金的增减变动及其结果的日记账。一般设置"收入、支出、结余"三个基本栏目,格式如表 7-7 所示。

表 7-7 库存现金日记账(三栏式)

第 页

年		凭证		摘要	对方科目	收入	支出	结余
月	日	字	号					

② 多栏式库存现金日记账。它是在三栏式库存现金日记账基础上发展起来的。这种日记账的格式的主要特点是:其借方(收入)和贷方(支出)金额栏都是按对方科目设置专栏,即按收入的来源和支出的用途设置专栏。这种格式的库存现金日记账,在月末结账时,可以结出各收入来源专栏和支出用途专栏的合计数,便于检查收支计划的执行情况,其全月的发生额还可以作为登记总账的依据。在实际工作中,多栏式库存现金日记账又分为收支合设和收支分设两种格式。格式如表 7-8、表 7-9、表 7-10 所示。

表 7-8 多栏式库存现金日记账(收支合设)

第 页

年		凭证字号	摘要	收入				支出				结余
				应贷科目			合计	应借科目			合计	
月	日			银行存款	主营业务收入	……		其他应收款	管理费用	……		

表 7-9　库存现金收入日记账(收支分设)

第　　页

年		凭证		摘要	贷方科目			收入合计	支出合计	结余
月	日	字	号		银行存款	主营业务收入	……			

表 7-10　库存现金支出日记账(收支分设)

第　　页

年		凭证		摘要	借方科目			支出合计
月	日	字	号		其他应收款	管理费用	……	

库存现金日记账是由出纳人员根据库存现金收付有关的记账凭证,按时间顺序逐日逐笔进行登记。发生库存现金收付业务时,出纳人员应根据银行存款付款凭证、库存现金收款凭证登记现金收入栏;根据库存现金付款凭证登记现金支出栏,并按照"上日余额+本日收入-本日支出=本日余额"的公式,逐日结出现金余额,与库存现金实存数核对,以检查每日现金收付是否有误。

三栏式库存现金日记账的具体登记方法如下。

①　日期栏,按记账凭证上的日期登记,应与库存现金实际收付的日期一致。

②　凭证字号栏,按收付款凭证的种类和编号登记,凭证种类如"库存现金收(付)款凭证"简写为"现收(付)","银行存款付款凭证"简写为"银付"。

③　摘要栏,简明扼要地说明登记入账的经济业务,尽量做到文字简练,但要把内容说清楚。

④　对方科目栏,写明与库存现金对应的主要科目名称。

⑤　金额栏,登记库存现金实际收付金额。每日终了,应分别计算现金收入和支出的合计数,结出余额,同时将余额与出纳员的库存现金核对,即通常所说的"日清"。如账

款不符应查明原因,并记录备案。月终同样要计算出现金收入、支出的合计数和结余数,通常称为"月结"。

收支合设的多栏式库存现金日记账的登记方法与三栏式库存现金日记账的登记方法基本一致,只是在登记库存现金实际收付金额时,应对对方科目,即按收入的来源和支出的用途分别予以登记。

收支分设的库存现金日记账的登记方法。

① 先根据有关库存现金收入业务登记"库存现金收入日记账",再根据有关库存现金支出业务登记"库存现金支出日记账"。

② 每日终了,结出库存现金收支合计。

③ 将"库存现金支出日记账"结计的支出合计数,一笔转入"库存现金收入日记账"的"支出合计"栏中,并结出当日余额。

(2) 银行存款日记账的格式和登记方法。银行存款日记账是用来核算和监督银行存款每天的收入、支出和结存情况的账簿,其格式与现金日记账相同,可以采用三栏式,也可以采用多栏式。但不管三栏式还是多栏式,都应在适当位置增加一栏"结算凭证",以便记账时标明每笔业务的结算凭证及编号,便于与银行核对账目。为了保证银行存款日记账的安全和完整,无论采用三栏式还是多栏式银行存款日记账,都必须使用订本账。银行存款日记账的具体格式如表 7-11 所示。

表 7-11　银行存款日记账(三栏式)

第　　页

年		凭证		结算凭证	摘要	对方科目	收入	支出	结余
月	日	字	号						

银行存款日记账的具体登记方法与库存现金日记账的登记方法基本相同,银行存款日记账由出纳人员根据银行存款收付有关的记账凭证,按时间顺序逐日逐笔进行登记。发生银行存款收付业务时,出纳人员应根据库存现金付款凭证、银行存款收款凭证登记银行存款的收入栏;根据银行存款付款凭证登记银行存款的支出栏,并每日结出存款余额。具体如下。

① 日期栏,按记账凭证上的日期登记。

② 凭证字号栏,按收付款凭证的种类和编号登记,凭证种类如"银行存款收(付)款凭证"简写为"银收(付)","库存现金付款凭证"简写为"现付"。

③ 结算凭证栏,写明结算凭证号数,以便与开户银行进行对账。

④ 摘要栏,简明扼要地说明登记入账的经济业务,尽量做到文字简练,但要把内容

说清楚。

⑤ 对方科目栏，写明与银行存款相对应的主要科目名称。

⑥ 金额栏，登记银行存款实际收付金额。每日终了，应分别计算银行存款收入和支出的合计数，结出余额，做到"日清"。月终要计算出银行存款全月收入、支出的合计数和结余数，做到"月结"。

2. 总分类账的格式与登记方法

(1) 总分类账的格式。总分类账是按照总分类账户分类登记以提供总括会计信息的账簿。为了总括地、全面地反映经济活动，并为编制会计报表提供资料，任何单位都要设置总分类账。总分类账最常用的格式为三栏式，设置借方、贷方和余额三个基本金额栏目。总分类账一般应采用订本式账簿。三栏式总账格式如表 7-12 所示。

表 7-12 总分类账

账户名称：

| 年 | | 凭证字号 | 摘要 | 对方科目 | 借方 | 贷方 | 借或贷 | 余额 |
月	日							

(2) 总分类账的登记方法。总分类账登记的依据和方法，主要取决于所采用的账务处理程序。它可以直接根据记账凭证逐笔登记，也可以通过一定的汇总方式，先把各种记账凭证汇总编制成科目汇总表或汇总记账凭证，再据以登记。月终，在将全部经济业务登记入账后，结出各账户的本期发生额和期末余额。

3. 明细分类账的格式与登记方法

(1) 明细分类账的格式。明细分类账是根据二级账户或明细账户开设账页，分类、连续登记经济业务以提供明细核算资料的账簿。它所提供的有关经济活动的详细核算资料，是对总分类账所提供的总括核算资料的必要补充，同时也是编制会计报表的依据之一。因此，各个单位在设置总分类账的基础上，还应根据实际需要，按照总账科目设置必要的明细分类账。明细分类账一般采用活页式账簿，也有的采用卡片式账簿(如固定资产明细账)。根据管理的要求和各种明细分类账所反映的经济内容，明细分类账的格式主要有三栏式、多栏式、数量金额式和横线登记式(或称平行登记式)等多种。

① 三栏式明细分类账。三栏式明细分类账是设有借方、贷方和余额三个栏目，用以分类核算各项经济业务，提供详细核算资料的账簿，其格式与三栏式总账格式相同。这种格式适合于那些只需要进行金额核算，不需要进行数量核算的债权、债务结算科目，如"应

收账款""应付账款""应交税费"等科目的明细分类核算。三栏式明细分类账的格式如表 7-13 所示。

表 7-13 应收账款明细分类账

明细科目：

年		凭证字号	摘要	对方科目	借方	贷方	借或贷	余额
月	日							

② 多栏式明细分类账。多栏式明细分类账是将属于同一个总账科目的各个明细科目合并在一张账页上进行登记，适用于收入、成本、费用类科目的明细核算，如"生产成本""管理费用""营业外收入""利润分配"等科目的明细分类核算。

在实际工作中，成本费用类明细分类账，可以只按借方发生额设置专栏，不设贷方栏，发生贷方发生额时，在借方的相应栏目用红字冲销。也可以在借方设置专栏的情况下，设置一个贷方栏，再设一个余额栏。这两种多栏式明细分类账的格式如表 7-14、表 7-15 所示。

表 7-14 管理费用明细分类账(不设贷方栏)

年		凭证字号	摘要	借 方							
月	日			工资	办公费	差旅费	折旧费	修理费	工会经费	……	合计

表 7-15 管理费用明细分类账(设贷方栏)

年		凭证字号	摘要	借 方								贷方	余额
月	日			工资	办公费	差旅费	折旧费	修理费	工会经费	……	合计		

③ 数量金额式明细分类账。数量金额式明细分类账其借方(收入)、贷方(发出)和余额(结存)都分别设有数量、单价和金额三个专栏,适用于既要进行金额核算又要进行数量核算的账户,如"原材料""库存商品"等存货类账户的明细分类核算。数量金额式明细分类账的格式如表 7-16 所示。

表 7-16 原材料明细分类账

类别: 计划单价:
品名或规格: 储备定额:
存放地点: 计量单位:

年		凭证字号	摘要	收入			发出			结存		
月	日			数量	单价	金额	数量	单价	金额	数量	单价	金额

④ 横线登记式明细分类账。横线登记式明细分类账采用同行登记的方式,即将每一相关的业务登记在同一行,从而依据每一行各个栏目的登记是否齐全来判断该项业务的进展情况。该明细分类账适用于登记材料采购、在途物资、应收票据和一次性备用金业务,如表 7-17 所示。

表 7-17 其他应收款(一次性备用金)明细分类账

借方(借支)						贷方(报销和收回)					结清
年		凭证字号	户名	摘要	金额	年		凭证字号	摘要	报销金额	收回金额	
月	日					月	日					

(2) 明细分类账的登记方法。明细分类账的登记方法通常有以下三种:一是根据原始凭证直接登记明细分类账;二是根据汇总原始凭证登记明细分类账;三是根据记账凭证登记明细分类账。

不同类型经济业务的明细分类账可根据管理需要,依据记账凭证、原始凭证或汇总原始凭证逐日逐笔或定期汇总登记。固定资产、债权、债务等明细账应逐日逐笔登记;库存商品、原材料、产成品收发明细账,以及收入、费用明细账可以逐笔登记,也可定期汇总登记。

7.3 对账和结账

7.3.1 对账

1. 对账的概念

对账就是核对账目，是指在会计核算中，为保证账簿记录正确可靠，对账簿中的有关数据进行检查和核对的工作。通过对账，应做到账证相符、账账相符、账实相符。

在日常核算过程中，或因有关人员业务不熟、工作失职，甚至徇私舞弊等人为原因造成账实不符，或因自然原因造成财产物资溢余或短缺，难免会发生记账差错或账实不符的情况。因而，在结账前后，要通过对账，将有关账簿记录进行核对，确保会计核算资料的正确性和完整性，为编制财务报表提供真实、可靠的数据资料。

2. 对账的内容

对账工作的主要内容一般包括账证核对、账账核对和账实核对。

(1) 账证核对。账证核对就是核对会计账簿记录与原始凭证、记账凭证的时间、凭证字号、内容、金额是否一致，记账方向是否相符，做到账证相符。一般来说，库存现金和银行存款日记账应与收、付款凭证相核对，总账应与记账凭证相核对，明细账应与记账凭证或原始凭证相核对。通常这些工作是在日常编制凭证和记账工作中通过复核来完成的。账证相符是保证账账相符和账实相符的基础。

(2) 账账核对。账账核对就是核对不同会计账簿中记录是否相符。账账核对的内容包括以下4点。

① 总分类账簿之间的核对。检查所有总账账户借方发生额合计与贷方发生额合计是否相符；所有总账账户借方余额合计与贷方余额合计是否相符。

② 总分类账簿与所属明细分类账簿之间的核对。检查总账各账户余额与其所属明细分类账户余额之和是否相符。

③ 总分类账簿与序时账簿之间的核对。检查库存现金日记账和银行存款日记账的余额与库存现金总账和银行存款总账的余额是否相符。

④ 明细分类账簿之间的核对。检查会计部门有关财产物资明细账余额与财产物资保管、使用部门的有关明细账是否相符。

(3) 账实核对。账实核对是指将各项财产物资、债权债务等账面余额与实有数额进行核对，做到账实相符。各种账实核对工作，主要是通过定期或不定期的财产清查进行的。账实核对的内容包括以下4点。

① 库存现金日记账账面余额与库存现金实际数额逐日核对是否相符。

② 银行存款日记账账面余额与银行对账单的余额定期核对是否相符。

③ 各项财产物资明细账账面余额与财产物资的实有数额定期核对是否相符。

④ 有关债权债务明细账账面余额与对方单位的账面记录核对是否相符。各种应收、应付、应交款项的明细账的期末余额应与债务、债权单位的期末账目核对相符。

7.3.2 结账

1. 结账的概念

结账是为了总结某一段会计期间的经济活动的财务收支状况,据以编制财务会计报表,而对各种账簿的本期发生额和期末余额进行的计算总结。直观地说,就是结算各种账簿记录,它是在将一定时期所发生的经济业务全部登记入账的基础上,将各种账簿的记录结算出本期发生额和期末余额后,将余额结转下期或新的账簿的过程。

在每一会计期间终了,为了编制财务报表必须进行结账。按会计期间的不同,具体包括月结、季结和年结。

2. 结账的程序

(1) 结账前,必须将本期内所发生的各项经济业务全部登记入账,并保证其正确性。若发现漏账、错账,应及时补记、更正。为保证会计报表相关数据的真实可靠,必须正确划分会计期间,不得为赶编财务报表而提前结账,把本期发生的经济业务延至下期登账,也不得先编财务报表后结账。

(2) 应按照权责发生制的要求,进行账项调整的账务处理,合理确定应计入本期的收入和费用。

(3) 将各损益类账户转入"本年利润"账户,结平所有损益类账户。在每一会计期末,应将所有收入类账户(如主营业务收入、其他业务收入、营业外收入、投资收益、公允价值变动损益等)结转至"本年利润"账户的贷方,将所有费用类账户(如主营业务成本、其他业务成本、税金及附加、营业外支出、管理费用、销售费用、财务费用、所得税费用等)转至"本年利润"账户的借方。

(4) 结算出所有资产类、负债类和所有者权益类账户的本期发生额和期末余额,并将其结转至下期。

3. 结账的方法

结账时应当根据不同的账户记录,分别采用不同的方法。

(1) 对不需要按月结计本期发生额的账户,如各项应收款明细账和各项财产物资明细账等,每次记账以后,都要及时结出余额,每月最后一笔余额即为月末余额。也就是说,月末余额就是本月最后一笔经济业务记录的同一行内的余额。月末结账时,只需要在最后一笔经济业务记录之下画一通栏单红线,不需要再结计一次余额。

(2) 库存现金、银行存款日记账和需要按月结计发生额的收入、费用等明细账。每月结账时,要在最后一笔经济业务记录下面画一通栏单红线,结出本月发生额和余额,在摘要栏内注明"本月合计"字样,在下面再画一条通栏单红线。

(3) 需要结计本年累计发生额的某些明细账户,如产品销售收入账、成本明细账等,每月结账时,应在"本月合计"行下结计自年初起至本月末止的累计发生额,登记在月份发生额下面,在摘要栏内注明"本年累计"字样,并在下面再画一通栏单红线。12月末的"本年累计"就是全年累计发生额,全年累计发生额下画通栏双红线。

(4) 总账账户平时只需结计月末余额。年终结账时,为了反映全年各项资产、负债及所有者权益增减变动的全貌,便于核对账目,要将所有总账账户结计全年发生额和年末余额,在摘要栏内注明"本年合计"字样,并在合计数下画一通栏双红线。

(5) 需要结计本月发生额的某些账户,如果本月只发生一笔经济业务,由于这笔记录的金额就是本月发生额,结账时,只要在此行记录下画一通栏单红线,表示与下月的发生额分开就可以了,不需另结出"本月合计"数。

(6) 年度终了结账时,有余额的账户,要把各账户的余额结转到下一会计年度,并在摘要栏注明"结转下年"字样,在下一会计年度新建有关会计账簿的第一行余额栏内填写上年结转的余额,并在摘要栏注明"上年结转"字样。

7.3.3 错账查找与更正方法

1. 错账查找方法

错账,往往是记账和结算账户时发生的错误,如漏记账、记重账、记反账、记账串户、记错金额等。为了迅速更正错账,首先必须采用比较合理的方法和技巧查找错账。错账的查找方法主要有以下 4 种。

(1) 顺查法,也称正查法,是按照账务处理的顺序,从原始凭证起,到记账凭证,再到账簿和会计报表全过程进行查找的一种方法,能够发现重记、漏记、错记科目、错记金额等。其优点是查找范围全面,不易遗漏;缺点是查找的工作量大,需要的时间比较长。

(2) 逆查法,也称反查法,是按照账务处理顺序的倒顺序,从会计报表起,到账簿,再到记账凭证和原始凭证的过程进行查找的一种方法。其优、缺点与顺查法相同。

(3) 抽查法,也称局部查找法,是对整个账簿记录抽取其中某部分进行检查的一种方法。可以根据差错发生的位数有针对性地查找:如果差错是整数的千位、万位,只需查找千位、万位数即可。运用该种方法查找的范围小,可以节省时间,减少工作量。

(4) 偶合法,是根据账簿记录差错中经常遇见的规律,推测与差错有关的记录而进行查找的一类技术方法,适用于漏记、重记、错记的查找。具体方法有以下 4 种。

① 差数法,是按照错账的差数查找错账的方法,即按照总账借、贷双方不平衡的差数和总账与其所属明细账不平衡的差数,来查找漏记或重记的一种方法。主要应用于漏记借方金额或贷方金额的情况。

② 尾数法,又称小数法,是指发生差错的金额只在末尾小数位的角、分,则只要查找元以下尾数即可。这种方法适用于借贷金额的其他位数都一致,而只有末尾数出现差错的情况。

③ "二除法",是根据错账差错数额除以 2 能整除的商数,有目标地去查找差错数字,来查找记反账错误的一种方法。这种方法主要应用于将某个借方金额登记到贷方,或将某个贷方金额登记到借方的情况。

④ "九除法",是根据错账差错数除以 9 能整除的商数,来查找记账时数字顺序错位或相邻数字颠倒的一种方法。主要应用于以下 3 种情况。

A. 将数字写小。例如:将 600 写成 60,错误数字缩小到原来的 1/10。查找的方法是:以差数除以 9 后得出的商即为写错的数字,商乘以 10 即为正确的数字。上例差数 540(即

600-60)除以 9，商 60 即为错数，扩大 10 倍后即可得出正确的数字 600。其商为两位数，则表明其差错数字在十位和百位之间。

B. 将数字写大。例如：将 300 写成 3000，错误数字放大到正确数字 10 倍。查找的方法是：以差数除以 9 后得出的商为正确的数字，商乘以 10 后所得的积为错误的数字。上例差数 2 700(即 3 000-300)除以 9，所得的商 300 为正确数字，300 乘以 10(即 3 000)为错误数字。其商为三位数，则表明其差错数字在百位和千位之间。

C. 邻数颠倒。例如：如果记账时，出现将相邻的两位数或三位数的数字顺序颠倒的错误，如将 89 写成 98、36 写成 63 等。其差数最小为 1，最大为 8(9-1)。查找的方法是：将差数除以 9，得出的商连续加 11，直到找出颠倒的数字为止。如 89 与 98 的差数为 9，除 9 得 1，连加 11 为 12、23、34、45、56、67、78、89，如有 89 数字的业务，即有可能是颠倒的数字。

2. 错账更正方法

对于账簿记录中所发生的错误，不允许涂改、挖补、擦刮或者用药水消除笔迹，不允许重新抄写，必须按照会计制度规定的方法予以更正。具体错账更正方法主要有以下几种。

(1) 划线更正法。划线更正法，又称为红线更正法，其适用于结账前发现的账簿记录错误的情况。也就是记账凭证正确，但是登记账簿时发生文字或者数字的错误。

其更正时，应将错误的文字或者数字中间划一条红线，但是必须让原来的字迹可以清晰辨认，然后在红线的上方用蓝字填写正确的文字或者数字，并且由记账人员及相关人员在更正处盖章，以明确责任。需要注意的是：对于错误的数字，应当全部划红线更正，而不能只更正其中的错误数字。对于文字错误的，可以只划去错误的部分进行更正。

【例 7-1】 企业用库存现金购买 528 元办公用品，登记"库存现金日记账"时，错误地将 528 元记为 582 元。

用划线更正法更正时，应将记错的 582 全部用红线在其所有数字中间划去，然后在其错误的数字上方，用蓝字登记正确的 528，而不能只将错误的 82 划去，更正为 28。

(2) 红字更正法。红字更正法，又称为红字冲销法，其适用于以下两种情况。

① 适用于记账后发现记账凭证中的会计科目错误或者应借、应贷方向错误，从而导致账簿记录错误的情况。

其更正时，先用红字填写一张与原来错误的记账凭证完全相同的记账凭证，在"摘要"栏注明"更正第×号凭证的错误"，用红字金额登记账簿，冲销原来的记录。再用蓝字填写一张正确的记账凭证，并据以登记入账。

【例 7-2】 企业用银行存款购买办公用品 1 500 元，填制记账凭证时，错误地写成贷记"库存现金"科目，并登记入账：

　　借：管理费用　　　　　1 500
　　　　贷：库存现金　　　　　　1 500

发现错误后，先用红字填写一张与错误凭证相同的记账凭证，据以登记入账，冲销原来错误的记录：

　　借：管理费用　　　　　1 500
　　　　贷：库存现金　　　　　　1 500

再用蓝字填写一张正确的记账凭证，据以登记入账：

借：管理费用　　　　　　　　　1 500
　　贷：银行存款　　　　　　　　　1 500

② 适用于记账后发现记账凭证中会计科目和借贷方向正确，但所记金额大于应记金额，导致账簿记录错误的情况。

其更正时，将多记的金额用红字填写一张与原凭证相同的记账凭证，在"摘要"栏注明"更正第×号凭证的错误"，并据以用红字登记入账，冲销多记的金额。

【例7-3】企业用库存现金支付员工报销差旅费3 000元，填制记账凭证时，误将金额填写为30 000元，并已经登记入账：

借：管理费用——差旅费　　　　30 000
　　贷：库存现金　　　　　　　　　30 000

发现错误后，将多记的金额用红字填写一张与原凭证相同的记账凭证，并据以用红字登记入账，冲销多记的金额：

借：管理费用——差旅费　　　　27 000
　　贷：库存现金　　　　　　　　　27 000

(3) 补充登记法。补充登记法适用于记账后发现记账凭证中会计科目和借贷方向正确，但是所记的金额小于应记金额，导致账簿记录错误的情况。

其更正时，将少计的金额用蓝字填写一张与原凭证相同的记账凭证，据以登记入账，补记少记的金额。

【例7-4】企业收到A公司偿还的欠款50 000元，存入银行。填制记账凭证时，误将金额填写为5 000元，并登记入账：

借：银行存款　　　　　　　　　5 000
　　贷：应收账款　　　　　　　　　5 000

发现错误后，将少记的金额用蓝字填写一张与原凭证相同的记账凭证，登记入账：

借：银行存款　　　　　　　　　45 000
　　贷：应收账款　　　　　　　　　45 000

7.3.4　会计账簿的更换与保管

1. 会计账簿的更换

会计账簿的更换通常是在新会计年度建账的时候进行。总账、日记账以及多数明细账应该每年更换一次。

但有些财产物资明细账和债权债务明细账，由于材料品种、规格、型号和往来单位较多，若每年更换新账，重新抄一遍的工作量比较大，因此可以不必每年更换。对于部分变动较小的明细账，可以连续使用，不必每年更换，如固定资产明细账。备查账簿可以连续使用。

2. 会计账簿的保管

年度终了，各种账簿在结转下年、建立新账后，一般都要把旧账集中统一管理。会计账簿暂由本单位财务会计部门保管一年，期满之后，由财务会计部门编造清册移交本单位的档案部门保管。

会计账簿的保管，既要做到安全、完整，又要保证在需要的时候能在账簿中迅速查到所需要的资料。为此，会计人员必须在年度结束后，将各种活页账簿连同"账簿启用登记和经管人员一览表"装订成册，加上封面，统一编号，与各种订本式账簿一起归档保管。

会计账簿与会计凭证、会计报表一样都是会计核算的重要档案资料，也是重要的经济档案，必须按照国家会计档案管理办法的规定，妥善保管，不得丢失和任意销毁。保管期满后，需要销毁的，应该按照规定的审批程序报经批准后，再行销毁。

小　　结

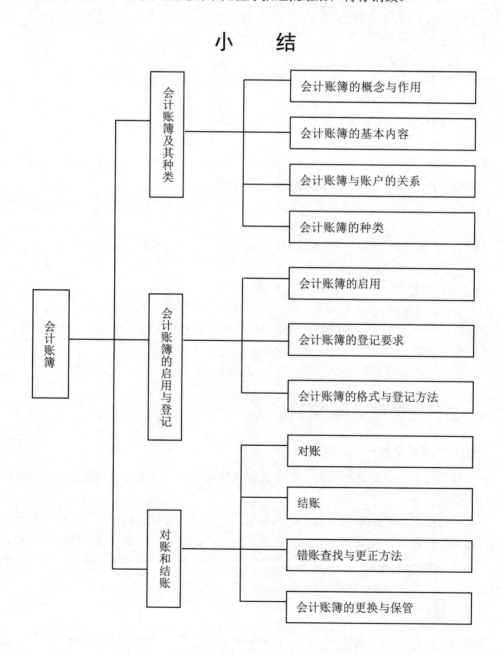

同 步 测 试

一、单项选择题

1. 下列应该使用多栏式账簿的有( )。
   A. 应收账款明细账　　　　　　　B. 管理费用明细账
   C. 库存商品明细账　　　　　　　D. 原材料明细账
2. 下列不采用订本式账簿的有( )。
   A. 总分类账　　B. 现金日记账　　C. 银行存款日记账　　D. 固定资产明细账
3. 更正错账时，划线更正法的适用范围是( )。
   A. 记账凭证上会计科目或记账方向错误，导致账簿记录错误
   B. 记账凭证正确，在记账时发生错误，导致账簿记录错误
   C. 记账凭证上会计科目或记账方向正确，所记金额大于应记金额，导致账簿记录错误
   D. 记账凭证上会计科目或记账方向正确，所记金额小于应记金额，导致账簿记录错误
4. 下列说法不正确的有( )。
   A. 出纳人员主要负责登记现金日记账和银行存款日记账
   B. 库存现金日记账由出纳人员根据库存现金收付有关的记账凭证，按时间顺序逐日逐笔进行登记
   C. 银行存款日记账应该定期或者不定期与开户银行提供的对账单进行核对，每月至少核对三次
   D. 现金日记账和银行存款日记账，应该定期与会计人员登记的现金总账和银行存款总账核对
5. 下列不适于建立备查账的有( )。
   A. 租入的固定资产　　　　　　　B. 应收票据
   C. 受托加工材料　　　　　　　　D. 购入的固定资产
6. 下列项目中，( )是连接会计凭证和会计报表的中间环节。
   A. 复式记账　　　　　　　　　　B. 设置会计科目和账户
   C. 设置和登记账簿　　　　　　　D. 编制会计分录
7. 下列说法不正确的有( )。
   A. 总分类账登记的依据和方法主要取决于所采用的账务处理程序
   B. 现金日记账由出纳人员根据审核后的与现金收付款相关凭证，逐日逐笔顺序登记
   C. 总分类账的账页格式一般为三栏式
   D. 账簿按账页格式不同分为：三栏式、多栏式和数量金额式
8. 下列关于对账的表述，不正确的有( )。
   A. 建立健全对账制度，有利于提高会计核算的质量

B. 对账的内容包括账证核对、账账核对、账表核对
C. 账簿记录与原始凭证、记账凭证的核对是账证核对
D. 各项财产物资的账面数与实有数之间的核对是账实核对

9. 收回货款 1 500 元存入银行，记账凭证误填为 15 000 元，并已入账。正确的更正方法是( )。
   A. 划线更正法   B. 红线更正法   C. 补充登记法   D. 红字冲销法

10. 关于会计账簿的记账规则，下列表述不正确的有( )。
    A. 记账时应使用蓝黑墨水的钢笔，不得使用圆珠笔(银行的复写账簿除外)或铅笔
    B. 账页登记满时，应办理转页手续
    C. 使用活页式账簿时，应先将其装订成册，以防止散失
    D. 在不设借贷等栏的多栏式账页中，登记减少数时，可以使用红色墨水笔记账

11. 现金日记账应该( )结出发生额和余额。
    A. 每月   B. 每笔   C. 每隔 3～5 天   D. 每日

12. 下列关于会计账簿作用的说法错误的有( )。
    A. 账簿可用于记载、储存会计信息
    B. 账簿所提供的资料是编制财务报表的主要依据
    C. 账簿可用于分类、汇总会计信息
    D. 账簿记录是登记原始凭证、记账凭证的直接依据

13. 下列各项中，应使用数量金额式账簿的有( )。
    A. 主营业务收入明细账   B. 管理费用明细账
    C. 生产成本明细账   D. 原材料明细账

14. 对账时，账账核对不包括( )。
    A. 总账与序时账之间的核对   B. 总账与明细账之间的核对
    C. 总账与备查账之间的核对   D. 总账内各账户之间的核对

15. 登记账簿时，正确的做法是( )。
    A. 文字或数字的书写必须占满格   B. 书写可以使用蓝黑墨水笔、圆珠笔或铅笔
    C. 用红字冲销错误记录   D. 发生的空行、空页一定要补充书写

16. 按照( )可以把账簿分为序时账簿、分类账簿和备查账簿。
    A. 账户用途   B. 账页格式   C. 外形特征   D. 账簿性质

17. 银行存款日记账是根据( )逐日逐笔登记的。
    A. 银行存款收付业务相关凭证   B. 转账凭证
    C. 库存现金收付业务相关凭证   D. 银行对账单

18. 在我国，总分类账要选用( )。
    A. 活页式账簿   B. 自己认为合适的账簿
    C. 卡片式账簿   D. 订本式账簿

19. 下列不可以作为总分类账登记依据的有( )。
    A. 记账凭证   B. 科目汇总表   C. 汇总记账凭证   D. 明细账

20. 下列情况不可以用红色墨水笔记账的有( )。
    A. 冲账的记账凭证，冲销错误记录

B. 在不设借贷等栏的多栏式账页中，登记减少数

C. 在三栏式账户的余额栏前，印明余额方向的，在余额栏内登记负数余额

D. 在三栏式账户的余额栏前，未印明余额方向的，在余额栏内登记负数余额

二、多项选择题

1. 下列属于错账更正方法的有(　　)。
   A. 蓝字冲销法　　B. 划线更正法　　C. 红字更正法　　D. 补充登记法

2. 对账工作主要包括(　　)。
   A. 账证核对　　B. 账账核对　　C. 账实核对　　D. 账表核对

3. 对于划线更正法，下列说法正确的有(　　)。
   A. 划红线更正时必须使原有字迹仍可辨认
   B. 对于错误的数字，应当全部划红线更正，不得只更正其中的错误数字
   C. 对于错误的文字，可只划去错误的部分
   D. 对于错误的数字，可以只更正其中的错误数字

4. 必须逐日结出余额的账簿是(　　)。
   A. 库存现金总账　　　　　　B. 银行存款总账
   C. 库存现金日记账　　　　　D. 银行存款日记账

5. 按照账页格式的不同，会计账簿分为(　　)。
   A. 两栏式账簿　　B. 三栏式账簿　　C. 数量金额式账簿　　D. 多栏式账簿

6. 不同类型经济业务的明细分类账可根据管理需要，依据(　　)逐日逐笔登记或定期登记。
   A. 记账凭证　　B. 科目汇总表　　C. 原始凭证　　D. 汇总原始凭证

7. 账页包括的内容有(　　)。
   A. 账户名称　　　　　　　　B. 记账凭证的种类和号数
   C. 摘要栏　　　　　　　　　D. 总页次和分户页次

8. 账簿按照外形特征可以分为(　　)。
   A. 订本式账簿　　B. 备查账簿　　C. 活页式账簿　　D. 卡片式账簿

9. 下列适合采用多栏式明细账格式核算的有(　　)。
   A. 原材料　　B. 管理费用　　C. 生产成本　　D. 库存商品

10. 下列原因导致的错账应该采用红字冲账法更正的有(　　)。
    A. 记账凭证没有错误，登记账簿时发生错误
    B. 记账凭证的会计科目错误
    C. 记账凭证应借、应贷的会计科目没有错误，所记金额大于应记金额
    D. 记账凭证应借、应贷的会计科目没有错误，所记金额小于应记金额

三、判断题

1. 月结时，收入、费用类账户需要结出本月的发生额和余额，记入最后一笔记录下的借方、贷方和余额栏内，并在摘要栏内注明"本月合计"字样，同时在该行下画双道红线，以完成月结工作。　　　　　　　　　　　　　　　　　　　　　　　　　　(　　)

2. 账簿中书写的文字和数字上面要留有适当空间，不要写满格，一般应占格距的三分之一。（　　）
3. 登记账簿的唯一依据是审核无误的原始凭证。（　　）
4. 登记账簿要用蓝黑墨水笔或者碳素墨水笔书写，绝对不得使用其他笔书写。（　　）
5. 年末结账时，应当在全年最后一行累计金额下面画通栏的双红线。（　　）
6. 由于编制的记账凭证会计科目错误，导致账簿记录错误，更正时，可以将错误的会计科目划红线注销，然后在划线上方填写正确的会计科目。（　　）
7. 所有的明细账，年末时都必须更换。（　　）
8. 在每一会计期间终了，为了编制财务报表必须进行结账。（　　）
9. 固定资产明细账不必每年更换，可以连续使用。（　　）
10. 任何单位，对账工作应该每年至少进行一次。（　　）

四、业务题

(一) 练习错账的更正。

(二) 资料：甲公司20××年5月查账时，发现以下错账。

(1) 从银行提取现金4 500元，原记账凭证没有错，但登记库存现金日记账时，错将金额记为5 400元。

(2) 计提车间固定资产折旧时，发现凭证和账簿均记录为：

借：管理费用　　3 000
　　贷：累计折旧　　3 000

(3) 收到前欠货款32 000元，发现凭证和账簿中会计科目没有错，但金额均记为23 000元。

(三) 要求：采用正确的错账更正方法，更正以上错误的账簿记录。

思考与练习

1. 简述账簿的分类。
2. 简述库存现金日记账的登记。
3. 简述账账核对的内容。
4. 简述期末结账的方法。
5. 简述错账的更正方法及适用范围。

第 8 章 财产清查

【知识目标】
- 了解财产清查的作业、方法。
- 掌握银行存款余额调节表的编制。

【技能目标】
- 了解库存现金清查的方法。
- 掌握银行存款余额调节表的编制方法。
- 熟悉财产清查结果的账务处理。

8.1 财产清查的意义和种类

8.1.1 财产清查的意义

财产清查是通过对货币资金、实物资产和往来款项等财产物资进行盘点或核对,确定其实存数,查明账存数与实存数是否相等的一种专门方法。

造成账实不符的原因是多方面的,如财产物资保管过程中发生的自然损耗;财产收发过程中由于计量或检验不准,造成多收或少收的差错;由于管理不善、制度不严造成的财产损坏、丢失、被盗;在账簿记录中发生的重记、漏记、错记;由于有关凭证未到,形成未达账项,造成结算双方账实不符以及发生意外灾害等。因此,企业应当建立健全财产物资清查制度,加强管理,以保证财产物资核算的真实性和完整性。具体而言,财产清查的意义主要有以下3点。

(1) 有利于确保会计核算资料的真实可靠。
(2) 有利于挖潜增效,加快资金周转。
(3) 有利于建立健全规章制度,提高企业管理水平。

8.1.2 财产清查的种类

由于清查对象和范围不同、清查时间不一致,财产清查可以有以下分类。

1. 按清查对象和范围划分

(1) 全面清查。全面清查是指对企业全部财产物资所进行的盘点和核对。一般包括以下内容:①库存现金、银行存款、其他货币资金等货币资金和有价证券等;②固定资产、原材料、在产品、库存商品以及其他物资;③在途的各种材料物资、货币资金等;④各种往来结算款项、预算缴拨款项和银行借款;⑤委托其他单位代保管、代加工的各项材料物资等。

由于全面清查涉及的范围广、内容多,参加的人员多,花费的时间也长,因此不宜经常进行。一般在下述情况下,需要进行全面清查:①年终决算前,为了确保年终决算会计资料的真实性,要进行一次全面清查;②单位撤销、倒闭、合并或改变隶属关系时,要进行一次全面清查;③开展清产核资时,要进行一次全面清查;④单位主要负责人调离工作岗位时,要进行一次全面清查。

(2) 局部清查。局部清查就是根据需要,只对部分财产物资进行的盘点核对。一般情况下,局部清查适用于企业对那些流动性较大的财产,如对库存现金、原材料、库存商品及贵重物品进行的清查盘点。

由于局部清查涉及的范围小,参与的人员也少,因此企业经常进行的都是局部清查。一般包括:①对于库存现金,应由出纳员在每日业务终了时清点核对;②对于银行存款,应由出纳员每月与银行核对一次对账单;③对于原材料、库存商品、在产品及在途材料、贵重物品,应每月清查盘点一次;④对于各种债权、债务,每年至少要同对方核对一至两次,发现问题及时解决,避免发生坏账损失。

2. 按清查时间划分

(1) 定期清查。定期清查是指根据事先计划安排好的时间,对企业财产物资进行的清查。这种清查一般是在月末、季末、年末结账前进行,以保证账实相符,会计报表真实可靠。定期清查可以是局部清查,也可以是全面清查。通常情况下,企业在年末进行全面清查,平时月末、季末进行局部清查。

(2) 不定期清查。不定期清查就是事先不规定清查时间,而是根据需要随时组织进行的清查。不定期清查通常在下列情况下进行:①企业更换保管员、出纳员时,要对其保管的物资进行清查,以明确经济责任;②发生自然灾害或意外损失时,对受损物品进行清查,以查明受损情况;③上级主管部门和财政、审计部门对本单位进行财务检查时;④进行临时性、突击性的清产核资时。

不定期清查可以是全面清查,也可以是局部清查,要视具体情况确定。

8.1.3 财产清查前的准备工作

财产清查是一项复杂、细致的工作,涉及面较广,参与人员较多,尤其是全面清查时。因此,为了做好企业财产清查工作,必须做好各方面的准备工作。

企业在进行财产清查(尤其是全面清查)时,应成立由总会计师、单位主要负责人牵头的,由财会、设备、销售、采购、仓库等有关部门人员参加的财产清查领导小组,具体负责财产清查事宜,要认真做好以下工作。

(1) 会计部门和人员,应在清查前将账簿记录整理完整结出余额,保证账证、账账相符,为清查提供可靠的资料。

(2) 财产物资管理部门和有关人员,应将保管的物品整理放好并标明物品的品种、规格、数量,与保管明细账核对清楚,结出账面余额以便盘点核对。

(3) 准备好必要的计量器具,检测调试好以保证计量准确。

(4) 对银行存款、借款及结算款项,事先取得对账单以便查对。

(5) 准备印制好有关表格、账册，以备清查时使用。

8.2 财产物资的盘存制度

财产物资的盘存制度有"永续盘存制"和"实地盘存制"两种。在不同的盘存制度下，企业各项财产物资在账簿中的记录方法和清查盘点的目的是不同的。

8.2.1 永续盘存制

永续盘存制，又叫账面盘存制，它是指平时对各项财产物资的增加数和减少数，都要根据会计凭证记入有关账簿，并随时在账簿中结出各种财产物资的账面结存数额的一种盘存制度，其目的是以账存数控制实存数。

在永续盘存制下，期末账面结存数的计算公式如下：

期初结存数+本期增加数-本期减少数=期末结存数

采用永续盘存制，日常核算的工作量较大，但手续严密，通过账簿连续记录，可以随时了解财产物资的收、发、存情况，发现问题可以及时处理，堵塞管理上的漏洞，有利于加强对财产物资的管理。

【例 8-1】永安企业 2020 年甲材料 5 月初结存 100 千克，共计 400 元；5 月 6 日购入该种材料 400 千克，计 1 600 元；14 日生产领用 200 千克，计 800 元；18 日购入该种材料 100 千克，计 400 元；25 日生产领用 150 千克，计 600 元；在永续盘存制下，月末该种材料的结存数为 250 千克，计 1 000 元。该种材料明细分类账的登记如表 8-1 所示。

表 8-1 原材料明细分类账

部类： 产地： 单位：千克 规格： 品名：甲材料

2020年		凭证字号	摘要	借方			贷方			余额		
月	日			数量	单价	金额	数量	单价	金额	数量	单价	金额
5	1	略	月初结存							100	4	400
	6		购入	400	4	1 600				500	4	2 000
	14		领用				200	4	800	300	4	1 200
	18		购入	100	4	400				400	4	1 600
	25		领用				150	4	600	250	4	1 000
	31		本月发生额及余额	500		2 000	350		1 400	250		1 000

因此，该企业 5 月末结存材料 250 千克，计 1 000 元。采用这种方法，可以随时了解并掌握各项财产物资的增减变动和结存情况，保证其安全和完整，具有明显的优越性。

8.2.2 实地盘存制

实地盘存制与永续盘存制不同，采用实地盘存制的企业，平时在账簿记录中，只登记财产物资的增加数,不登记减少数;月末,通过对财产物资的实地盘点作为账面结存数,然后再倒推出本期减少数,据以登记账簿。在实地盘存制下,本期减少数的计算公式如下:

期初结存数+本期增加-期末实地盘存数=本期减少数

以前述永续盘存制的实例资料为例,若采用实地盘存制处理,则月末需要对甲材料进行盘点,假定月末盘点甲材料结存数为 200 千克,那么采用倒挤法计算本月减少数为:

本月减少数=100+500-200=400(千克)

甲材料明细分类账登记如表 8-2 所示。

表 8-2 原材料明细分类账

部类:　　　　　产地:　　　　　单位:千克　　　　　规格:　　　　　品名:甲材料

2020年		凭证字号	摘要	借方			贷方			余额		
月	日			数量	单价	金额	数量	单价	金额	数量	单价	金额
5	1	略	月初结存							100	4	400
	6		购入	400	4	1 600				500	4	2 000
	18		购入	100	4	400				600	4	2 400
	31		本月发出的存货				400	4	1 600	200	4	800
	31		本月发生额及余额	500		2 000	400		1 600	200		800

因此,该企业 5 月末结存材料 200 千克,计 800 元。采用这种方法,虽然核算工作简单、工作量小,但这种方法不能随时反映存货的发出和结存成本,倒轧出的各项存货的销售或耗用成本成分复杂,除了正常消耗和耗用外,可能隐含存货损耗、短缺等非正常因素,不利于对存货进行控制和监督,影响成本计算的准确性。因此,这种方法只适用于价值低、数量不稳定、损耗大的鲜活商品,比如生鱼、生肉、水果、蔬菜等,其他的一律采用永续盘存制。

综上所述,不论财产物资账面结存数的确定采用哪一种方法,对财产物资都必须定期或不定期地进行清查盘点。

8.3 财产清查的内容和方法

8.3.1 财产物资的清查

财产物资的清查,是指对固定资产、原材料、库存商品、在产品等实物,在数量和质量上所进行的清查。由于各种财产物资的形态、体积、重量、堆放方式等不尽相同,因此,所采用的清查方法也不尽相同。通常采用的方法有以下两种。

1. 实地盘点法

这种方法主要是通过对财产物资的逐一清点、计件、过磅等方法来确定其实存数量。此方法适用范围较广,大多数财产物资都可以通过此方法进行盘点。

2. 技术推算盘点法

这种方法主要适用于一些体积较大、笨重、不易搬动和逐一点数过磅的财产物资。此方法主要通过计尺、量方等技术推算手段来确定某些财产物资的实存数量。

盘点时,除了清点财产物资的实有数外,还要检查其质量,通过采用物理或化学方法重新确定等级,同时要查明财产物资在保管上存在的问题。

为了明确经济责任,在进行盘点清查时,保管人员必须在场,对于盘点结果,应如实登记在盘存单上,并由盘点人员和保管人员签字盖章。盘存单是记录盘点结果的书面证明,也是反映财产物资实存数的原始凭证,其一般格式如表 8-3 所示。

表 8-3 盘存单

编号:

盘点时间: 财产类别: 存放地点:

编号	名称	规格	计算单位	数量	单价	金额	备注

盘点人: 保管人:

该盘存单一般填制一式三份:一份由盘点人员留存备查;一份交实物保管人员保存;一份交财会部门与账面记录相核对。

为了查明实存数与账存数是否一致、确定盘亏或盘盈情况,还要根据盘存单和有关账簿的记录,编制"账存实存对比表",通过对比,揭示账面结存数与实际结存数之间的差异。该表既是调整账簿记录的重要原始凭证,又是分析产生差异的原因、明确经济责任的依据。"账存实存对比表"的一般格式如表 8-4 所示。

表 8-4 账存实存对比表

财产类别:原材料 年 月 日 编号:

编号	名称及规格	单位	单价	实存		账存		对比结果		备注
				数量	金额	数量	金额	盘盈	盘亏	
合计										

8.3.2 库存现金的清查

库存现金的清查,主要采用实地盘点法,即通过清点票数来确定库存现金的实际数。然后将实际数与库存现金日记账的账面余额进行核对,以查明盈亏情况。库存现金的盘点应当由清查人员同出纳人员共同负责,一般在当天业务结束或开始之前进行,注意清查时不得以"白条"抵充库存现金,盘点结果要填入"库存现金盘点报告表",并由清查人员和出纳人员签章。"库存现金盘点报告表"兼有盘存单和账存实存对比表的作用,是反映库存现金实有数和调整账簿记录的重要原始凭证,其一般格式如表8-5所示。

表8-5 库存现金盘点报告表

单位名称：　　　　　　　　　　年　月　日　　　　　　　　　　单位：元

币种	实存余额	账存余额	对比结果		备注
			盘盈	盘亏	
合计					

盘点人：　　　　　　　　　　　　　　　　　　　　　　出纳：

8.3.3 银行存款的清查

银行存款的清查,是采用与开户银行核对账目的方法进行的,即将本单位的银行存款日记账与开户银行转来的对账单逐笔进行核对,检查账账是否相符。

银行对账单上的余额,常与企业银行存款日记账上的余额不一致,其原因如下:一是由于某一方记账有错误。如有的企业同时在几家银行开户,记账时会发生银行之间串户的错误,同样,银行也可能把各存款单位的账单相互混淆;二是存在未达账项。未达账项是指由于企业与银行之间对于同一项经济业务,由于取得凭证的时间不同,导致记账时间不一致而发生的一方已取得结算凭证并已登记入账,而另一方由于尚未取得结算凭证尚未入账的款项。

产生未达账项的原因有以下4种情况。

(1) 企业已收,银行未收款。例如企业收到销售支票,送存银行后,登记银行存款增加而银行由于未收妥该笔款项,尚未记账,因而形成企业已收款入账,而银行尚未收款入账的情况。

(2) 企业已付,银行未付款。例如企业开出支票支付某笔款项,并根据有关单据登记银行存款减少,而此时银行由于尚未接到该笔款项的支付凭证,未记减少,因而形成企业已付款记账,而银行尚未付款记账的情况。

(3) 银行已收,企业未收款。例如银行代企业收入一笔外地汇款,银行已记存款增加,而企业由于尚未收到汇款凭证,未记增加,因而形成银行已收款入账,而企业尚未收款入账的情况。

(4) 银行已付,企业未付款。例如银行代企业支付某笔费用,银行已记存款减少而企业尚未接到有关凭证,未记减少,因而形成银行已付款记录,而企业尚未付款记账的情况。

【例 8-2】 2020 年 3 月 30 日某企业银行存款日记账的账面余额为 31 000 元,银行对账单上显示的当天余额为 36 000 元,经逐笔核对,发现有下列未达账项:

(1) 29 日,企业销售产品收到转账支票一张计 2 000 元,将支票存入银行,银行尚未办理入账手续。

(2) 29 日,企业采购原材料开出转账支票一张计 1 000 元,企业已作银行存款付出,银行尚未收到支票而未入账。

(3) 30 日,企业购买办公用品,开出现金支票一张计 250 元,银行尚未入账。

(4) 30 日,银行代企业收回货款 8 000 元,收款通知尚未到达企业,企业尚未入账。

(5) 30 日,银行代付电费 1 750 元,付款通知尚未到达企业,企业尚未入账。

(6) 30 日,银行代付水费 500 元,付款通知尚未到达企业,企业尚未入账。

根据以上资料编制的银行存款余额调节表如表 8-6 所示。

表 8-6 银行存款余额调节表

单位:元

项 目	金 额	项 目	金 额
企业银行存款日记账账面余额	31 000	银行对账单账面余额	36 000
加: 银行已收,企业未收款项		加: 企业已收,银行未收款项	
银行代收货款	8 000	存入的转账支票	2 000
减: 银行已付,企业未付款项		减: 企业已付,银行未付款项	
银行代付电费	1 750	开出转账支票	1 000
银行代付水费	500	开出现金支票	250
调节后存款余额	36 750	调节后存款余额	36 750

如果调整后余额相等,则说明双方记账无错;否则说明双方记账有误,应进一步查找原因。需要说明的是,该调节只起核算企业与银行之间账目是否相符的作用,而不能作为调整账面余额的凭证,不能据此更正账面记录。至于产生的未达账项,须等双方接到有关凭证后,才能据以登账。该调节表上调整后的存款余额,为企业存放在银行的可实际动用的存款数额。

8.3.4 往来款项的清查

往来款项的清查盘点,适宜采用询证法。即企业应在清查日截止时,将有关往来款项的全部结算凭证登记入账,并编制对账单(一式两联),送交对方进行核对。对方将核对结果,不论正确与否,均需在对账单上注明,并盖章寄回。对清查过程中有争议或确实无法收回的款项,要及时处理,避免产生坏账损失。

8.4 财产清查结果的账务处理

财产清查的结果有三种情况：实存数大于账存数，即盘盈；实存数小于账存数，即盘亏；实存数等于账存数，账实相符。财产清查结果的处理一般指的是对账实不符——盘盈、盘亏情况的处理，但也可以指账实相符但财产物资发生变质、霉烂及毁损时进行的处理。

8.4.1 财产清查结果的处理程序

财产清查的结果，必须严格遵循国家财务制度的有关规定，严肃认真处理。对财产清查中发现的盘盈盘亏情况，一般分以下两个步骤进行账务处理。

第一步，将清查核实后的盘盈盘亏情况，形成书面材料，上报有关部门办理报批手续，同时，根据"盘存单"或"实存账存对比表"，调整账簿记录，做到账实相符。

第二步，审批后，根据上级处理意见，追回应由保险公司或责任人负担的损失，编制记账凭证，同时登记有关账簿。其有关账户设置如下：

"待处理财产损溢"账户用来核算企业在清查财产过程中查明的各种财产盘盈、盘亏和毁损的价值。本账户属于双重性质的资产类账户，下设"待处理流动资产损溢"和"待处理非流动资产损溢"两个明细分类账户进行明细分类核算。借方登记财产物资的盘亏数、毁损数和批准转销的财产物资盘盈数；贷方登记财产物资的盘盈数和批准转销的财产物资盘亏及毁损数。企业清查应在期末结账前处理完毕，所以此科目期末没有余额。

8.4.2 库存现金盘盈盘亏的账务处理

库存现金盘盈时，应及时办理库存现金的入账手续，调整库存现金账簿记录，借记"库存现金"科目，贷记"待处理财产损溢——待处理流动资产损溢"科目。同时查明原因，按管理权限报经批准后，借记"待处理流动资产损溢——待处理流动资产损溢"科目，按需要支付或退还他人的金额贷记"营业外收入"科目。

对于盘亏的库存现金，借记"待处理财产损溢——待处理流动资产损溢"科目，贷记"库存现金"科目。同时查明原因，按管理权限报经批准后，扣除保险赔偿和过失人赔偿金额借记"其他应收款"科目，管理不善等原因造成的净损失借记"管理费用"，自然灾害等原因造成的净损失借记"营业外支出"科目，贷记"待处理财产损溢——待处理流动资产损溢"。

【例8-3】方宇公司在现金清查中发现现金溢余150元，后查明其中的50元系应付给职工王某的报销款，100元无法查明原因。具体会计分录如下：

(1) 盘盈时

借：库存现金　　　　　　　　　　　　　　　　　150
　　贷：待处理财产损溢——待处理流动资产损溢　　　　150

(2) 批准后

借：待处理财产损溢——待处理流动资产损溢　　　150

贷：其他应付款——王某　　　　　　　　　　　　50
　　　　　营业外收入　　　　　　　　　　　　　　100

8.4.3　固定资产盘盈盘亏的账务处理

　　财产清查中盘盈的固定资产，应作为前期差错记入"以前年度损益调整"科目；盘亏、毁损和因自然灾害造成损失的固定资产，如已向保险公司投保，则应扣除赔偿部分后，将其净损失转入"营业外支出"科目。

　　【例 8-4】 安阳制衣厂在财产清查中盘亏蒸汽机一台，原账面价值 12 000 元，已提折旧 5 000 元，已办理保险 5 000 元，保险公司勘验后，同意理赔，尚未收款。具体会计分录如下：

(1) 审批前，编制凭证，调整账面记录。
　　借：待处理财产损溢——待处理固定资产损溢　　7 000
　　　　累计折旧　　　　　　　　　　　　　　　　5 000
　　　贷：固定资产　　　　　　　　　　　　　　　　　　12 000
(2) 审批后，根据批复意见，结转入账。
　　借：营业外支出　　　　　　　　　　　　　　　2 000
　　　　其他应收款——保险公司赔偿　　　　　　　5 000
　　　贷：待处理财产损溢——待处理固定资产损溢　　　　7 000

8.4.4　流动资产盘盈盘亏的账务处理

　　对流动资产的处理，审批前，根据"实存账存对比表"所确定的盘盈盘亏金额，编制分录登记入账。审批后，根据批复核销有关账户，属于责任人赔偿的记入"其他应收款"；因管理制度不健全、计量不准等原因造成的盘盈盘亏，增减"管理费用"；因自然灾害造成的非常损失，记入"营业外支出"账户。

　　【例 8-5】 安阳制衣厂清查中盘盈拉链 1 包，采购成本 200 元。具体会计分录如下：
　　借：原材料　　　　　　　　　　　　　　　　　200
　　　贷：待处理财产损溢——待处理流动资产损溢　　　　200

　　【例 8-6】 经查盘盈拉链系计量差错造成。具体会计分录如下：
　　借：待处理财产损溢——待处理流动资产损溢　　200
　　　贷：管理费用　　　　　　　　　　　　　　　　　200

　　【例 8-7】 因暴雨袭击，安阳制衣厂库存商品——童装损失 1 000 件，计 120 000 元。具体会计分录如下：
　　借：待处理财产损溢——待处理流动资产损溢　　120 000
　　　贷：库存商品　　　　　　　　　　　　　　　　　120 000

　　【例 8-8】 对于上述童装损失，经过保险公司勘验现场，同意理赔 100 000 元，尚未收款。处理残值估价 500 元，入材料库。具体会计分录如下：
　　借：原材料　　　　　　　　　　　　　　　　　500
　　　　其他应收款——保险公司赔偿　　　　　　　100 000

营业外支出　　　　　　　　　　　　　　　　　　19 500
　　贷：待处理财产损溢　　　　　　　　　　　　　　　120 000

8.4.5　往来款项清查的账务处理

往来款项主要包括应收、应付款项和预收、预付款项等。在财产清查过程中发现的长期未结算的往来款项，应及时清查。

1. 应付账款账务处理

应付款项一般在较短期限内支付，但有时由于债权单位撤销或其他原因使应付款项无法清偿。经查明确实无法支付的应付款项可按规定程序报经批准后，转营业外收入，按其账面余额借记"应付款项"科目，贷记"营业外收入"科目。

【例 8-9】安阳制衣厂在财产清查中发现，应付第三毛纺厂的购料款 122 000 元，因为对方倒闭破产无法支付。具体会计分录如下：

借：应付账款　　　　　　　　　　　　　　　　　　122 000
　　贷：营业外收入　　　　　　　　　　　　　　　　　122 000

2. 应收账款的账务处理

企业各项应收款项，可能会因各种原因而无法收回。对于无法收回的应收款项则作为坏账损失冲减坏账准备。坏账是指企业无法收回或收回的可能性极小的应收款项。由于发生坏账而产生的损失，称为坏账损失。对于已确认为坏账的应收款项，并不意味着企业放弃了追索权，一旦重新收回，应及时入账。

小　　结

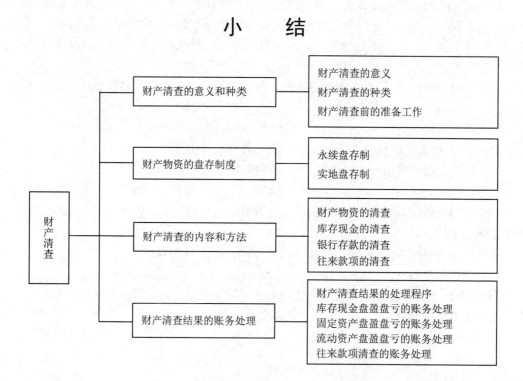

同 步 测 试

一、单项选择题

1. 财产清查按清查的时间，可分为(　　)。
   A. 全面清查和局部清查　　　　B. 定期清查和不定期清查
   C. 详细清查和一般清查　　　　D. 内部清查和外部清查
2. (　　)是重要的原始凭证。
   A. 银行存款余额调节表　　　　B. 财产清查计划书
   C. 账存实存对比表　　　　　　D. 清查工作进度表
3. 现金的清查主要采用(　　)。
   A. 询证法　　B. 技术推算盘点法　　C. 实地盘点法　　D. 审阅法
4. 对银行存款的清查盘点通常采用(　　)。
   A. 审阅账目　　B. 核对对账单　　C. 复核账簿记录　　D. 询证银行
5. 对往来结算款项的清查通常采用(　　)。
   A. 复核法　　B. 顺差法　　C. 抽查法　　D. 询证法
6. 采用永续盘存制时，财产清查的目的是检查(　　)。
   A. 账证是否相符　　　　　　　B. 账账是否相符
   C. 账实是否相符　　　　　　　D. 账表是否相符
7. 在永续盘存制下，平时(　　)。
   A. 对各项财产物资的增加、减少都不在账簿中登记
   B. 只在账簿中登记增加，不登记减少
   C. 只在账簿中登记减少，不登记增加
   D. 在账簿记录中既登记增加，又登记减少
8. 银行存款的清查是将银行存款(　　)。
   A. 日记账与总账核对
   B. 日记账与银行对账单核对
   C. 日记账与银行存款收、付款凭证核对
   D. 银行存款总账与银行存款收、付款凭证核对
9. 银行存款余额调节表的调节后余额是(　　)。
   A. 企业日记账的账面余额　　　B. 银行对账单余额
   C. 未达账项余额　　　　　　　D. 企业实际可动用的存款余额
10. 财产清查结果，经查明是因计量器具原因造成的盘亏时，应作(　　)处理。
    A. 待处理财产损失　　　　　　B. 营业外支出
    C. 其他应收款　　　　　　　　D. 管理费用
11. 无法查明原因的现金盘盈应该记入(　　)科目。
    A. 管理费用　　　　　　　　　B. 营业外收入
    C. 销售费用　　　　　　　　　D. 其他业务收入

12. 某企业仓库本期期末盘亏原材料，原因已经查明，属于自然损耗，经批准后，会计人员应编制的会计分录为(   )。
  A. 借：待处理财产损溢   B. 借：待处理财产损溢
      贷：原材料   贷：管理费用
  C. 借：管理费用   D. 借：营业外支出
      贷：待处理财产损溢   贷：待处理财产损溢
13. 企业的存货由于计量、收发错误导致的盘亏，由企业承担的部分应作为(   )处理。
  A. 营业外支出   B. 其他业务支出
  C. 坏账损失   D. 管理费用
14. 下列记录可以作为调整账面数字的原始凭证的有(   )。
  A. 盘存单   B. 实存账存对比表
  C. 银行存款余额调节表   D. 往来款项对账单
15. 企业进行盘点，发现账实不符，下列会计处理中，正确的有(   )。
  A. 直接作损益处理   B. 先调整账面结存数
  C. 不作任何调整，继续查明原因 D. 按账面数进行调整
16. 对往来款项进行清查，应该采用的方法是(   )。
  A. 技术推算法   B. 与银行核对账目法
  C. 实地盘存法   D. 发函询证法

二、多项选择题

1. 财产清查按清查对象和范围，可分为(   )。
  A. 定期清查   B. 不定期清查   C. 全面清查
  D. 局部清查   E. 重点清查
2. 财产清查按清查时间可分为(   )。
  A. 定期清查   B. 不定期清查   C. 全面清查
  D. 局部清查   E. 重点清查
3. 财产物资的盘存制度有(   )两种。
  A. 永续盘存制   B. 实地盘存制
  C. 实地盘点法   D. 技术推算盘点法
4. 财产清查就是通过(   )查对，来确定其实有数与账面结存数是否相符的一种专门方法。
  A. 财产物质和现金的实地盘点   B. 银行存款   C. 债权
  D. 债务   E. 实收资本
5. 下列各项中，(   )应当采用实地盘点法进行财产清查。
  A. 库存现金的清查   B. 银行存款的清查
  C. 实物资产的清查   D. 往来款项的清查
6. 下列各项中，(   )可作为原始凭证，据以调整账簿记录。
  A. 现金盘点报告表   B. 银行存款余额调节表
  C. 盘存单   D. 实存账存对比表

7. 下列各项中，（　　）可能属于银行存款日记账与银行对账单不符的原因。
   A. 企业账务记录有误　　　　　　B. 银行账务记录有误
   C. 企业已记账，银行未记账　　　D. 银行已记账，企业未记账
8. 下列各项中，（　　）属于企业财产清查的内容。
   A. 货币资金　　　　　　　　　　B. 实物资产
   C. 应收、应付款项　　　　　　　D. 对外投资

三、判断题

1. 现金应该每月清查一次。　　　　　　　　　　　　　　　　　　　　　（　　）
2. 银行存款余额调节表的编制方法一般是在企业与银行双方账面余额的基础上，各自加上对方已收而本单位未收的款项，减去对方已付而本单位未付的款项。经过调节后，双方的余额应一致。　　　　　　　　　　　　　　　　　　　　　　　　（　　）
3. 库存现金的清查包括出纳人员每日的清点核对和清查小组定期与不定期的清查。
　　　　　　　　　　　　　　　　　　　　　　　　　　　　　　　　　（　　）
4. 未达账项是指由于存款单位和银行之间对于同一项业务，由于取得凭证的时间不同，导致记账时间不一致，而发生的一方已取得结算凭证而登记入账，但另一方由于尚未取得结算凭证而未入账的款项。　　　　　　　　　　　　　　　　　　（　　）
5. 按清查的执行系统，清查分为定期清查和不定期清查。　　　　　　　（　　）
6. 财产清查既是会计核算的一种专门方法，又是财产物资管理的一项重要制度。
　　　　　　　　　　　　　　　　　　　　　　　　　　　　　　　　　（　　）
7. 定期财产清查一般在结账以后进行。　　　　　　　　　　　　　　　（　　）
8. 财产不定期清查可以是全面清查也可以是局部清查。　　　　　　　　（　　）

四、业务题

【业务题一】

(一)目的：掌握银行存款余额调节表的编制。

(二)资料：长城公司 2020 年 9 月 30 日银行存款日记账余额为 54 000 元，与收到的银行对账单的存款余额不符。经核对，公司与银行均无记账错误，但是发现有下列未达账款，资料如下。

(1) 9 月 28 日，长城公司开出一张金额为 3 500 元的转账支票用以支付供货方货款，但供货方尚未持该支票到银行兑现。

(2) 9 月 29 日，长城公司送存银行的某客户转账支票 2 100 元，因对方存款不足而被退票，而公司未接到通知。

(3) 9 月 30 日，长城公司当月的水电费用 750 元银行已代为支付，但公司未接到付款通知而尚未入账。

(4) 9 月 30 日，银行计算应付给长城公司的存款利息 120 元，银行已入账，而公司尚未收到收款通知。

(5) 9 月 30 日，长城公司委托银行代收的款项 14 000 元，银行已转入公司的存款户，但公司尚未收到通知入账。

(6) 9月30日，长城公司收到购货方转账支票一张，金额为6 000元，已经送存银行，但银行尚未入账。

(三)要求：完成下列长城公司的银行存款余额调节表编制。

银行存款余额调节表

编制单位：长城公司　　　　　　2020年9月30日　　　　　　　　　　　单位：元

项　　目	金额	项　　目	金额
企业银行存款日记账余额	54 000	银行对账单余额	62 770
加：银行已收企业未收的款项合计	(　　)	加：企业已收银行未收的款项合计	(　　)
减：银行已付企业未付的款项合计	750	减：企业已付银行未付的款项合计	(　　)
调节后余额	(　　)	调节后余额	(　　)

【业务题二】

(一)目的：练习原材料盘盈盘亏的核算。

(二)资料：宝山公司经财产清查，发现盘亏B材料100吨，每吨单价200元。经查明，属于由过失造成的由责任人赔偿40吨，计8 000元；属于保险公司赔偿的损失为60吨，计12 000元。要求进行批准前和批准后的账务处理。

(三)要求：根据上述材料，编制会计分录。

【业务题三】

(一)目的：练习固定资产盘盈盘亏的核算。

(二)资料：青鸟公司在财产清查中，发现盘亏机器设备一台，估计原值为30万元，估计已提折旧额为5万元，已办理保险10万元，保险公司勘验后，同意理赔，尚未收款。要求进行批准前和批准后的账务处理。

(三)要求：根据上述材料，编制会计分录。

思考与练习

1. 什么是财产清查？财产清查的意义是什么？
2. 财产清查的种类有哪些？
3. 什么是永续盘存制？其优点是什么？
4. 什么是未达账项？其形成的原因有哪些？
5. 简述盘盈盘亏及其账务处理。

第 9 章　账务处理程序

【知识目标】

- 了解账务处理程序的类型。
- 熟练掌握记账凭证账务处理程序的应用。
- 熟练掌握科目汇总表账务处理程序的应用。
- 熟练掌握汇总记账凭证账务处理程序的应用。

【技能目标】

- 能明确各种账务处理程序的使用范围和步骤。
- 能按照具体情况设置账务处理程序。

9.1　账务处理程序及种类

账务处理程序也叫会计核算组织程序，或会计核算形式，它是指将会计凭证、账簿、会计报表等会计核算方法和账务处理程序相互结合的方法。

9.1.1　账务处理程序的意义

(1) 有利于提高会计工作的质量和效率，正确及时地编制会计报表，提供全面、连续、系统、清晰的会计核算资料。

(2) 有利于简化和均衡核算工作，保证它的完整性和正确性，以便提高会计核算质量，充分发挥会计监督的作用。

(3) 有利于会计核算工作既有分工又有协作，这对于减少会计人员的工作量、节约人力和物力资源有着重要意义。

9.1.2　账务处理程序的种类

在会计核算工作中，我国各经济单位比较常用的账务处理程序有以下三种。

(1) 记账凭证账务处理程序。
(2) 科目汇总表账务处理程序。
(3) 汇总记账凭证账务处理程序。

以上三种账务处理程序有很多相同之处，但也有区别。主要的区别和特点表现在登记总分类账的依据和方法上。

9.2 记账凭证账务处理程序

9.2.1 记账凭证账务处理程序概述

1. 记账凭证账务处理程序的概念

记账凭证账务处理程序是指对发生的经济业务,先根据原始凭证或汇总原始凭证填制记账凭证,再直接根据记账凭证逐笔登记总分类账,并定期编制报表的一种账务处理程序。它是最基本的核算组织程序,其他核算组织程序都是在此基础上,根据经济管理要求而形成的。

2. 记账凭证账务处理程序下所使用记账凭证、会计账簿的种类和格式

在记账凭证账务处理程序下,记账凭证一般采用收款凭证、付款凭证和转账凭证等专用记账凭证,也可采用通用记账凭证。会计账簿一般应设置库存现金日记账、银行存款日记账、总分类账和明细分类账。其中库存现金日记账、银行存款日记账和总分类账采用三栏式(借、贷、余),明细分类账根据核算需要采用三栏式、数量金额式或多栏式。

9.2.2 记账凭证账务处理程序的核算步骤

在记账凭证账务处理程序下,对经济业务进行账务处理的一般步骤如下。

(1) 根据原始凭证或原始凭证汇总表填制各种专用记账凭证(收款凭证、付款凭证和转账凭证),也可以填制通用记账凭证。

(2) 根据收款凭证和付款凭证逐日逐笔登记库存现金日记账和银行存款日记账。

(3) 根据记账凭证和原始凭证或原始凭证汇总表逐笔登记各种明细账。

(4) 根据各种记账凭证逐笔登记总分类账。

(5) 期末,将库存现金日记账、银行存款日记账和明细分类账的余额与总分类账中相应的余额核对相符。

(6) 期末,根据核对无误的总分类账和明细分类账的记录,编制会计报表。

记账凭证账务处理程序的流程如图9-1所示。

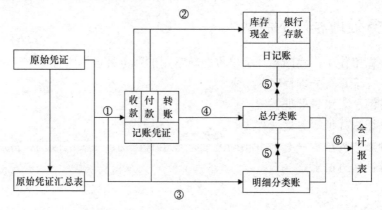

图9-1 记账凭证账务处理程序步骤示意

9.2.3 记账凭证账务处理程序的优缺点及适用范围

采用记账凭证账务处理程序的优点：简单明了，通俗易懂；总分类账可以较详细地反映经济业务的发生情况。其缺点是总分类账登记工作量过大。所以此程序一般适用于规模比较小、业务量比较少的单位。

9.3 科目汇总表账务处理程序

9.3.1 科目汇总表账务处理程序概述

1. 科目汇总表账务处理程序的概念

科目汇总表账务处理程序，也称为记账凭证汇总表账务处理程序，是指根据各种记账凭证定期编制科目汇总表，然后根据科目汇总表登记总分类账的一种账务处理程序。

2. 科目汇总表账务处理程序下所使用记账凭证、会计账簿的种类和格式

采用科目汇总表账务处理程序，所用的记账凭证、账簿的种类和格式与记账凭证账务处理程序基本相同。不同的是要设置科目汇总表这种具有汇总性质的记账凭证，作为登记总分类账的依据。

9.3.2 科目汇总表账务处理程序的核算步骤

在科目汇总表账务处理程序下，对经济业务进行账务处理的一般步骤如下。

(1) 根据原始凭证或原始凭证汇总表填制记账凭证。
(2) 根据收款凭证和付款凭证逐日逐笔登记库存现金日记账和银行存款日记账。
(3) 根据原始凭证或原始凭证汇总表和记账凭证逐笔登记各种明细账。
(4) 根据各种记账凭证定期编制科目汇总表。
(5) 根据科目汇总表登记总分类账。
(6) 月末，将库存现金日记账、银行存款日记账和各种明细分类账的余额和总分类账余额核对。
(7) 月末，根据核对无误的明细分类账和总分类账编制会计报表。

科目汇总表账务处理程序的流程如图 9-2 所示。

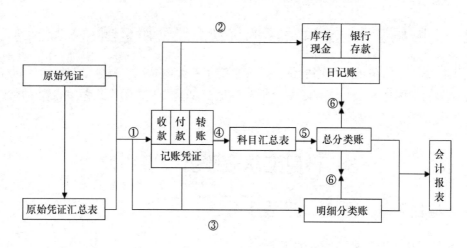

图 9-2　科目汇总表账务处理程序步骤示意

9.3.3　科目汇总表账务处理程序的优缺点及适用范围

采用科目汇总表账务处理程序的优点为：能够大大减少登记总分类账的工作量，还可以起到试算平衡的作用，保证总分类账登记的正确性。其缺点是科目汇总表不能清晰地反映账户之间的对应关系，不便于了解经济业务的来龙去脉。所以科目汇总表账务处理程序一般适用于规模比较大、业务量较多的单位。

9.3.4　科目汇总表账务处理程序的举例

由于科目汇总表账务处理程序在实际工作中使用最为普遍，下面就举例说明在这种核算形式下的账务处理程序。

【例 9-1】新都公司采用科目汇总表账务处理程序进行会计核算。

资料：新都公司 2015 年 8 月 31 日总分类账户余额如表 9-1 所示。

表 9-1　新都公司总分类账户余额表

2015 年 8 月 31 日

账户名称	借方余额	贷方余额
库存现金	3 600	
银行存款	131 000	
应收账款	126 000	
原材料	22 000	
库存商品	87 000	
累计折旧		89 000
长期待摊费用	14 000	
应付账款		39 000

续表

账户名称	借方余额	贷方余额
应交税费		25 600
实收资本		230 000
合计	383 600	383 600

新都公司 2015 年 9 月份发生的经济业务如下。

(1) 2 日,以银行存款支付前欠 H 公司货款 35 100 元。

(2) 7 日,从某公司购入材料 20 000 元,增值税税率为 13%,用银行存款付讫。

(3) 9 日,上述购入的材料验收入库,结转其实际采购成本。

(4) 10 日,支付产品销售费用 500 元,以库存现金付讫。

(5) 13 日,计算分配本月份各部门工资 65 000 元,其中销售部门 42 800 元,行政管理人员 22 200 元。

(6) 14 日,从银行提取现金 65 000 元,准备发放工资。

(7) 15 日,以库存现金 65 000 元支付工资。

(8) 20 日,销售某公司 A 产品共计 100 000 元,增值税税率为 13%,货款已收讫。

(9) 24 日,用银行存款购买办公用品一批 1 000 元,增值税税率为 13%。

(10) 28 日,收回 M 公司欠货款 93 600 元。

(11) 30 日,摊销应由本月负担的长期待摊费用 4 500 元。

(12) 30 日,计提本月固定资产折旧 3 000 元,其中:销售部门计提 1 800 元,管理部门计提 1 200 元。

(13) 30 日,结转本月已销售产品的成本 78 500 元。

(14) 30 日,结转本月收入类账户。

(15) 30 日,结转本月费用成本类账户。

要求:采用科目汇总表账务处理程序进行会计核算。

根据上述资料,新都公司采用科目汇总表账务处理程序,进行如下会计核算。

(1) 根据以上经济业务的原始凭证,填制记账凭证(收款凭证、付款凭证、转账凭证)过程及结果如表 9-2~表 9-16 所示。

表 9-2 付款凭证

总字第 1 号

贷方科目:银行存款   2015 年 9 月 2 日   银付第 1 号

摘要	借方科目		金额
	总账科目	明细科目	
支付前欠货款	应付账款	H 公司	35 100
合计			35 100

表 9-3　付款凭证

总字第 2 号
银付第 2 号

贷方科目：银行存款　　　2015 年 9 月 7 日

摘　要	借方科目			金　额
	总账科目	明细科目		
购买材料	材料采购	甲材料		20 000
	应交税费	应交增值税(进项税额)		2 600
合计				22 600

表 9-4　转账凭证

总字第 3 号
转字第 1 号

2015 年 9 月 9 日

摘　要	总账科目	明细科目	借方金额	贷方金额
材料验收入库	原材料	甲材料	20 000	
	材料采购	甲材料		20 000
合计			20 000	20 000

表 9-5　付款凭证

总字第 4 号
现付第 1 号

贷方科目：库存现金　　　2015 年 9 月 10 日

摘　要	借方科目			金　额
	总账科目	明细科目		
支付销售费用	销售费用			500
合计				500

表 9-6　转账凭证

总字第 5 号
转字第 2 号

2015 年 9 月 13 日

摘　要	总账科目	明细科目	借方金额	贷方金额
计提工资	销售费用		42 800	
	管理费用		22 200	
	应付职工薪酬	工资		65 000
			65 000	65 000

表 9-7　付款凭证

总字第 6 号
银付第 3 号

贷方科目：银行存款　　　2015 年 9 月 14 日

摘　要	借方科目			金　额
	总账科目	明细科目		
提取现金备发工资	库存现金			65 000
合计				65 000

表9-8 付款凭证

贷方科目：库存现金　　　　2015年9月15日　　　　总字第7号　现付第2号

摘　要	借方科目		金　额
	总账科目	明细科目	
发放工资	应付职工薪酬	工资	65 000
合计			65 000

表9-9 收款凭证

借方科目：银行存款　　　　2015年9月20日　　　　总字第8号　银收第1号

摘　要	贷方科目		金　额
	总账科目	明细科目	
销售产品	主营业务收入	A产品	100 000
	应交税费	应交增值税(销项税额)	13 000
合计			113 000

表9-10 付款凭证

贷方科目：银行存款　　　　2015年9月24日　　　　总字第9号　银付第4号

摘　要	借方科目		金　额
	总账科目	明细科目	
购买办公用品	管理费用	办公费	1 000
	应交税费	应交增值税(进项税额)	130
合计			1 130

表9-11 收款凭证

借方科目：银行存款　　　　2015年9月28日　　　　总字第10号　银收第2号

摘　要	贷方科目		金　额
	总账科目	明细科目	
收到前欠货款	应收账款	M企业	93 600
合计			93 600

表9-12 转账凭证

2015年9月30日　　　　总字第11号　转字第3号

摘　要	总账科目	明细科目	借方金额	贷方金额
摊销长期费用	管理费用		4 500	
	长期待摊费用			4 500
合计			4 500	4 500

表 9-13　转账凭证

2015 年 9 月 30 日

总字第 12 号
转字第 4 号

摘　要	总账科目	明细科目	借方金额	贷方金额
计提折旧	销售费用	折旧费	1 800	
	管理费用	折旧费	1 200	
	累计折旧			
合计			3 000	3 000

表 9-14　转账凭证

2015 年 9 月 30 日

总字第 13 号
转字第 5 号

摘　要	总账科目	明细科目	借方金额	贷方金额
结转成本	主营业务成本	A 产品	78 500	
	库存商品	A 产品		78 500
合计			78 500	78 500

表 9-15　转账凭证

2015 年 9 月 30 日

总字第 14 号
转字第 6 号

摘　要	总账科目	明细科目	借方金额	贷方金额
结转损益	主营业务收入	A 产品	100 000	
	本年利润			100 000
合计			100 000	100 000

表 9-16　转账凭证

2015 年 9 月 30 日

总字第 15 号
转字第 7 号

摘　要	总账科目	明细科目	借方金额	贷方金额
结转损益	本年利润		152 500	
	主营业务成本			78 500
	销售费用			45 100
	管理费用			28 900
合计			152 500	152 500

(2) 根据记账凭证登记库存现金日记账、银行存款日记账(略)。

(3) 根据原始凭证或原始凭证汇总表和记账凭证登记各种明细账(略)。

(4) 根据各种记账凭证定期编制科目汇总表。因新都公司业务不多，为了简化核算，按半月汇总记账凭证编制科目汇总表(如表 9-17、表 9-18 所示)。

表 9-17　科目汇总表

2015 年 9 月 1～15 日

会计科目	本期发生额		总账页数
	借　方	贷　方	
库存现金	65 000	65 500	
银行存款		123 500	
材料采购	20 000	20 000	
原材料	20 000		
应付账款	35 100		
应付职工薪酬	65 000	65 000	
应交税费	2 600		
销售费用	43 300		
管理费用	22 200		
合计	273 200	274 000	

表 9-18　科目汇总表

2015 年 9 月 16～30 日

会计科目	本期发生额		总账页数
	借　方	贷　方	
银行存款	210 600	1 130	
应收账款		93 600	
库存商品		78 500	
累计折旧		3 000	
长期待摊费用		4 500	
应交税费	130	13 000	
本年利润	152 500	100 000	
主营业务收入	100 000	100 000	
主营业务成本	78 500	78 500	
销售费用	1 800	45 100	
管理费用	6 700	28 900	
合计	471 730	467 730	

(5) 月终，根据编制的科目汇总表登记各有关总分类账，如表 9-19～表 9-33 所示。

表 9-19 总分类账

总账科目：库存现金

2015年		凭证号	摘要	借方	贷方	借或贷	余额
月	日						
9	1		期初余额			借	3 600
9	15	科汇1	1～15日发生额	65 000	65 500	借	3 100
9	30		本月合计	65 000	65 500	借	3 100

表 9-20 总分类账

总账科目：银行存款

2015年		凭证号	摘要	借方	贷方	借或贷	余额
月	日						
9	1		期初余额			借	131 000
9	15	科汇1	1～15日发生额		123 500	借	7 500
9	30	科汇2	16～30日发生额	210 600	1 130	借	216 930
9	30		本月合计	210 600	124 630	借	216 930

表 9-21 总分类账

总账科目：应收账款

2015年		凭证号	摘要	借方	贷方	借或贷	余额
月	日						
9	1		期初余额			借	126 000
9	30	科汇2	16～30日发生额		93 600	借	32 400
9	30		本月合计		93 600	借	32 400

表 9-22 总分类账

总账科目：材料采购

2015年		凭证号	摘要	借方	贷方	借或贷	余额
月	日						
9	15	科汇1	1～15日发生额	20 000	20 000	平	
9	30		本月合计	20 000	20 000	平	

表 9-23 总分类账

总账科目：原材料

2015年		凭证号	摘要	借方	贷方	借或贷	余额
月	日						
9	1		期初余额			借	22 000
9	15	科汇1	1～15日发生额	20 000		借	42 000
9	30		本月合计	20 000		借	42 000

表 9-24 总分类账

总账科目：库存商品

2015 年		凭证号	摘　要	借方	贷方	借或贷	余额
月	日						
9	1		期初余额			借	87 000
9	30	科汇 1	16～30 日发生额		78 500	借	8 500
9	30		本月合计		78 500	借	8 500

表 9-25 总分类账

总账科目：累计折旧

2015 年		凭证号	摘　要	借方	贷方	借或贷	余额
月	日						
9	1		期初余额			贷	89 000
9	30	科汇 2	16～30 日发生额		3 000	贷	92 000
9	30		本月合计		3 000	贷	92 000

表 9-26 总分类账

总账科目：长期待摊费用

2015 年		凭证号	摘　要	借方	贷方	借或贷	余额
月	日						
9	1		期初余额			借	14 000
9	30	科汇 2	16～30 日发生额		4 500	借	9 500
9	30		本月合计		4 500	借	9 500

表 9-27 总分类账

总账科目：应付账款

2015 年		凭证号	摘　要	借方	贷方	借或贷	余额
月	日						
9	1		期初余额			贷	39 000
9	15	科汇 1	1～15 日发生额	35 100		贷	3 900
9	30		本月合计	35 100		贷	3 900

表 9-28 总分类账

总账科目：应付职工薪酬

2015 年		凭证号	摘　要	借方	贷方	借或贷	余额
月	日						
9	15	科汇 1	1～15 日发生额	65 000	65 000	平	
9	30		本月合计	65 000	65 000	平	

表 9-29　总分类账

总账科目：应交税费

2015 年		凭证号	摘　要	借方	贷方	借或贷	余额
月	日						
9	1		期初余额			贷	25 600
9	15	科汇 1	1～15 日发生额	3 400		贷	22 200
9	30	科汇 2	16～30 日发生额	130	13 000	贷	39 030
9	30		本月合计	3 530	13 000	贷	39 030

表 9-30　总分类账

总账科目：主营业务收入

2015 年		凭证号	摘　要	借方	贷方	借或贷	余额
月	日						
9	30	科汇 1	16～30 日发生额	100 000	100 000	平	
9	30		本月合计	100 000	100 000	平	

表 9-31　总分类账

总账科目：主营业务成本

2015 年		凭证号	摘　要	借方	贷方	借或贷	余额
月	日						
9	30	科汇 1	16～30 日发生额	78 500	78 500	平	
9	30		本月合计	78 500	78 500	平	

表 9-32　总分类账

总账科目：销售费用

2015 年		凭证号	摘　要	借方	贷方	借或贷	余额
月	日						
9	15	科汇 1	1～15 日发生额	43 300		借	43 300
9	30	科汇 2	16～30 日发生额	1 800	45 100	平	
9	30		本月合计	45 100	45 100	平	

表 9-33　总分类账

总账科目：管理费用

2015 年		凭证号	摘　要	借方	贷方	借或贷	余额
月	日						
9	15	科汇 1	1～15 日发生额	22 200		借	22 200
9	30	科汇 2	16～30 日发生额	6 700	28 900	平	
9	30		本月合计	28 900	28 900	平	

(6) 月末，将库存现金日记账、银行存款日记账和各种明细分类账的余额和总分类账余额核对。

(7) 月末，根据核对无误的明细分类账和总分类账，编制会计报表。

9.4 汇总记账凭证账务处理程序

9.4.1 汇总记账凭证账务处理程序概述

1. 汇总记账凭证账务处理程序的概念

汇总记账凭证账务处理程序是指先根据原始凭证或汇总原始凭证填制各种记账凭证，然后定期根据所有记账凭证按收款凭证、付款凭证和转账凭证分别归类汇总编制成汇总收款凭证、汇总付款凭证、汇总转账凭证，最后根据各汇总记账凭证登记总分类账户的一种账务处理程序。

2. 汇总记账凭证账务处理程序下所使用记账凭证、会计账簿的种类和格式

在汇总记账凭证账务处理程序下，除了要设置收款凭证、付款凭证和转账凭证三种，还要设置汇总收款凭证、汇总付款凭证和汇总转账凭证。汇总记账凭证要定期填制，间隔天数视业务量而定，一般可 5~10 天汇总一次，每月编制一张，据以登记总分类账。特别注意的是汇总转账凭证只能是一借一贷或多借一贷，也就是在编制的过程中贷方账户必须唯一。采用这种账务处理程序，会计账簿的种类和格式与记账凭证账务处理程序基本相同。

9.4.2 汇总记账凭证账务处理程序的核算步骤

在汇总记账凭证账务处理的程序下，对经济业务进行账务处理的一般步骤如下。

(1) 根据原始凭证或原始凭证汇总表填制收款凭证、付款凭证和转账凭证。

(2) 根据收款凭证和付款凭证逐日逐笔登记库存现金日记账和银行存款日记账。

(3) 根据原始凭证或原始凭证汇总表和记账凭证逐笔登记各种明细账。

(4) 根据收款凭证、付款凭证和转账凭证，定期编制汇总收款凭证、汇总付款凭证和汇总转账凭证。

(5) 根据汇总的各种记账凭证登记总分类账。

(6) 期末，将库存现金日记账、银行存款日记账和明细分类账的余额与总分类账中相应的余额核对相符。

(7) 期末，根据核对无误的总分类账和明细分类账的记录，编制会计报表。

汇总记账凭证账务处理程序的流程如图 9-3 所示。

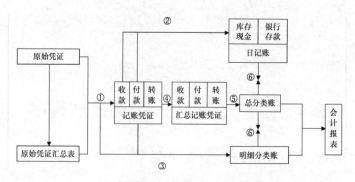

图 9-3　汇总记账凭证账务处理程序步骤示意

9.4.3　汇总记账凭证账务处理程序的优缺点及适用范围

采用汇总记账凭证账务处理程序的优点是：可以大大减少登记总分类账的工作量，还能清晰地反映账户之间的对应关系，以便了解经济业务的来龙去脉。其缺点是：当转账凭证较多时，编制汇总转账凭证的工作量较大，并且按每一贷方账户编制汇总转账凭证，不利于会计核算的日常分工。所以汇总记账凭证处理程序一般适用于规模较大、业务量比较多的单位。由于编制汇总记账凭证工作量较大，会计主体单位一般不采用汇总记账凭证账务处理程序，因此，本教材不再安排例子。

小　　结

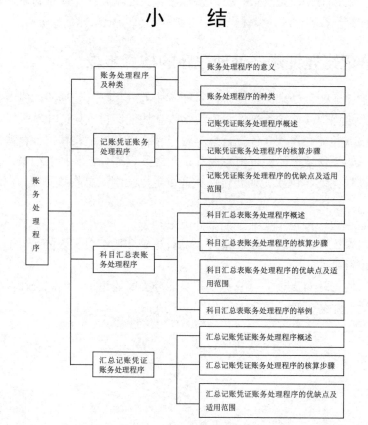

同 步 测 试

一、单项选择题

1. 在下列账务处理程序中,最基本的账务处理程序是( )。
   A. 记账凭证账务处理程序　　　　B. 科目汇总表账务处理程序
   C. 汇总记账账务处理程序　　　　D. 日记总账账务处理程序
2. 在记账凭证账务处理程序下,设置的现金日记账、银行存款日记账和总分类账一般采用( )。
   A. 数量金额式　　B. 多栏式　　C. 三栏式　　D. 横线登记式
3. 科目汇总表汇总编制的直接依据是( )。
   A. 原始凭证　　B. 记账凭证　　C. 汇总原始凭证　　D. 汇总记账凭证
4. 为了提高会计核算工作效率,保证会计核算工作质量,有效地组织会计核算,应科学合理地选择适用于本单位的( )。
   A. 会计工作组织　　　　B. 会计账簿组织
   C. 会计凭证传送　　　　D. 账务处理程序
5. 记账凭证账务处理程序一般适用于( )。
   A. 规模较小、经济业务量较少的单位　　B. 规模较大、经济业务量较多的单位
   C. 规模较小、经济业务量较多的单位　　D. 商品流通企业
6. 在汇总记账凭证账务处理中,登记总账的直接依据是( )。
   A. 付款凭证　　　　B. 汇总记账凭证
   C. 收款凭证　　　　D. 记账凭证
7. 科目汇总表账务处理程序与汇总记账凭证账务处理程序的相同优点是( )。
   A. 保持科目之间的对应关系　　B. 直接根据记账凭证登记总账
   C. 简化总分类登记工作　　　　D. 可以反映同类经济业务
8. 各种账务处理程序之间的区别主要在于( )。
   A. 总账的格式不同　　　　B. 编制会计报表的依据不同
   C. 会计凭证的种类不同　　D. 登记总账的程序和方法不同
9. 科目汇总表账务处理程序的缺点是( )。
   A. 不能反映各科目之间的对应关系
   B. 科目汇总表可以起到试算平衡的作用,保证总账登记的正确性
   C. 可以大大减少登记总分类账的工作量
   D. 根据记账凭证编制科目汇总表本身是一项很简单的工作
10. 科目汇总表的汇总范围是( )。
    A. 汇总收款凭证、汇总付款凭证、汇总转账凭证的合计数
    B. 全部科目的借、贷方发生额
    C. 全部科目的借、贷方发生额和余额

D. 全部科目的借、贷方余额

二、多项选择题

1. 账务处理程序也叫会计核算组织程序，它是指( )相结合的方式。
   A. 会计科目　　　B. 会计凭证　　　C. 会计账簿　　　D. 会计报表
2. 在科目汇总表账务处理程序下，记账凭证是( )的依据。
   A. 登记明细分类账　　　　　　　B. 登记总分类账
   C. 登记库存现金日记账　　　　　D. 编制科目汇总表
3. 在记账凭证处理程序中，记账凭证可以是( )。
   A. 通用记账凭证　　　　　　　　B. 收款凭证
   C. 付款凭证　　　　　　　　　　D. 转账凭证
4. 汇总记账凭证账务处理程序的优点是( )。
   A. 不利于会计核算的日常分工　　B. 可以反映账户对应关系
   C. 能够大大减少登记总分类账的工作量　　D. 直接根据记账凭证登记总账
5. 在各类账务处理程序中都要设置( )。
   A. 现金日记账　　　　　　　　　B. 银行存款日记账
   C. 明细分类账　　　　　　　　　D. 总分类账

三、判断题

1. 同一会计单位，由于采用不同的账务处理程序，其最终的核算结果不同。（　　）
2. 编制科目汇总表，虽然不能反映账户之间的对应关系，但可以起到试算平衡的作用。
   （　　）
3. 库存现金日记账和银行存款日记账不论在何种账务处理程序下，都是根据收款凭证和付款凭证逐日逐笔顺序登记的。（　　）
4. 科目汇总表账务处理程序的主要特点是定期将所有的记账凭证汇总编制汇总记账凭证，再根据汇总记账凭证登记总分类账。（　　）
5. 记账凭证账务处理程序、汇总记账凭证账务处理程序、科目汇总表账务处理程序之间登记明细账的依据和明细不同。（　　）
6. 无论何种账务处理程序，都需要将日记账、明细账分别与总账定期核对。（　　）
7. 在汇总记账凭证账务处理程序下，为了便于编制汇总转账凭证，要求所有转账凭证的科目关系只能是一借一贷或一借多贷。（　　）
8. 采用科目汇总表账务处理程序，记账凭证必须使用收、付、转三种格式。（　　）
9. 记账凭证账务处理程序只适用于规模较小、经济业务量较少的小型企业或其他单位。（　　）
10. 科目汇总表必须每月编制一张，任何格式的科目汇总表，都只反映各个账户的借方本期发生额和贷方本期发生额，不反映各个账户之间的对应关系。（　　）

思考与练习

1. 什么是账务处理程序？主要种类有哪些？
2. 什么是记账凭证账务处理程序？这种核算组织程序有哪些优、缺点及适用范围？
3. 记账凭证账务处理程序下的账务处理步骤是怎样的？
4. 什么是科目汇总表账务处理程序？这种核算组织程序有哪些优、缺点及适用范围？
5. 科目汇总表账务处理程序下的账务处理步骤是怎样的？
6. 如何编制科目汇总表？科目汇总表的主要作用是什么？
7. 什么是汇总记账凭证账务处理程序？这种核算组织程序有哪些优、缺点及适用范围？
8. 汇总记账凭证账务处理程序下的账务处理步骤是怎样的？

第 10 章　财务会计报告

【知识目标】
- 了解财务会计报告的概念与分类。
- 熟悉财务会计报告编制前的准备工作。
- 熟悉资产负债表的列示要求与编制方法。
- 熟悉利润表的列示要求与编制方法。

【技能目标】

能运用财务会计报告的编制方法完成对资产负债表、利润表的编制。

10.1　财务会计报告概述

10.1.1　财务会计报告的概念和分类

1. 财务会计报告的概念

财务会计报告，是指企业对外提供的反映企业某一特定日期的财务状况和某一会计期间的经营成果、现金流量等会计信息的文件。

2. 财务会计报告的分类

财务会计报告包括财务报表及其附注，以及其他应当在财务会计报告中披露的相关信息和资料。财务报表至少应当包括资产负债表、利润表、现金流量表等报表。

资产负债表是一种静态报表。利润表和现金流量表则反映的是企业在一定期间关于经营成果的动态信息，是一种动态报表。附注是财务报表不可或缺的组成部分，是对在资产负债表、利润表、现金流量表和所有者权益变动表等报表中列示项目的文字描述或明细资料，以及对未能在这些报表中列示项目的说明等。财务报表上述组成部分具有同等重要性。

财务会计报告按其编报期间不同分为中期财务会计报告和年度财务会计报告。中期财务会计报告是指以中期为基础编制的财务会计报告，中期是指短于一个完整的会计年度的报告期间。半年度、季度和月度财务会计报告统称为中期财务会计报告。

3. 财务会计报告编制基本要求

(1) 以持续经营为基础。

企业应当以持续经营为基础，根据实际发生的交易和事项，编制财务会计报告。在编制财务会计报告的过程中，企业管理层应当利用所有可获得信息来评价企业自报告期末起至少 12 个月的持续经营能力。

(2) 一致性原则。

财务会计报告项目的列报应当在各个会计期间保持一致，不得随意变更。

(3) 重要性原则。

重要性原则，是指在合理预期下，财务会计报告某项目的省略或错报会影响使用者据此作出经济决策的，该项目具有重要性。重要性应当根据企业所处的具体环境，从项目的性质和金额两方面予以判断，且对各项目重要性的判断标准一经确定，不得随意变更。

(4) 不能相互抵销。

财务会计报告中所列示的项目不能抵销，但以扣除减值后的净额列报资产不属于抵销。这实质上是要求财务会计报告应以总额列报，不得以净额列报。

(5) 可比性原则。

可比性原则，是指企业列报当期财务会计报告时至少应当列报上一可比期间的比较数据，目的是向信息使用者提供对比数据，以反映企业财务状况、经营成果和现金流量的发展趋势，提高信息使用者的判断与决策能力。

(6) 相关披露。

企业应当在财务会计报告的显著位置披露：编报企业的名称、资产负债表日或财务会计报告涵盖的会计期间、人民币金额单位和财务会计报告是否为合并财务会计报告。

10.1.2　财务会计报告编制前的准备工作

在编制财务会计报告前，需要完成下列工作。
(1) 严格审核会计账簿的记录和有关资料；
(2) 进行全面财产清查、核实债务，发现有关问题，应及时查明原因，按规定程序报批后，进行相应的会计处理；
(3) 按规定的结账日结账，结出有关会计账簿的余额和发生额，并核对各会计账簿之间的余额；
(4) 检查相关的会计核算是否按照国家统一的会计制度中的规定进行；
(5) 检查是否存在因会计差错、会计政策变更等原因需要调整前期或本期相关项目的情况等。

10.2　资产负债表

10.2.1　资产负债表的概念及组成部分

资产负债表是反映企业在某一特定日期财务状况的财务报表。它是根据"资产=负债+所有者权益"这一会计等式，依照一定的分类标准和顺序，将企业某一特定日期的全部资产、负债和所有者权益项目进行适当分类、汇总、排列后编制而成的。

资产负债表反映企业财务状况的三大会计要素：资产、负债和所有者权益。
(1) 资产。资产负债表中的资产项目分为流动资产和非流动资产两部分。

流动资产是指企业可以在一年内或者超过一年的一个营业周期内变现或者运用的资产。流动资产的主要项目有：货币资金、以公允价值计量且其变动计入当期损益的金融资产(交易性金融资产)、应收票据、应收账款、其他应收款、预付款项、存货、一年内到期的非流动资产等。

非流动资产是流动资产以外的其他资产，主要项目有固定资产、无形资产。

(2) 负债。资产负债表中负债项目分为流动负债和非流动负债两部分。

流动负债指企业在一年内或者超过一年的一个营业周期内需要偿还的负债。流动负债的主要项目有短期借款、应付票据、应付账款、预收款项、应付职工薪酬、应交税费、应付利息。

非流动负债是指偿还期在一年以上或者超过一年的一个营业周期以上的负债，非流动负债的主要项目有长期借款。

(3) 所有者权益。所有者权益是指企业的所有者对企业净资产的要求权。净资产等于企业全部资产减去全部负债后的余额。

所有者权益应当单独列示反映下列项目：实收资本(或股本)、资本公积、盈余公积和未分配利润。

资产负债表的作用主要有以下三个。

(1) 可以提供某一日期资产的总额及其结构，表明企业拥有或控制的资源及其分布情况。

(2) 可以提供某一日期的负债总额及其结构，表明企业未来需要用多少资产或劳务清偿债务以及清偿时间。

(3) 可以反映所有者所拥有的权益，据以判断资本保值、增值的情况以及对负债的保障程度。通过对资产负债表项目金额及其相关比率的分析，可以帮助报表使用者全面了解企业的资产状况、盈利能力，分析企业的债务偿还能力，从而为未来的经济决策提供信息。

10.2.2 资产负债表的列示要求

1. 资产负债表列报总体要求

(1) 分类别列报。资产负债表应当按照资产、负债和所有者权益三大类别分类列报。

(2) 资产和负债按流动性列报。资产和负债应当按照流动性分别分为流动资产和非流动资产、流动负债和非流动负债列示。

(3) 列报相关的合计、总计项目。资产负债表中的资产类至少应当列示流动资产和非流动资产的合计项目；负债类至少应当列示流动负债、非流动负债以及负债的合计项目；所有者权益类应当列示所有者权益的合计项目。

资产负债表应当分别列示资产总计项目及负债与所有者权益之和的总计项目，并且这二者的金额应当相等。

2. 资产的列报

资产负债表中的资产类至少应当单独列示反映下列信息的项目。

(1) 货币资金；
(2) 应收款项；
(3) 预付款项；
(4) 存货；
(5) 固定资产；

(6) 无形资产。

3. 负债的列报

资产负债表中的负债类至少应当单独列示反映下列信息的项目。

(1) 短期借款；
(2) 应付款项；
(3) 预收款项；
(4) 应付职工薪酬；
(5) 应交税费；
(6) 长期借款。

4. 所有者权益的列报

资产负债表中的所有者权益类至少应当单独列示反映下列信息的项目。

(1) 实收资本；
(2) 资本公积；
(3) 盈余公积；
(4) 未分配利润。

10.2.3 我国企业资产负债表的一般格式

资产负债表主要有账户式和报告式两种。根据我国《企业会计准则》的规定，我国企业的资产负债表采用账户式结构，即左侧列示资产，右侧列示负债和所有者权益。

资产负债表由表头和表体两部分组成。表头部分应列明报表名称、编表单位名称、资产负债表日和人民币金额单位；表体部分反映资产、负债和所有者权益的内容。其中，表体部分是资产负债表的主体和核心，各项资产、负债和所有者权益按流动性排列，所有者权益项目按稳定性排列。账户式资产负债表中的资产各项目的合计数等于负债和所有者权益各项目的合计数。我国企业资产负债表的格式一般如表 10-1 所示。

表 10-1 资产负债表

会企 01 表

编制单位：　　　　　　　　　　年　月　日　　　　　　　　　　单位：元

资产	期末余额	年初余额	负债和所有者权益	期末余额	年初余额
流动资产：			流动负债：		
货币资金			短期借款		
应收票据			应付票据		
应收账款			应付账款		
预付账款			预收账款		
应收利息			应付职工薪酬		
应收股利			应交税费		
其他应收款			应付利息		

续表

资产	期末余额	年初余额	负债和所有者权益	期末余额	年初余额
存货			其他应付款		
一年内到期的非流动资产			一年内到期的非流动负债		
流动资产合计			其他流动负债		
非流动资产:			流动负债合计		
固定资产			非流动负债:		
无形资产			长期借款		
非流动资产合计			非流动负债合计		
			实收资本		
			资本公积		
			盈余公积		
			未分配利润		
			所有者权益合计		
资产总计			负债和所有者权益总计		

10.2.4 资产负债表编制的基本方法

1. "期末余额"栏的填列方法

资产负债表"期末余额"栏内各项数字，一般应根据资产、负债和所有者权益类科目的期末余额填列，具体方法如下：

(1) 根据一个或几个总账科目的余额填列。资产负债表中的大部分项目，都可以根据相应的总账账户余额直接填列。例如，资产负债表中的"交易性金融资产""短期借款""应付票据""应付职工薪酬""应交税费""实收资本"等项目应直接根据总账账户的期末余额填列。根据若干个总账账户的期末余额计算填列。例如，"货币资金"项目应根据"库存现金""银行存款""其他货币资金"账户期末余额的合计数填列。

【例10-1】某企业2020年12月31日结账后的"库存现金"账户余额为30 000元，"银行存款"账户余额为8 000 000元，"其他货币资金"账户余额为200 000元。

则该企业资产负债表中"货币资金"项目金额为=30 000+8 000 000+200 000=8 230 000(元)。

【例10-2】某企业2020年12月31日结账后"应付职工薪酬"账户余额为240 000元。则该企业资产负债表中"应付职工薪酬"项目列示的金额=240 000(元)。

【例10-3】某企业2020年12月31日结账后"实收资本"账户贷方余额为2 000 000元。则该企业资产负债表中"实收资本"项目的金额=2 000 000(元)。

(2) 根据明细账科目的余额计算填列。例如，"应收账款"项目应根据"应收账款"和"预收账款"账户所属明细账借方余额之和减相应"坏账准备"账面余额后的金额填列；"预收款项"项目应根据"应收账款"和"预收账款"账户所属明细账贷方余额之和填列；"应付账款"项目应根据"应付账款"和"预付账款"账户所属明细账贷方余额之和填列；

"预付款项"项目应根据"应付账款"和"预付账款"账户所属明细账借方余额之和填列。

【例 10-4】风华公司 2020 年 12 月 31 日结账后有关账户余额如表 10-2 所示。

表 10-2　风华公司应收、应付、预收、预付明细情况

单位：元

账户名称	借方余额	贷方余额
应收账款——甲公司	6 000 000	
应收账款——乙公司		400 000
坏账准备——应收账款		800 000
预收账款——A 工厂	1 000 000	
预收账款——B 工厂		8 000 000
应付账款——甲公司	200 000	
应付账款——乙公司		4 000 000
预付账款——丙公司	3 200 000	
预付账款——丁公司		600 000

根据上述资料，计算资产负债表中风华公司 2020 年 12 月 31 日相关项目列示如下：

"应收账款"项目金额=6 000 000+1 000 000-800 000=6 200 000(元)

"预付款项"项目金额=3 200 000+200 000=3 400 000(元)

"应付账款"项目金额=4 000 000+600 000=4 600 000(元)

"预收款项"项目金额=8 000 000+400 000=8 400 000(元)

(3) 根据总账科目和明细账科目的余额分析计算填列。

"长期借款"项目应根据"长期借款"总账账户余额扣除"长期借款"账户所属明细账户中将于一年内到期的长期借款后的金额计算填列。其中将于一年内到期的长期借款记入"一年内到期的非流动负债"项目。

【例 10-5】华盛公司 2020 年 12 月 31 日长期借款有关资料如表 10-3 所示。

表 10-3　华盛公司 2020 年 12 月 31 日长期借款明细

单位：元

长期借款起止日期	金额
2017.1.1—2022.7.31	3 000 000
2018.1.1—2023.6.30	6 000 000
2019.1.1—2021.5.31	4 500 000

则该公司资产负债表中"长期借款"项目金额=(3 000 000+6 000 000+4 500 000)-4 500 000=9 000 000(元)，其中长期借款中应列入"一年内到期的非流动负债"项目的金额=4 500 000(元)。

(4) 根据有关科目余额减去其备抵科目余额后的净额填列。例如，资产负债表中的"应收票据""应收账款""在建工程"等项目，应当根据"应收票据""应收账款""长期

股权投资""在建工程"等科目的期末余额减去"坏账准备"等科目余额后的净额填列。"固定资产"项目,应当根据"固定资产"科目的期末余额减去"累计折旧""固定资产减值准备"备抵科目余额后的净额填列;"无形资产"项目,应当根据"无形资产"科目的期末余额,减去"累计摊销""无形资产减值准备"备抵科目余额后的净额填列。

【例10-6】某企业2020年12月31日结账后,其他应收款账户余额为55 000元,"坏账准备"账户中有关其他应收款计提的坏账准备为2 000元。

则该企业资产负债表中"其他应收款"项目的金额=55 000-2 000=53 000(元)。

【例10-7】某企业2020年12月31日结账后,"固定资产"账户余额为1 200 000元,"累计折旧"账户余额为80 000元,"固定资产减值准备"账户余额为150 000元。

则该企业资产负债表中"固定资产"项目的金额=1 200 000-80 000-150 000=970 000(元)。

【例10-8】某企业2020年12月31日结账后,"无形资产"账户余额为484 000元,"累计摊销"账户余额为46 800元,"无形资产减值准备"账户余额为90 000元。

该企业资产负债表中"无形资产"项目的金额=484 000-46 800-90 000=347 200(元)。

(5) 综合运用上述填列方法分析填列。例如资产负债表中的"存货"项目,需根据"原材料""材料采购""在途物资""生产成本""制造费用""材料成本差异"等总账科目期末余额的分析汇总数,再减去"存货跌价准备"科目余额后的净额填列。

【例10-9】甲企业2020年12月31日结账后有关科目余额如下:"在途物资"科目余额为140 000元(借方),"生产成本"科目余额为2 400 000(借方),"制造费用"科目余额为1 800 000元(借方),"库存商品"科目余额为1 600 000元(借方),"存货跌价准备"科目余额为210 000元。

则该企业2020年12月31日资产负债表中的"存货"项目金额=140 000+2 400 000+1 800 000+1 600 000-210 000=5 730 000(元)。

本例中,企业应当以"材料采购"(表示在途材料采购成本)"委托代销商品""受托代销商品""库存商品"各总账科目余额加总后,加上或减去"商品进销差价"总账科目的余额(若为贷方余额,应减去;若为借方余额,应加上),再减去"受托代销商品款""存货跌价准备"总账科目余额后的净额,作为资产负债表中"存货"项目的金额。

2. "年初余额"栏的填列方法

"年初余额"栏通常根据上年末有关项目的期末余额填列,且与上年末资产负债表"期末余额"栏一致。如果企业上年度资产负债表规定的项目名称和内容与本年度不一致,应当对上年年末资产负债表相关项目的名称和数字按照本年度的规定进行调整,填入"年初余额"栏。

3. 资产负债表编制实例

【例10-10】南方工业有限公司2020年12月31日结账后有关账户余额分别如表10-4、表10-5所示。

表 10-4 科目余额

编制单位：南方工业有限公司　　　　2020 年 12 月 31 日　　　　　　　　　　　　单位：元

科目名称	借方余额	贷方余额	科目名称	借方余额	贷方余额
库存现金	1 000		短期借款		60 000
银行存款	448 000		应付票据		12 000
其他货币资金	10 000		应付账款		100 000
应收票据	10 000		预收账款		15 000
应收账款	215 000		应付职工薪酬		54 700
坏账准备		10 000	应交税费		64 300
预付账款	47 000		应付利息		30 000
其他应收款	5 000		其他应付款		6 000
在途物资	8 000		长期借款		330 000
原材料	200 000		实收资本		600 000
生产成本	70 000		资本公积		93 000
库存商品	80 000		盈余公积		22 080
固定资产	500 000		利润分配		159 920
累计折旧		60 000			
无形资产	25 000				
无形资产减值准备		2 000			
长期待摊费用	4 000				

表 10-5 2020 年 12 月 31 日有关总分类账户所属明细分类账户余额

单位：元

科目名称	明细科目	借方余额	贷方余额
应收账款		215 000	
	——甲公司	100 000	
	——乙公司		35 000
	——丙公司	150 000	
预付账款		47 000	
	——丁公司	50 000	
	——戊公司		3 000
应付账款			100 000
	——A 工厂		70 000
	——B 工厂	50 000	
	——C 工厂		80 000
预收账款			15 000
	——D 工厂		45 000
	——E 工厂	30 000	

坏账准备科目余额归属于应收账款科目,其他应收款项未计提坏账准备;长期借款中有 30 000 元将于 2021 年 7 月 13 日到期。假设 2020 年资产负债表中各项目名称和内容与上年度一致(见表 10-6)。

表 10-6 资产负债表

会企 01 表

编制单位:南方工业有限公司　　　　　2020 年 12 月 31 日　　　　　　　　　单位:元

资产	期末余额	年初余额	负债和所有者权益	期末余额	年初余额
流动资产:			流动负债:		
货币资金	459 000		短期借款	60 000	
应收票据	10 000		应付票据	12 000	
应收账款	270 000		应付账款	153 000	
预付账款	100 000		预收账款	80 000	
其他应收款	5 000		应付职工薪酬	54 700	
存货	358 000		应交税费	64 300	
一年内到期的非流动资产			应付利息	30 000	
流动资产合计	1 202 000		其他应付款	6 000	
非流动资产:			一年内到期的非流动负债	30 000	
固定资产	440 000		流动负债合计	490 000	
无形资产	23 000		非流动负债:		
非流动资产合计	463 000		长期借款	300 000	
			其他非流动负债		
			非流动负债合计	300 000	
			负债合计	790 000	
			所有者权益:		
			实收资本	600 000	
			资本公积	93 000	
			盈余公积	22 080	
			未分配利润	159 920	
			所有者权益合计	875 000	
资产总计	1 665 000		负债和所有者权益总计	1 665 000	

"货币资金"项目,根据"库存现金""银行存款"和"其他货币资金"总账科目的期末余额的合计数填列,即"货币资金"项目=1 000+448 000+10 000=459 000(元)。

"应收票据"项目,根据"应收票据"科目期末余额填列,即"应收票据"项目=10 000(元)。

"应收账款"项目,根据"应收账款"科目所属明细科目的期末借方余额和"预收账款"科目所属明细科目的期末借方余额的合计数减去"坏账准备"科目中有关应收账款计提坏账准备期末余额后的差额填列,即"应收账款"项目=100 000+150 000+30 000-10 000=270 000(元)。

"预付账款"项目,根据"预付账款"科目所属明细科目的期末借方余额和"应付账款"科目所属明细科目的期末借方余额的合计数填列,即"预付账款"项目=50 000+50 000=100 000(元)。

"其他应收款"项目,根据"其他应收款"科目所属明细科目期末余额减去"坏账准备"科目中有关其他应收款计提的坏账准备期末余额的差额填列,即"其他应收款"项目=5 000(元)。

"存货"项目,根据"在途物资""原材料""生产成本"和"库存商品"等存货相关总账科目的期末余额的合计数减去"存货跌价准备"后的差额填列,即"存货"项目=8 000+200 000+70 000+80 000=358 000(元)。

"固定资产"项目,根据"固定资产"科目的期末余额减去"累计折旧"和"固定资产减值准备"科目的期末余额后的净额填列,即"固定资产"项目=500 000-60 000=440 000(元)。

"无形资产"项目,根据"无形资产"科目的期末余额减去"累计摊销"和"无形资产减值准备"科目的期末余额后的净额填列,即"无形资产"项目=25 000-2 000=23 000(元)。

"短期借款"项目,根据"短期借款"科目的期末余额填列,即"短期借款"项目=60 000(元)。

"应付票据"项目,根据"应付票据"科目的期末余额填列,即"应付票据"项目=12 000(元)。

"应付账款"项目,根据"应付账款"科目所属明细科目的期末贷方余额和"预付账款"科目所属明细科目的期末贷方余额的合计数填列,即"应付账款"项目=70 000+80 000+3 000=153 000(元)。

"预收账款"项目,根据"预收账款"科目所属明细科目的期末贷方余额和"应收账款"科目所属明细科目的期末贷方余额的合计数填列,即"预收账款"项目=35 000+45 000=80 000(元)。

"应付职工薪酬"项目,根据"应付职工薪酬"科目的期末余额填列,即"应付职工薪酬"项目=54 700(元)。

"应交税费"项目,根据"应交税费"科目的期末余额填列,即"应交税费"项目=64 300(元)。

"应付利息"项目,根据"应付股利"科目的期末余额填列,即"应付股利"项目=30 000(元)。

"其他应付款"项目,根据"其他应付款"科目的期末余额填列,即"其他应付款"项目=6 000(元)。

"一年内到期的非流动负债"项目,根据"长期借款""长期应付款"等非流动负债科目中将于一年内到期的数额合计数填列,即"一年内到期的非流动负债"项目=30 000(元)。

"长期借款"项目,根据"长期借款"科目的期末余额,扣除将于一年内到期的长期借款后的长期借款差额填列,即"长期借款"项目=330 000-30 000=300 000(元)。

"实收资本"项目,根据"实收资本"科目的期末余额填列,即"实收资本"项目=600 000(元)。

"资本公积"项目,根据"实收资本"科目的期末余额填列,即"资本公积"项目=93 000(元)。

"盈余公积"项目,根据"实收资本"科目的期末余额填列,即"盈余公积"项目=22 080(元)。

"未分配利润"项目,根据"利润分配"科目的期末余额填列,即"未分配利润"项目=159 920(元)。

10.3 利 润 表

10.3.1 利润表的概念与作用

利润表是反映企业在一定会计期间的经营成果的财务报表。它是根据"利润=收入+费用"这一会计等式,把一定会计期间的收入与其同一会计期间相关的费用进行配比,以计算出企业一定时期的净利润(或净亏损)。它主要反映以下几方面的内容。

(1) 营业收入。以主营业务收入为基础,加上其他业务活动实现的收入,反映企业一定时期内经营活动的业绩。

(2) 营业利润。以实现的营业收入加上公允价值变动收益及投资收益净额减去营业成本、税金及附加、期间费用和资产减值损失,反映企业一定时期内经营活动的结果。

(3) 利润(或亏损)总额。以营业利润为基础,加减营业外收支等项目,反映企业一定时期内全部经济活动的最终结果。

(4) 净利润(或净亏损)。用利润总额减去所得税费用,反映企业实际拥有、可供企业自行支配的权益。

利润表的作用主要有以下三个。

(1) 反映一定会计期间收入的实现情况。

(2) 反映一定会计期间的费用耗费情况。

(3) 反映企业经济活动成果的实现情况,据以判断资本保值增值等情况。

利润表反映的收入、费用等情况,能够提供企业生产经营的收益和成本耗费情况,表明企业的生产经营成果;同时,通过利润表提供的不同时期的比较数字(本月数、本年累计数、上年数),可以分析企业未来时期的发展趋势及获利能力,判断投资者投入资本的完整性。由于利润既是企业经营业绩的综合体现,又是进行利润分配的主要依据,因此,利润表是主要会计报表。

10.3.2 利润表的列示要求

(1) 企业在利润表中,应当对费用按照功能分为从事经营业务发生的成本、管理费用、销售费用和财务费用等。

(2) 利润表至少应当单独列示反映下列信息的项目,但其他会计准则另有规定的除外:

营业收入;营业成本;税金及附加;管理费用;销售费用;财务费用;投资收益;公允价值变动损益;资产减值损失;非流动资产处置损益;所得税费用;净利润;其他综合收益各项目分别扣除所得税影响后的净额;综合收益总额。金融企业可以根据其特殊性列示利润表项目。

(3) 其他综合收益项目应当根据其他相关会计准则的规定分为以后会计期间不能重分类进入损益的其他综合收益项目、以后会计期间在满足规定条件时将重分类进入损益的其他综合收益项目两类列报。

10.3.3 我国企业利润表的一般格式

在我国,企业应当采用多步式利润表,将不同性质的收入和费用分别进行对比,以得出一些中间性的利润数据,帮助使用者理解企业经营成果的不同来源。

利润表通常包括表头和表体两部分。表头应列明报表名称、编表单位名称、财务报表涵盖的会计期间和人民币金额单位等内容;表体反映形成经营成果的各个项目和计算过程。我国企业利润表的格式一般如表 10-7 所示。

表 10-7 利润表

会企 02 表

编制单位:　　　　　　　　　　　年　月　日　　　　　　　　　　　单位:元

项　目	本期金额	上期金额
一、营业收入		
减:营业成本		
税金及附加		
销售费用		
管理费用		
财务费用		
资产减值损失		
加:公允价值变动收益(损失以"-"填列)		
投资收益(损失以"-"填列)		
其中:对联营企业和合营企业的投资收益		
二、营业利润(亏损以"-"填列)		
加:营业外收入		
其中:非流动资产处置利得		
减:营业外支出		
其中:非流动资产处置损失		
三、利润总额(亏损总额以"-"填列)		
减:所得税费用		
四、净利润(净亏损以"-"填列)		

利润表的格式有单步式和多步式两种。按照我国《企业会计准则》的规定，我国企业的利润表采用多步式。

共分为三步。

第一步，以营业收入为基础，减去营业成本、税金及附加、销售费用、管理费用、财务费用、资产减值损失，加上公允价值变动收益(减去公允价值变动损失)和投资收益(减去投资损失)，计算出营业利润；

营业利润=营业收入-营业成本-税金及附加-销售费用-管理费用-财务费用-资产减值损失+公允价值变动收益(-公允价值变动损失)+投资收益(-投资损失)

第二步，以营业利润为基础，加上营业外收入，减去营业外支出，计算出利润总额；

利润总额=营业利润+营业外收入-营业外支出

第三步，以利润总额为基础，减去所得税费用，计算出净利润(或亏损)。

净利润=利润总额-所得税费用

10.3.4 利润表编制的基本方法

1. "本期金额"栏的填列方法

"本期金额"栏根据"主营业务收入""主营业务成本""税金及附加""销售费用""管理费用""财务费用""资产减值损失""公允价值变动损益""投资收益""营业外收入""营业外支出""所得税费用"等科目的发生额分析填列。其中，"营业利润""利润总额""净利润"等项目根据该表中相关项目计算填列。

由于该表是反映企业一定时期经营成果的动态报表，因此，"本期金额"栏内各项目一般根据账户的本期发生额分析填列。

(1) "营业收入"项目，反映企业经营业务所得的收入总额。本项目应根据"主营业务收入"和"其他业务收入"账户的发生额分析填列。

营业收入=主营业务收入+其他业务收入

【例10-11】某企业2020年度"主营业务收入"账户的贷方发生额为30 600 000元，借方发生额为180 000元(11月份发生的销售退回)，"其他业务收入"账户的贷方发生额为200 000元。

因此，该企业2020年度的利润表中，"营业收入"项目的金额=30 600 000-180 000+200 000=30 620 000(元)。

(2) "营业成本"项目，反映企业经营业务发生的实际成本。本项目应根据"主营业务成本"和"其他业务成本"账户的发生额分析填列。

营业成本=主营业务成本+其他业务成本

【例10-12】某企业2020年度"主营业务成本"账户的借方发生额为30 000 000元，"其他业务成本"账户的借方发生额为2 000 000元。

因此，该企业2020年度的利润表中，"营业成本"项目的金额=30 000 000+2 000 000=32 000 000(元)。

(3) "税金及附加"项目，反映企业经营业务应负担的消费税、城市维护建设税、资源税、土地增值税和教育费附加等。本项目应根据"税金及附加"账户的发生额分析填列。

(4) "销售费用"项目，反映企业在销售商品和商品流通企业在购入商品等过程中发生的费用。本项目应根据"营业费用"账户的发生额分析填列。

(5) "管理费用"项目，反映企业行政管理等部门所发生的费用。本项目应根据"管理费用"账户的发生额分析填列。

(6) "财务费用"项目，反映企业发生的利息费用等。本项目应根据"财务费用"账户的发生额分析填列。

(7) "资产减值损失"项目，反映企业发生的各项减值损失。本项目应根据"资产减值损失"账户的发生额分析填列。

【例10-13】某企业2020年12月31日，"资产减值损失"账户的借方发生额为650 000元，贷方发生额为350 000元。

因此，该企业2020年度的利润表中，"资产减值损失"项目的金额=650 000-350 000=300 000(元)。

(8) "公允价值变动损益"项目，反映企业交易性金融资产等公允价值变动所形成的当期利得和损失。本项目应根据"公允价值变动损益"账户的发生额分析填列。

【例10-14】某企业2020年12月31日，"公允价值变动损益"账户的贷方发生额为850 000元，借方发生额为100 000元。

因此,该企业2020年度的利润表中,"公允价值变动收益"项目的金额=850 000- 100 000=750 000(元)。

(9) "投资收益"项目，反映企业以各种方式对外投资所取得的收益。本项目应根据"投资收益"账户的发生额分析填列；如为投资损失，以"-"填列。

(10) "营业外收入"项目和"营业外支出"项目，反映企业发生的与其生产经营无直接关系的各项收入和支出。这两个项目应分别根据"营业外收入"账户和"营业外支出"账户的发生额分析填列。

(11) "所得税费用"项目，反映企业按规定从本期损益中减去的所得税。本项目应根据"所得税费用"账户的发生额分析填列。

(12) 利润表中"营业利润""利润总额""净利润"等项目，均根据有关项目计算填列，此处不再赘述。

2. "上期金额"栏的填列方法

"上期金额"栏应根据上年该期利润表"本期金额"栏内所列数字填列。如果上年该期利润表规定的各个项目的名称和内容同本期不一致，应对上年该期利润表各项目的名称和数字按本期规定进行调整，填入利润表"上期金额"栏内。

3. 利润表编制实例

【例10-15】北方工业有限公司2020年结账后损益类本年累计发生额如表10-8所示。

表 10-8 北方工业有限公司 2020 年度损益资本年累计发生额

单位：元

科目名称	借方发生额	贷方发生额
主营业务收入		1 990 000
主营业务成本	1 230 000	
其他业务收入		500 000
其他业务成本	150 000	
税金及附加	180 000	
销售费用	60 000	
管理费用	150 000	
财务费用	70 000	
资产减值损失	50 000	
公允价值变动损益	450 000	
投资收益		850 000
营业外收入		100 000
营业外支出	40 000	
所得税费用	171 600	

根据上述材料，编制北方工业有限公司 2020 年度的利润表，如表 10-9 所示。

表 10-9 2020 年度利润表

会企 02 表

编制单位：北方工业有限公司　　　　　　　　　　　　　　　　　　　　单位：元

项　　目	本期金额	上期金额
一、营业收入	2 490 000	
减：营业成本	1 380 000	
税金及附加	180 000	
销售费用	60 000	
管理费用	150 000	
财务费用(收益以"-"填列)	70 000	
资产减值损失	50 000	
加：公允价值变动净收益(损失以"-"填列)	-450 000	
投资净收益(损失以"-"填列)	850 000	
二、营业利润(亏损以"-"填列)	1 000 000	
加：营业外收入	100 000	
减：营业外支出	40 000	
其中：非流动资产处置净损失		
三、利润总额	1 060 000	

续表

项　　目	本期金额	上期金额
减：所得税费用	171 600	
四、净利润(净亏损以"－"填列)	888 400	
五、每股收益	(略)	
（一）基本每股收益		
（二）稀释每股收益		

"营业收入"项目=1 990 000+500 000=2 490 000(元)。

"营业成本"项目=1 230 000+150 000=1 380 000(元)。

10.4 其他报表与报表附注

10.4.1 现金流量表

1. 现金流量表概述

现金流量表是反映企业在一定会计期间现金和现金等价物流入、流出的报表。

现金流量表中的"现金"包括库存现金、银行存款、其他货币资金(如外埠存款、银行汇票存款、银行本票存款)等。其中，银行存款必须是可以随时用于支付的存款，不能随时用于支付的存款不属于现金。

现金等价物是企业持有的期限短、流动性强、易于转换为已知金额现金、价值变动风险很小的投资。期限短，一般指从购买日起3个月内到期，现金等价物通常包括3个月内到期的债券投资等。权益性投资变现的金额通常不确定，不属于现金等价物。

现金流量是一定会计期间企业现金和现金等价物的流入、流出。企业从银行提取现金、用现金购买短期国库券等现金和现金等价物之间的转换不影响现金流量。

2. 现金流量表结构

我国企业现金流量表采用报告式结构，分类反映经营活动产生的现金流量、投资活动产生的现金流量和筹资活动产生的现金流量，最后汇总反映企业某一期间现金及现金等价物的净增加额。

(1) 经营活动产生的现金流量。

经营活动，是指企业投资活动和筹资活动以外的所有交易和事项。

经营活动产生的现金流量主要包括销售商品或提供劳务、购买商品、接受劳务、支付工资和缴纳税费等流入、流出的现金和现金等价物。

(2) 投资活动产生的现金流量。

投资活动，是指企业长期资产的购建和不包括在现金等价物范围内的投资及其处置活动。投资活动产生的现金流量主要包括购建固定资产、处置子公司及其他营业单位等流入、流出的现金和现金等价物。

(3) 筹资活动产生的现金流量。

筹资活动，是指导致企业资本及债务规模和结构发生变化的活动。筹资活动产生的现金流量主要包括吸收投资、发行股票、分配利润、发行债券、偿还债务等流入、流出的现金和现金等价物。

10.4.2 所有者权益变动表

所有者权益变动表是反映所有者权益的各组成部分当期的增减变动情况的报表。所有者权益变动表应当全面反映一定会计时期所有者权益变动的情况，不仅包括所有者权益总量的增减变动，还包括所有者权益增减变动的重要结构性信息，特别是要反映直接计入所有者权益的利得和损失，让报表使用者准确理解所有者权益增减变动的根源。

因此，在所有者权益变动表上，企业至少应当单独列示反映下列信息的项目。

(1) 净利润；

(2) 直接计入所有者权益的利得和损失项目及其总额；

(3) 会计政策变更和差错更正的累积影响金额；

(4) 所有者投入资本和向所有者分配利润等；

(5) 提取的盈余公积；

(6) 实收资本，资本公积，盈余公积，未分配利润的期初、期末余额及其调节情况。

所有者权益变动表以矩阵的形式列示：一方面，列示导致所有者权益变动的交易或事项，即所有者权益变动的来源对一定时期所有者权益的变动情况进行全面反映；另一方面，按照所有者权益各组成部分(即实收资本、资本公积、盈余公积、未分配利润和库存股)列示交易或事项对所有者权益各部分带来的影响。

10.4.3 报表附注

1. 财务报表附注概述

财务报表附注是对资产负债表、利润表、现金流量表和所有者权益变动表等报表中列示项目的文字描述或明细资料，以及对未能在这些报表中列示项目的说明等。财务报表附注可以使报表使用者全面了解企业的财务状况、经营成果和现金流量。

财务报表附注是对会计报表的补充说明，是财务会计报告体系的重要组成部分。随着经济环境的复杂化以及人们对相关信息要求的提高，附注在整个报告体系中的地位日益突出。

2. 附注披露的内容

企业应当按照规定附注披露如下有关内容。

(1) 企业的基本情况：企业注册地、组织形式和总部地址；企业的业务性质和主要经营活动，如企业所处的行业、所提供的主要产品或服务、客户的性质、销售策略、监管环境的性质等；母公司以及集团最终母公司的名称；财务报告的批准报出者和财务报告批准报出日。

(2) 财务报表的编制基础：在编制会计报表时，企业应当对持续经营的能力进行估计。如果已决定进行清算或停止营业，或者已确定在下一个会计期间将被迫进行清算或停止营业，则不应再以持续经营为基础编制会计报表。如果某些不确定的因素导致对企业能否持续经营产生重大怀疑时,则应当在会计报表附注中披露这些不确定因素。

(3) 遵循企业会计准则的声明:企业应当声明编制的财务报表符合企业会计准则的要求,真实、完整地反映了企业的财务状况、经营成果和现金流量等有关信息。以此明确企业编制财务报表所依据的制度基础。如果企业编制的财务报表只是部分地遵循了企业会计准则,附注中不得做出这种表述。

(4) 重要会计政策和会计估计:根据财务报表列报准则的规定,企业应当披露采用的重要会计政策和会计估计,不重要的会计政策和会计估计可以不披露。

(5) 会计政策和会计估计变更以及差错更正的说明:企业应当按照《企业会计准则第28号——会计政策、会计估计变更和差错更正》及其应用指南的规定,披露会计政策和会计估计变更以及差错更正的有关情况。

(6) 报表重要项目的说明:企业应当以文字和数字描述相结合、尽可能以列表形式披露报表重要项目的构成或当期增减变动情况,并且报表重要项目的明细金额合计,应当与报表项目金额相衔接。披露时一般应当按照资产负债表、利润表、现金流量表、所有者权益变动表的顺序及其项目列示的顺序进行。

(7) 其他需要说明的重要事项:这主要包括承诺事项、资产负债表日后非调整事项、关联方关系及其交易等,具体的披露要求须遵循相关准则的规定。

小　　结

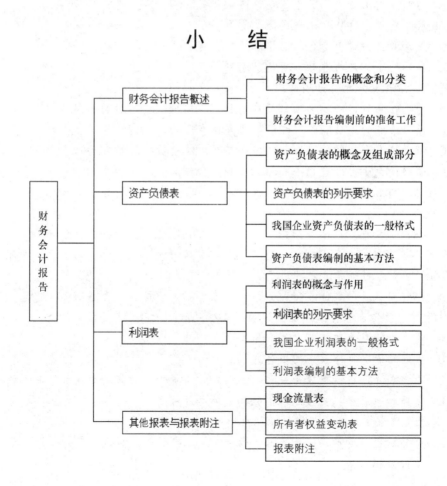

同步测试

一、单项选择题

1. 下列财务报表中，不属于企业对外提供的财务报表的有(　　)。
   A. 资产负债表　　B. 利润表　　C. 现金流量表　　D. 生产费用明细表

2. 财务报表中各项目数字的直接来源是(　　)。
   A. 原始凭证　　B. 日记账　　C. 记账凭证　　D. 账簿记录

3. 中期账务报表可以不提供的报表是(　　)。
   A. 资产负债表　　　　　　　B. 利润表
   C. 所有者权益变动表　　　　D. 现金流量表

4. 资产负债表的下列项目中，需要根据几个总账科目的期末余额进行汇总填列的有(　　)。
   A. 应付职工薪酬　　B. 短期借款　　C. 货币资金　　D. 资本公积

5. 在资产负债表中，资产按照其流动性排列时，下列排列方法正确的有(　　)。
   A. 存货、无形资产、货币资金、应收账款
   B. 应收账款、存货、无形资产、货币资金
   C. 无形资产、货币资金、应收账款、存货
   D. 货币资金、应收账款、存货、无形资产

6. 资产负债表左方的资产项目排列标准是(　　)。
   A. 重要性原则，即重要项目排在前面，次要项目排在后面
   B. 债务清偿的先后顺序，即短期债务排在前面，长期债务排在后面
   C. 流动性大小，即流动性大的排在前面，流动性小的排在后面
   D. 金额的大小，即金额小的排在前面，金额大的排在后面

7. 某企业期末流动资产余额为 2 388 692 元，非流动资产余额为 5 361 000 元，流动负债余额为 1 937 917 元，非流动负债余额为 1 067 900 元，该企业期末所有者权益为(　　)。
   A. 5 811 775 元　　B. 4 743 875 元　　C. 6 681 792 元　　D. 2 355 183 元

8. 某日，大华公司的负债为 7 455 万元，非流动资产合计为 4 899 万元，所有者权益合计为 3 000 万元，则当日该公司的流动资产合计应为(　　)。
   A. 2 556 万元　　B. 4 455 万元　　C. 1 899 万元　　D. 5 556 万元

9. 关于资产负债表的格式，下列说法不正确的有(　　)。
   A. 资产负债表主要有账户式和报告式
   B. 我国的资产负债表采用报告式
   C. 账户式资产负债表分为左右两方，左方为资产，右方为负债和所有者权益
   D. 负债和所有者权益按照求偿权的先后顺序排列

10. 资产负债表中，直接根据总账账户填列的项目有(　　)。
    A. 交易性金融资产、应收票据、短期借款、应付职工薪酬、应交税费、实收资本、盈余公积

B. 交易性金融资产、应收票据、应收账款、短期借款、应付职工薪酬、应交税费、实收资本、盈余公积

C. 应收票据、存货、工程物资、短期借款、应付职工薪酬、应交税费、长期借款、实收资本、盈余公积

D. 应收票据、存货、工程物资、短期借款、应付账款、应交税费、实收资本、盈余公积

11. 某企业"预收账款"明细账期末余额情况如下:"预收账款——A企业"贷方余额为250 000元,"预收账款——B企业"借方余额为35 500元,"预收账款——C企业"贷方余额为470 000元。假如该企业"应收账款"明细账均为借方余额。则根据以上数据计算的反映在资产负债表中的"预收款项"项目的金额为(　　)。

A. 285 500元　　　B. 684 500元　　　C. 720 000元　　　D. 250 000元

12. 编制利润表所依据的会计等式是(　　)。

A. 收入－费用=利润

B. 资产=负债+所有者权益

C. 借方发生额=贷方发生额

D. 期初余额+本期借方发生额－本期贷方发生额=期末余额

13. (　　)是反映企业经营成果的财务报表。

A. 资产负债表　　　　　　　B. 利润表

C. 现金流量表　　　　　　　D. 会计报表附注

14. 在利润表上,利润总额减去(　　)后得出净利润。

A. 管理费用　　　B. 增值税　　　C. 营业外支出　　　D. 所得税费用

15. 利润表中的"本期金额"栏内各项数字一般应根据损益类科目的(　　)填列。

A. 本期发生额　　　B. 累计发生额　　　C. 期初余额　　　D. 期末余额

16. 某企业2021年2月份主营业务收入为100万元,主营业务成本为80万元,管理费用为5万元,资产减值损失为2万元,投资收益为10万元。假定不考虑其他因素,该企业当月的营业利润为(　　)万元。

A. 13　　　B. 15　　　C. 18　　　D. 23

17. 我国的利润表采用(　　)。

A. 单步式　　　B. 多步式　　　C. 账户式　　　D. 报告式

18. 利润表中的利润总额是以(　　)为基础来计算的。

A. 营业收入　　　B. 营业成本　　　C. 投资收益　　　D. 营业利润

二、多项选择题

1. 按现行制度规定,企业年度财务报表主要包括(　　)和附注。

A. 资产负债表　　　　　　　B. 利润表

C. 现金流量表　　　　　　　D. 所有者权益变动表

2. 单位编制财务报表的主要目的,就是为(　　)及社会公众等财务报表的使用者进行决策提供会计信息。

A. 投资者　　　　　　　　　B. 债权人

C. 政府及相关机构　　　　　　D. 企业管理人员

3. 下列关于附注的说法中正确的有(　　)。
   A. 附注是财务报表的重要组成部分
   B. 附注是对在资产负债表、利润表等报表中列示项目的文字描述或明细资料，以及对未能在这些报表中列示项目的说明
   C. 附注中应当披露财务报表的编制基础
   D. 中期财务报表中不包括附注

4. 下列说法中正确的有(　　)。
   A. 财务报表包括财务报表和其他应当在财务报表中披露的相关信息及资料
   B. 中期财务报表是指以中期为基础编制的财务报表
   C. 中期是指短于一个完整的会计年度的报告期间
   D. 半年度、季度和月度财务报表统称为中期财务报表

5. 资产负债表正表的格式，国际上通常有(　　)。
   A. 单步式　　　B. 多步式　　　C. 账户式　　　D. 报告式

6. 某企业 2009 年 12 月 31 日固定资产账户余额为 3 000 万元，累计折旧账户余额为 900 万元，固定资产减值准备账户余额为 100 万元，工程物资账户余额为 200 万元，则该企业 2009 年 12 月 31 日资产负债表中"固定资产"项目的金额不可能为(　　)。
   A. 2 000 万元　　B. 2 900 万元　　C. 2 100 万元　　D. 2 200 万元

7. 借助利润表提供的信息，管理者可以(　　)。
   A. 分析企业资产的结构及其状况　　B. 分析企业的债务偿还能力
   C. 分析企业的获利能力　　　　　　D. 分析企业的未来发展趋势

8. 下列属于利润表提供的信息有(　　)。
   A. 实现的营业收入　　　　　　　　B. 发生的营业成本
   C. 营业利润　　　　　　　　　　　D. 企业本期实现的利润或发生的亏损总额

9. 下列各项中，属于影响利润总额计算的有(　　)。
   A. 营业收入　　B. 营业外支出　　C. 营业外收入　　D. 投资收益

三、判断题

1. 财务报表是单位财务会计确认、计量结果的最终体现，属于通用的对外会计报告，其使用者主要是单位内部的有关方面。　　　　　　　　　　　　　　　　(　　)

2. 财务报表附注是对资产负债表、利润表和现金流量表等报表中未列示项目的补充说明，其目的是更加全面、详细地反映单位财务状况、经营成果和现金流量之外的会计信息。　　　　　　　　　　　　　　　　　　　　　　　　　　　　　　　(　　)

3. 季度、月度财务报表通常仅指财务报表，至少应该包括资产负债表、利润表和现金流量表。　　　　　　　　　　　　　　　　　　　　　　　　　　　　　(　　)

4. 企业财务计划、财务报表、财务情况说明书等是企业财务报表的重要组成部分。　　　　　　　　　　　　　　　　　　　　　　　　　　　　　　　　　(　　)

5. 资产负债表是总括反映企业特定日期资产、负债和所有者权益情况的静态报表，通过它可以了解企业的资产分布、资金的来源和承担的债务以及资金的流动性和偿债能力。　　　　　　　　　　　　　　　　　　　　　　　　　　　　　　(　　)

6. "预收款项"项目应根据"应收账款"和"预收账款"账户所属明细账借方余额之和填列。   ( )

7. 利润表是反映企业一定日期经营成果的财务报表。   ( )

8. 利润表中收入类项目大多是根据收入类账户期末结转前借方发生额减去贷方发生额后的差额填列,若差额为负数,以"-"填列。   ( )

四、业务题

【业务题一】

(一)目的:练习应收应付款项报表的列报。

(二)资料:某企业 2020 年 12 月 31 日结账后,有关账户余额如下表所示,单位:元。

账户名称	借方明细账余额	贷方明细账余额
应收账款	1 500 000	100 000
预付账款	700 000	50 000
应付账款	300 000	1 700 000
预收账款	500 000	1 300 000

(三)要求:该企业 2020 年 12 月 31 日的资产负债表中应收账款、预付账款、应付账款、预收账款相关项目的金额为多少?

【业务题二】

(一)目的:练习资产负债表的编制。

(二)资料:甲企业 2020 年 12 月 31 日有关资料如下。

(1) 科目余额表如下。

单位:元

科目名称	借方余额	贷方余额	科目名称	借方余额	贷方余额
库存现金	12 000		短期借款		10 000
银行存款	57 000		应付账款		70 000
应收票据	60 000		预收账款		10 000
应收账款	80 000		应付职工薪酬	4 000	
预付账款		30 000	应交税费		13 000
坏账准备——应收账款		5 000	长期借款		80 000
原材料	70 000		实收资本		500 000
周转材料	10 000		盈余公积		200 000
在途物资	90 000		未分配利润		200 000
库存商品	45 000				
固定资产	800 000				
累计折旧		300 000			
在建工程	40 000				
无形资产	150 000				

(2) 债权债务明细科目余额。

应收账款明细资料如下：

应收账款——A 公司借方余额 100 000 元

应收账款——B 公司贷方余额 20 000 元

预付账款明细资料如下：

预付账款——C 公司借方余额 20 000 元

预付账款——D 公司贷方余额 50 000 元

应付账款明细资料如下：

应付账款——E 公司贷方余额 100 000 元

应付账款——F 公司借方余额 30 000 元

预收账款明细资料如下：

预收账款——G 公司贷方余额 40 000 元

预收账款——H 公司借方余额 30 000 元

(3) 长期借款共 2 笔，均为到期一次性还本付息。金额及期限如下：

① 从工商银行借入 30 000 元(本利和)，期限从 2017 年 6 月 1 日至 2021 年 6 月 1 日。

② 从建设银行借入 50 000 元(本利和)，期限从 2018 年 8 月 1 日至 2022 年 8 月 1 日。

(三)要求：编制甲企业 2020 年 12 月 31 日的资产负债表。

【业务题三】

(一)目的：练习利润表的编制。

(二)资料：截至 2020 年 12 月 31 日，某企业"主营业务收入"账户发生额为 2 000 000 元，"主营业务成本"账户发生额为 540 000 元，"其他业务收入"账户发生额为 510 000 元，"其他业务成本"账户发生额为 160 000 元，"税金及附加"账户发生额为 800 000 元，"销售费用"账户发生额为 62 000 元，"管理费用"账户发生额为 50 000 元，"财务费用"账户发生额为 180 000 元，"资产减值损失"账户发生额为 60 000 元，"公允价值变动损益"账户借方发生额为 460 000 元(无贷方发生额)，"投资收益"账户贷方发生额为 850 000 元(无借方发生额)，"营业外收入"账户发生额为 90 000 元，"营业外支出"账户发生额为 30 000 元，"所得税费用"账户发生额为 182 600 元。

(三)要求：计算该企业 2020 年度利润表中的营业收入、营业利润、利润总额、净利润。

思考与练习

1. 什么是财务会计报告？
2. 简述财务会计报告的构成内容。
3. 资产负债表的作用是什么？如何进行资产负债表的编制？
4. 利润表的作用是什么？如何进行利润表的编制？
5. 简述财务报表的其他构成。

第 11 章　会计法规体系

【知识目标】

了解会计法规与会计档案的相关内容。

【技能目标】

- 了解会计法律规范体系的构成及特征。
- 了解企业会计准则体系的构成及特征。
- 熟悉我国企业会计基本准则的相关规定。
- 熟悉会计档案管理的相关规定。

11.1　会计法律规范体系

我国的会计法律规范是以《会计法》为中心、为基础的相对完整的法律规范体系，这一体系由会计法律、会计行政法规、会计部门规章、规范性文件4个层次构成。

11.1.1　会计法律

会计法律是由国家政权以法律形式调整会计关系的行为规范。我国会计法律是由全国人民代表大会常务委员会制定的，如《会计法》《注册会计师法》以及《公司法》第八章关于公司财务、会计的规定等。我国《会计法》是我国会计工作的根本大法，是制定会计准则、会计制度和各项会计法规的基本依据，也是指导会计工作最根本的准则。

11.1.2　会计行政法规

会计行政法规是根据会计法律制定的，是对会计法律的具体化或对某个方面的补充，一般称为条例，具体可分为全国性会计行政法规和地方性会计行政法规。全国性会计行政法规，如《企业财务报告条例》《总会计师条例》等。会计行政法规在整个会计法律规范体系中占有重要的地位，其介于会计法律和会计规章之间，起到承上启下的作用。

1. 《企业财务报告条例》

《企业财务报告条例》系统地规范了企业财务会计报告的编制、构成、对外提供及法律责任等。《企业财务报告条例》由国务院发布，自2001年1月1日起施行。《企业财务报告条例》由"总则""财务报告的构成""财务报告的编制""财务报告的对外提供""法律责任"与"附则"6章构成。

2. 《总会计师条例》

《总会计师条例》制定的目的是确定总会计师的职权和地位，发挥总会计师在加强经济管理、提高经济效益中的作用。《总会计师条例》由国务院于 1990 年 12 月 31 日发布，自发布之日起施行。《总会计师条例》由"总则""总会计师的职责""总会计师的权限""任免与奖惩"与"附则"5 章构成。国务院发布的《总会计师条例》，使我国总会计师制度进入了一个全新的发展时期。

11.1.3　会计部门规章

会计部门规章是依据会计法律与会计行政法规，因某一项会计工作的规范需要而制定的，具体可分为全国性的会计部门规章与地方性的会计部门规章两类。

全国性的会计部门规章是由财政部或与国务院其他部、委联合，依据会计法律及会计行政法规所制定颁布的在全国具有法律效力的有关会计方面的基础性文件，该文件由国务院主管部门以部长令公布，如《企业会计基本准则》《事业单位财务规则》《会计从业资格管理办法》《金融企业财务规则》《政府会计准则——基本准则》等。

11.1.4　会计规范性文件

会计规范性文件是由财政部或与国务院其他部、委联合，依据会计行政法规、会计部门规章的规定所制定颁布的具有效力的有关会计方面的规范性文件，该文件由国务院主管部门以部门文件形式印发。会计规范性文件对会计的具体工作与会计核算提供直接的规范。如《企业会计制度》《会计基础工作规范》《会计档案管理办法》《企业会计具体准则》及《企业会计具体准则应用指南》等。

11.2　企业会计准则体系

我国企业会计准则是一个与我国国情相适应、与国际会计标准趋同、涵盖各类企业各项经济业务、独立实施的会计核算规范体系。新会计准则体系的建立，标志着与国际惯例趋同的企业会计准则体系正式建立。

11.2.1　企业会计准则的内涵

财务会计必须严格按照企业会计准则的规范进行核算。会计准则是会计人员从事会计工作的规则和指南，同时也是我国政府管理会计工作的法规。会计准则的内涵主要包括以下三个方面。

第一，会计准则是反映经济活动、确认产权关系、规范收益分配的会计技术标准，是生成和提供会计信息的重要依据。

第二，会计准则是资本市场的一种重要游戏规则，是实现社会资源优化配置的重要依据。

第三,会计准则是国家社会规范乃至强制性规范的重要组成部分,是政府干预经济活动、规范经济秩序和从事国际交往等的重要手段。

因此,世界各国越来越重视会计准则建设并注重发挥其在社会经济活动中的作用。

11.2.2 企业会计准则体系的框架结构

会计准则作为技术规范,有着严密的结构和层次。中国企业会计准则体系由三部分构成:基本准则、具体准则、应用指南,如图 11-1 所示。

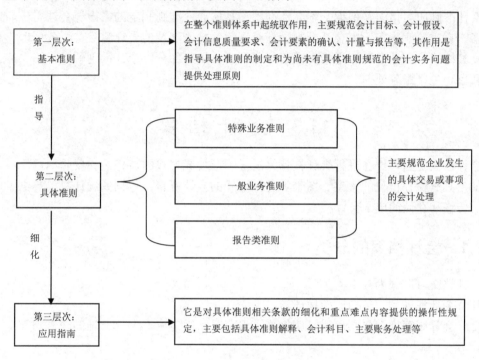

图 11-1 企业会计准则体系框架结构

11.2.3 会计准则体系的内容

会计准则是关于会计确认、计量、报告的会计行为规范,是进行会计核算工作必须共同遵守的基本要求,对我国企事业单位的财务会计核算具有普遍约束力。

1. 基本会计准则

基本会计准则规定了会计目标、基本假设、会计基础和会计信息质量要求、会计要素及其确认、计量原则,以及财务报告的基本规范等。它对 38 项具体会计准则起着统驭作用,可以确保各具体会计准则的内在一致性。

2. 具体会计准则

(1) 一般业务会计准则。一般业务会计准则主要规范各类企业普遍适用的一般经济业务的确认和计量要求,包括存货、会计政策、会计估计变更和差错更正、资产负债表日后事项、建造合同、所得税、固定资产、租赁、收入、职工薪酬、股份支付、外币业务、借款费用、长期股权投资等。

(2) 特殊业务准则。特殊业务准则主要规范特殊行业的特殊业务的确认和计量要求，如石油天然气开采、生物资产、金融工具确认和计量等。

(3) 报告类准则。报告类准则主要规范普遍适用于各类企业的报告类准则，如财务报表列报、现金流量表、合并财务报表、中期财务报告等。

3. 会计准则应用指南

会计准则应用指南是根据基本会计准则和具体会计准则制定的、指导会计实务的操作性指南。它主要解决在运用会计准则处理经济业务时所涉及的会计科目、账务处理、会计报表及其格式。会计准则应用指南由两部分组成：第一部分为会计准则解释；第二部分为会计科目和主要账务处理。

11.3 会 计 档 案

会计档案是指单位在进行会计核算等过程中接收或形成的，记录和反映单位经济业务事项的，具有保存价值的文字、图表等各种形式的会计资料，包括通过计算机等电子设备形成、传输和存储的电子会计档案。

11.3.1 会计档案的分类

会计档案可以分为以下 4 类。

(1) 会计凭证类。包括原始凭证、记账凭证。

(2) 会计账簿类。包括总账、明细账、日记账、固定资产卡片、辅助账簿和其他会计账簿。

(3) 财务报告类。包括月度、季度、半年度、年度财务会计报告。财务报告中包括会计报表主表、附表、附注及文字说明。

(4) 其他类。包括银行存款余额调节表、银行对账单、纳税申报表、会计档案移交清册、会计档案保管清册、会计档案销毁清册、会计档案鉴定意见书及其他具有保存价值的会计资料。

满足一定条件的，单位内部形成的属于归档范围的电子会计资料可仅以电子形式保存，形成电子会计档案。

11.3.2 会计档案的立卷与归档

各单位每年形成的会计档案，应由会计机构按归档的要求，负责整理立卷，装订成册，加具封面、编号，编制会计档案保管清册。当年形成的会计档案，在会计年度终了后，可由单位会计管理机构临时保管一年，再移交单位档案管理机构保管。因工作需要确需推迟移交的，应当经单位档案管理机构同意。单位会计管理机构临时保管会计档案最长不超过三年。临时保管期间，会计档案的保管应当符合国家档案管理的有关规定，且出纳人员不得兼管会计档案。

单位会计管理机构在办理会计档案移交时,应当编制会计档案移交清册,并按照国家档案管理的有关规定办理移交手续。纸质会计档案移交时应当保持原卷的封装。电子会计档案移交时应当将电子会计档案及其元数据一并移交,且文件格式应当符合国家档案管理的有关规定。特殊格式的电子会计档案应当与其读取平台一并移交。

单位应当严格按照相关制度利用会计档案,在进行会计档案查阅、复制、借出时履行登记手续,严禁篡改和损坏。单位保存的会计档案一般不得外借。确因工作需要且根据国家有关规定必须借出的,应当严格按照规定办理相关手续。

11.3.3 会计档案的保管期限

会计档案的保管期限分为永久、定期两类。定期保管期限一般分为10年和30年。会计档案的保管期限,从会计年度终了后的第一天算起。各类会计档案的保管期限原则上应当按照本办法附表执行,本办法规定的会计档案保管期限为最低保管期限。目前企业和其他组织会计档案的保管期限如表11-1所示。

表11-1 企业和其他组织会计档案保管期限

序号	档案名称	保管期限	备注
一	会计凭证		
1	原始凭证	30年	
2	记账凭证	30年	
二	会计账簿		
1	总账	30年	
2	明细账	30年	
3	日记账	30年	
4	固定资产卡片		固定资产报废清理后保管5年
5	其他辅助性账簿	30年	
三	财务会计报告		
1	月度、季度、半年度财务会计报告	10年	
2	年度财务会计报告	永久	
四	其他会计资料		
1	银行存款余额调节表	10年	
2	银行对账单	10年	
3	纳税申报表	10年	
4	会计档案移交清册	30年	
5	会计档案保管清册	永久	
6	会计档案销毁清册	永久	
7	会计档案鉴定意见书	永久	

11.3.4 会计档案的销毁

单位应当定期对已到保管期限的会计档案进行鉴定,并形成会计档案鉴定意见书。经鉴定,仍需继续保存的会计档案,应当重新划定保管期限。对保管期满、确无保存价值的会计档案,可以销毁。保管期满的会计档案,一般按照以下程序销毁。

(1) 由本单位档案管理机构编制会计档案销毁清册,列明拟销毁会计档案的名称、卷号、册数、起止年度、档案编号、应保管期限、已保管期限和销毁时间等内容。

(2) 单位负责人、档案管理机构负责人、会计管理机构负责人、档案管理机构经办人、会计管理机构经办人在会计档案销毁清册上签署意见。

(3) 单位档案管理机构负责组织会计档案销毁工作,并与会计管理机构共同派员监销。监销人在会计档案销毁前,应当按照会计档案销毁清册所列内容清点核对。在会计档案销毁后,应当在会计档案销毁清册上签名或盖章。

电子会计档案的销毁还应当符合国家有关电子档案的规定,并由单位档案管理机构、会计管理机构和信息系统管理机构共同派员监销。

应当指出的是,保管期满但未结清的债权债务会计凭证和涉及其他未了事项的会计凭证不得销毁,纸质会计档案应当单独抽出立卷,电子会计档案单独转存,保管到未了事项完结时为止。单独抽出立卷或转存的会计档案,应当在会计档案鉴定意见书、会计档案销毁清册和会计档案保管清册中列明。

小　结

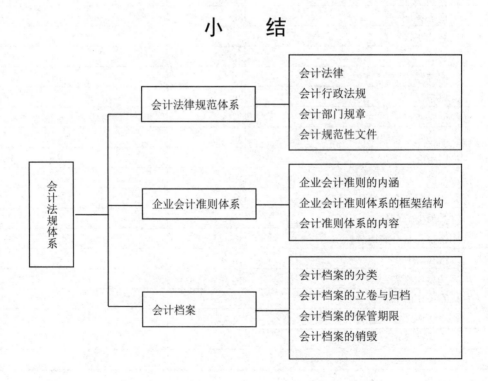

同 步 测 试

一、单项选择题

1. 我国《会计法》是由(　　)制定的。
   A. 证监会　　　　B. 财政部　　　　C. 全国政协　　　　D. 全国人民代表大会
2. 《现金管理暂行条例》由(　　)发布。
   A. 财政部门　　　B. 国务院　　　　C. 中国人民银行　　D. 全国人民代表大会
3. 现行《会计法》的颁布日期为(　　)。
   A. 2000年7月1日　　　　　　　　　B. 1999年7月1日
   C. 2000年10月31日　　　　　　　　D. 1999年10月31日
4. 下列属于会计行政法规的有(　　)。
   A. 《会计法》　　　　　　　　　　B. 《企业财务报告条例》
   C. 《会计核算基础工作规定》　　　D. 《企业会计制度》
5. 由(　　)负责组织会计档案销毁工作。
   A. 会计管理机构　　　　　　　　　B. 信息系统管理机构
   C. 单位负责人　　　　　　　　　　D. 单位档案管理机构
6. 下列属于准则主要规范特殊行业的特殊业务有(　　)。
   A. 职工薪酬　　　　　　　　　　　B. 股份支付
   C. 金融工具确认和计量　　　　　　D. 外币业务
7. 下列表述正确的有(　　)。
   A. 《总会计师条例》由国务院于1990年12月31日发布
   B. 企业领导人是单位财务会计的主要负责人
   C. 我国的会计法律规范是以《企业会计准则》为中心的法律规范体系
   D. 总会计师不具有对本单位会计人员的管理权
8. 年度、半年度会计报表至少应当反映(　　)个年度或者相关(　　)个期间的比较数据。
   A. 一 一　　　　B. 两 两　　　　C. 一 两　　　　D. 三 两
9. 单位会计管理机构临时保管会计档案最长不超过(　　)年。
   A. 一　　　　　　B. 二　　　　　　C. 三　　　　　　D. 四
10. 《企业财务报告条例》属于(　　)层次。
    A. 会计法律　　　　　　　　　　　B. 会计行政法规
    C. 会计部门规章　　　　　　　　　D. 规范性文件

二、多项选择题

1. 会计档案保管期限为30年的有(　　)。
   A. 现金日记账　　　　　　　　　　B. 银行余额调节表
   C. 原始凭证　　　　　　　　　　　D. 年度财务会计报告
2. 新会计准则体系包含的内容有(　　)。

A. 基本会计准则　　　　　　　　B. 具体会计准则
C. 会计法　　　　　　　　　　　D. 会计准则应用指南

3. 我国《会计法》规定，(　　)应当按照国家有关规定建立档案，妥善保管。
A. 会计凭证　　　　　　　　　　B. 会计账簿
C. 会计报表　　　　　　　　　　D. 其他会计资料

4. 会计档案中会计凭证包括(　　)。
A. 原始凭证　　　　　　　　　　B. 记账凭证
C. 汇总凭证　　　　　　　　　　D. 其他会计凭证

5. 会计档案中会计账簿类包括(　　)。
A. 总账　　　　　　B. 明细账　　　　C. 日记账
D. 固定资产卡片　　　　　　　　E. 辅助账簿

6. 会计档案中财务报告包括中期、年度和其他财务报告，财务报告具体包括(　　)。
A. 会计报表主表　　　　　　　　B. 附表
C. 附注　　　　　　　　　　　　D. 文字说明

7. 会计档案(　　)要永久保管。
A. 鉴定意见书　　　　　　　　　B. 保管清册
C. 销毁清册　　　　　　　　　　D. 年度财务报告

8. 应在会计档案销毁清册上签署意见的相关人员包括(　　)。
A. 单位负责人　　　　　　　　　B. 档案管理机构负责人
C. 会计管理机构负责人　　　　　D. 会计管理机构经办人
E. 档案管理机构经办人

9. 会计档案的定期保管期限一般分为(　　)年。
A. 5 年　　　　　B. 10 年　　　　C. 20 年　　　　D. 30 年

10. 会计档案保管期限为 10 年的有(　　)。
A. 银行对账单　　　　　　　　　B. 纳税申报表
C. 银行存款余额调节表　　　　　D. 月度、季度、半年度财务会计报告

三、判断题

1. 《会计法》是我国会计工作的根本大法，是制定会计准则、会计制度和各项会计法规的基本依据，也是指导会计工作最根本的准则。　　　　　　　　　　　　　　(　　)
2. 《注册会计师法》属于会计行政法规。　　　　　　　　　　　　　　　　(　　)
3. 中国企业会计准则体系由三部分构成：基本准则、具体准则、应用指南。(　　)
4. 单位应当定期对已到保管期限的会计档案进行鉴定，并形成会计档案鉴定意见书。
　　　　　　　　　　　　　　　　　　　　　　　　　　　　　　　　　　(　　)
5. 会计准则应用指南是根据基本会计准则制定的、指导会计实务的操作性指南。
　　　　　　　　　　　　　　　　　　　　　　　　　　　　　　　　　　(　　)
6. 年度财务会计报告保管期限为 30 年。　　　　　　　　　　　　　　　　(　　)
7. 会计行政法规在整个会计法律规范体系中占有重要的地位，它介于会计法律和会计规章之间，具有承上启下的作用。　　　　　　　　　　　　　　　　　　(　　)

8. 会计档案保管期满不得销毁。 (   )
9. 单位会计管理机构临时保管会计档案最长不超过五年。 (   )
10. 满足一定条件的，单位内部形成的属于归档范围的电子会计资料可仅以电子形式保存，形成电子会计档案。 (   )

思考与练习

1. 什么是会计法律规范?它们之间的关系如何?
2. 新会计准则体系包括哪几个层次?
3. 简述会计档案管理的主要内容。

第 12 章 会计工作组织与会计人员

【知识目标】

- 了解会计机构与会计组织的形式。
- 了解会计人员的素质要求与任职资格。
- 熟悉我国内部会计控制的相关规定。

【技能目标】

了解会计工作的组织形式与日常管理。

12.1 会 计 机 构

会计机构是单位所设置的专门办理会计事项的机构,它是由专职会计人员组成,负责组织、领导和处理会计工作的职能部门。在我国实际工作中,由于会计机构往往行使会计工作和财务工作的全部职权,所以也称为财务会计机构。建立和健全会计机构,是加强会计工作、保证会计工作顺利进行的重要条件。

12.1.1 会计机构的设置原则

1. 适应性原则

会计机构设置范围的确定,取决于企业经营管理组织系统的规模、管理方针及战略规划。设置会计机构,一是要与企业管理体制和企业组织结构相适应;二是要与单位经济业务的性质和规模相适应;三是要与本单位的会计工作组织形式相适应。

2. 内部控制原则

会计机构的设置必须根据企业管理上的要求,抓住企业资金运动全过程的关键点,从而形成对企业经营全过程和全方位的监控,并与本单位其他管理机构相协调。

3. 效率性原则

会计机构的设置要体现精简高效的原则。一是设置会计机构提供的会计信息所产生的经济效益必须大大高于为实现此目的而发生的成本费用;二是会计机构的设置繁简相宜,在整个会计工作中协调一致地履行会计职责,使企业管理从中受益。

12.1.2 会计机构的设置类型

1. 各级财政部门设置的会计机构

《会计法》规定,国务院财政部门是主管全国会计工作的机构,地方各级人民政府的财政部门是主管该地区会计工作的机构。

国家财政部设置会计事务管理司,它是全国会计机构的最高领导,主管全国会计工作。它的主要职责是:制定和组织贯彻实施会计准则和会计制度,以及各项全国性的会计法令、规章制度;制定全国会计人员培训规划;管理全国会计人员专业技术资格考试;等等。

地方财政部门设置会计事务管理局(处),主管本地区的会计工作。它的主要职责是根据国家的统一规定,结合本部门、本地区的具体情况,补充制定会计制度;规划和组织在职会计人员专业知识培训;管理会计人员专业技术资格考试与考核等工作。

2. 各级管理部门设置的会计机构

中央各部和地方各厅、局设置财务会计司、局、处、科等会计机构,负责组织、领导和监督本部门及所属单位的会计工作。它的主要职责是:审核、分析和批复所属单位上报的会计报表,并编制本系统汇总会计报表;核算本单位与财政机关及上下级之间有关缴款、拨款等会计事项;经常了解所属单位的会计工作,帮助它们解决工作上的问题,定期不定期地对所属单位进行会计检查等。

3. 基层企业和行政事业单位设置的会计机构

基层企业和行政事业单位,一般应设置财务处、科、股等专职机构,在厂长、经理或总会计师的领导下,负责本单位的财务会计工作,同时接受上级财务会计机构的指导和监督,工作中发现的有关财会方面的问题,除向本单位领导汇报外,还要向上级有关部门汇报。根据我国《会计法》的规定,各单位应当根据会计业务的需要设置会计机构,或者在有关机构中设置会计人员并指定会计主管人员;不具备设置条件的,应当委托经批准设立从事会计代理记账业务的中介机构代理记账。

(1) 根据业务需要设置会计机构。《会计法》对各单位是否设置会计机构,规定为"应当根据会计业务的需要"来决定,即各单位可以根据本单位的会计业务繁简情况决定是否设置会计机构。为了科学、合理地组织开展会计工作,保证本单位正常的经济核算,各单位原则上应设置会计机构。

(2) 不设置会计机构的单位设置会计人员并指定会计主管人员。

(3) 可以实行代理记账。《会计法》第三十六条规定,不具备设置会计机构和会计人员条件的,"应当委托经批准设立从事会计代理记账业务的中介机构代理记账"。

12.1.3 会计机构的设置模式

《会计法》对会计岗位设置的原则做了规定,各单位应当根据会计业务需要设置会计工作岗位。我国大中型企业会计机构内部组织一般设置以下核算组,其职责和要求如下。

(1) 综合组。负责总账的登记,并与有关的日记账和明细账相核对;进行总账余额的试算平衡,编制资产负债表,并与其他会计报表进行核对;进行企业财务情况的综合分析,编写财务情况说明书;进行财务预测,参与制订财务计划,参与企业生产经营决策。

(2) 财务组。负责货币资金的出纳、保管和日记账的登记;审核货币资金的收付凭证,办理企业与供应、购买等单位之间的往来结算;监督企业贯彻国家现金管理制度、结算制度和信贷制度的情况；参与制订货币资金收支和银行借款计划并分析其执行情况。

(3) 工资核算组。负责计算应付职工的工资和奖金，办理职工工资的结算，并进行有关的明细核算，参与制订工资总额计划，协助企业劳动工资部门分析工资总额计划的执行情况，控制工资总额支出。

(4) 固定资产核算组。审核固定资产购建、调拨、内部转移、租赁、清理的凭证；进行固定资产的明细核算；分析固定资产使用效果；参与固定资产清查；参与制订固定资产重置、更新和修理计划；指导和监督固定资产管理部门和使用部门的固定资产核算工作。

(5) 材料核算组。负责审核材料采购的发票、账单等结算凭证；进行材料采购收发结存的明细核算；参与库存材料清查；分析采购资金使用情况，采购成本超支、节约情况和储备资金占用情况，控制材料采购成本和材料资金占用；制订材料采购资金计划，指导和监督供应部门、材料仓库和使用材料的车间及部门的材料核算情况。

(6) 成本费用核算组。会同有关部门建立健全各项原始记录、消耗定额和计量检验制度；改进成本管理的基础工作；负责审核各项费用开支；参与自制半成品和产成品的清查；核算产品成本，编制成本报表；分析成本计划执行情况；控制产品成本和生产资金占用；制订产品成本计划，建立责任成本制度，将成本指标分解、落实到各部门、车间、班组；指导、监督和加强各部门、车间、班组落实成本责任制度。

(7) 销售和利润核算组。负责审核库存商品、销售和营业外收支凭证；参与产成品清查；进行库存商品、销售和利润的明细核算；计算应交税金，进行利润分配，编制利润表；分析成品资金的占用情况，销售收入、利润及其分配计划的执行情况；参与市场预测，制订或参与制订销售和利润计划。

(8) 资金组。负责资金的筹集、使用、调度；掌握资金市场动态，为企业筹集资金以满足生产经营活动的需要；不断降低资金成本，提高资金使用的经济效益；应负责编制财务状况变动表和现金流量表。

12.2 会 计 人 员

会计人员是指直接从事会计工作的人员。配备与工作要求相适应的、具有一定素质和数量的会计人员，是各单位做好会计工作、充分发挥会计职能作用的重要保证。

12.2.1 会计人员的任职资格

《会计法》规定，从事会计工作的人员必须取得会计从业资格证书。会计从业资格证书，是证明个人能够从事会计工作的合法凭证。会计从业资格证书一经取得，则在全国范围内有效。《会计法》规定"各单位应当根据会计业务需要配备持有会计证的会计人员，未取得会计证的人员，不得从事会计工作""会计人员应当具备必要的专业知识和专业技能，熟悉国家有关法律、法规、规章和国家统一的会计制度，遵守职业道德，会计人员应当按照国家有关规定参加会计业务的培训，各单位应当合理安排会计人员的培训，保证会计人员每年有一定时间用于学习和参加培训"等。

12.2.2 会计人员的配备

1. 配备原则

(1) 根据实际需要，实行结构合理、人数适当的原则。各单位应当根据会计业务需要设置会计工作岗位，根据会计业务需要配备持有会计证的会计人员。设置会计机构的单位应当配备会计机构负责人；不设置会计机构但在有关机构中配备专职会计人员的，应当在专职会计人员中指定会计主管人员；在设置会计具体工作岗位时，应结合单位规模，可以一人一岗、一人多岗或者一岗多人。

(2) 按照内部控制制度的要求，实行回避原则。出纳人员不得兼管稽核、会计档案保管和收入、费用、债权债务账目的登记工作。会计人员的工作岗位应当有计划地进行轮换。国家机关、国有企业、事业单位任用会计人员应当实行回避制度。单位领导人的直系亲属不得担任本单位的会计机构负责人、会计主管人员。会计机构负责人、会计主管人员的直系亲属不得在本单位会计机构中担任出纳工作。需要回避的直系亲属为：夫妻关系、直系血亲关系、三代以内旁系血亲以及近姻亲关系。

2. 配备方式

(1) 由国家的会计管理机构或上级主管单位直接任命或征得同意后聘任。国有和国有资产占控股地位或者主导地位的大、中型企业与事业行政单位会计机构的设置和会计人员的配备，应当符合国家会计制度的规定。单位的总会计师、会计机构负责人、会计主管人员由国家会计管理机构或上级主管单位根据干部管理权限，以及相关法律法规规定的任职条件直接任命或同意后聘任。

(2) 由各单位自行聘任。各单位应当根据会计业务需要，自行聘任具备必要的专业知识和专业技能，熟悉国家有关法律、法规、规章和国家统一会计制度，遵守职业道德的会计人员。

12.2.3 会计人员的职责与权限

1. 会计人员的职责

(1) 保证会计核算的真实性。会计核算指的是以货币为主要计量尺度，运用一系列会计专门方法，对单位的经济业务进行的连续、系统、全面、综合的记录和计算，据以编制财务报表的活动。会计核算的具体内容包括款项和有价证券的收付；财物的收发、增减和使用；债权、债务的发生和结算；资本、基金的增减；收入、支出、费用、成本的核算；财务成果的计算和处理；其他会计事项。会计人员在进行会计核算时，必须填制会计凭证、登记账簿，定期进行财产清查、编制财务会计报告。

(2) 保证会计处理的合规性。会计处理方法是指会计人员参与拟订本单位会计事务处理的具体办法。即要根据国家的会计法规，财政经济方针、政策和本单位的具体情况，制定本单位会计工作所必须遵守的具体要求以及对经济事务的具体处理规定，如会计科目的设置及其使用方法的规定，有关凭证、账簿、记账程序的规定，有关资产、负债、所有者权益、收入、费用、利润等要素具体核算的规定，成本计算与收益分配核算的规定，财产清查的方法及其结果处理的规定，财务会计报告及其编制的规定，会计档案保管、销毁办法的规定，等等。

2. 会计人员的权限

为了保障会计人员切实履行《会计法》赋予的职责，《会计法》同样赋予其必要的权限。《会计法》赋予了单位会计机构、会计人员以明确的职权，如会计机构、会计人员对违反本法和国家统一的会计制度规定的会计事项，有权拒绝办理或者按照职权予以纠正。根据这项法律规定，会计机构、会计人员具有在内部会计监督中维护和执行《会计法》的权力，也就是其有权依照《会计法》的规定办理会计事项，其他人员不得非法干预，不得阻挠；具有在内部会计监督中维护和执行国家统一的会计制度的权力；有权拒绝办理违法的会计事项，对有权纠正的予以纠正。归纳起来，主要有以下几点。

(1) 审核权。会计人员按照国家统一的会计制度规定对会计资料进行审核时，如发现不真实、不合法的会计资料，有权不予受理，并向单位负责人报告。如发现弄虚作假、严重违法的会计资料，有权不予受理，同时，应当予以扣留，并及时向单位领导人报告，请求查明原因。追究当事人的责任。如发现记载不准确、不完整的会计资料，有权予以退回，并要求按照国家统一的会计制度的规定更正、补充。

(2) 处理权。会计人员如发现会计账簿记录与实物、款项及有关资料不相符的，按照国家统一的会计制度的规定有权自行处理的，应当及时处理；无权处理的，应当立即向单位负责人报告，请求查明原因，做出处理。会计人员对违法的收支，有权不予办理，并予以制止和纠正；制止和纠正无效的，有权向单位领导提出书面意见，要求处理。对严重违法损害国家和社会公众利益的收支，会计人员有权向主管单位或者财政、审计、税务机关报告。会计人员对伪造、变造、故意毁灭会计账簿或账外设账的行为，对指使、强令编造、篡改财务报告的行为，有权予以制止和纠正。制止和纠正无效的，有权向上级主管单位报告，请求做出处理。

(3) 监督权。会计人员依照国家的有关法规，对本单位的经济行为进行监督，会计人员有权对单位制定的预算、财务计划、经济计划、业务计划的执行情况进行监督。对不真实、不合法的原始凭证不予受理；对违法的收支不予办理；积极配合有关机构如财政、审计、税务机关的监督。

12.2.4 会计人员的职业道德

会计职业道德是指在会计职业活动中应遵循的、体现会计职业特征的、调整会计职业关系的职业行为准则和规范。会计人员在会计工作中应当遵守职业道德，树立良好的职业品质、严谨的工作作风，严守工作纪律，努力提高工作效率和工作质量。国家对会计人员提出的职业道德要求主要有以下几个方面。

1. 敬业爱岗

会计人员应当热爱本职工作，努力钻研业务，使自己的知识和技能适应工作的要求。会计工作不仅为企业内部管理部门、投资者、债权人以及政府管理部门提供重要的会计信息，而且还担负着促进企业降低成本、改善经营管理、提高经济效益的任务。因此，要求会计人员端正专业思想，明确服务宗旨，树立良好的职业荣誉感和责任感，勤勤恳恳，兢兢业业，以高度的事业心做好本职工作。

2. 熟悉法规

会计人员应当熟悉财经法律、法规、规章和国家统一会计制度，并结合会计工作具体贯彻执行。国家的许多法律、法规，尤其是财经方面的法律、法规的贯彻执行，都要通过会计工作来体现。从事会计工作的人员，要履行核算和监督的职责，首先要认真学习和熟悉掌握财经法律、法规和国家统一的会计制度。做到在处理各项经济业务时知法依法，知章依章，依法把关守口，维护规章制度的严肃性、科学性和完整性。

3. 依法办事

会计人员应当按照会计法律、法规和国家统一会计制度进行会计工作，保证所提供的会计信息合法、真实、准确、完整。会计人员在履行职责中，要敢于并善于执行各种法律、规章，按国家法律、规章严格审查各项财务收支，维护国家和投资者的利益，决不能为个人或小团体的利益弄虚作假，营私舞弊。

4. 客观公正

会计人员在办理会计事务中应当实事求是、客观公正：会计是经济管理的重要组成部分。如果会计数据失真，会计核算就毫无意义，这不仅会影响微观管理，而且能影响宏观决策。因此，会计人员在办理会计事务中，必须以实事求是的精神和客观公正的态度，完整、准确、如实地反映各项经济活动情况，不隐瞒歪曲，不弄虚作假，不搞假账真算、真账假算。

5. 搞好服务

会计是对单位的经济业务进行确认、计量、记录和报告，并通过所提供的会计资料参与预测和决策，实行监督，旨在实现最优经济效益的一种管理活动。会计人员必须改变过去那种单纯的记账、算账、报账的传统观念，解放思想，开拓创新，大胆改革。从会计工作的角度来看，会计人员应当熟悉本单位的生产经营和业务管理情况，对投入产出进行可行性论证，积极为领导出谋划策，参与单位的预测和决策，并运用自己所掌握的会计信息和会计方法，为改善单位内部管理、提高经济效益服务。

6. 保守秘密

会计人员应当保守本单位的商业秘密，除法律规定和单位领导人同意外，不能私自向外界提供或者泄露本单位的会计信息。

7. 廉洁奉公

会计人员廉洁奉公是保证会计工作服务质量的重要条件，也是会计人员应具备的职业道德。廉洁奉公、不谋私利是会计职业道德的重要特征，也是衡量会计人员职业道德的基本尺度。会计工作是各方面利益分配的关键一环，只有在会计工作中坚持原则、不谋私利、一心为公，才能处理好各方面的利益关系。如果没有廉洁奉公的品质和良好的职业道德，就可能走上犯罪的道路。因此，会计人员必须把廉洁奉公、不谋私利作为自己的行为准则，维护国家的财经纪律及企业的规章制度。

财政部门、业务主管部门和各单位应当定期检查会计人员遵守职业道德的情况，并作为会计人员晋升、晋级、聘任专业职务、表彰奖励的重要考核依据。会计人员违反职业道德的，由所在单位进行处罚；情节严重的，由会计证发证机关吊销其会计证。

12.3 会计工作组织

会计工作组织是指如何安排、协调和管理好企业的会计工作。会计工作组织的内容主要包括会计规范的制定和执行、会计机构的设置和会计人员的配备，它们之间相互联系，相互作用，相互制约，缺一不可。会计机构和会计人员是会计工作系统运行的必要条件，而会计规范是保证会计工作系统正常运行的必要约束机制。

12.3.1 会计工作组织的意义

科学地组织会计工作对于完成会计职能，保证会计工作质量，实现会计目标，发挥会计在经济管理中的作用，具有十分重要的意义，具体表现在以下三个方面。

1. 有利于保证会计工作的质量，提高会计工作的效率

会计反映的是企业再生产过程中的资金运动和频繁发生的财务收支。会计工作要把这些财务收支和经济活动从凭证到账簿，从账簿到报表，连续进行收集、记录、分类、汇总和分析等。这不但涉及复杂的计算，而且需要一系列的程序和手续，各个程序之间、各种手续之间，一环扣一环，联系密切。如果任何一个环节出现差错或脱节，都会造成整个核算结果错误。如果没有专职的机构和办事人员，没有一套工作制度和办事程序，就不能科学地组织会计工作，就不能很好地完成会计的任务，更谈不上提高会计工作效率了。因此，科学地组织会计工作有利于核算质量和效率的提高，保证向会计信息需求者提供有用、可靠和内容完整的会计信息。

2. 有利于协调会计工作与其他经济管理工作的关系

会计工作既独立于其他经济管理工作，又同它们存在十分密切的联系。会计工作一方面必须服从国家的宏观经济政策，与之保持口径一致；另一方面又要与各单位的计划、统计工作之间保持协调关系，配合其他的管理工作。只有这样，才能相互促进，充分发挥会计工作的作用。

3. 有利于加强经济责任制

经济责任制是各经营单位实行内部控制和管理的重要手段，会计是经济管理的重要组成部分，必然要在贯彻经济责任制方面发挥重要作用。实行内部经济控制离不开会计，如科学的经济预测、正确的经济决策以及业绩评价考核等，都离不开会计工作的支持。科学地组织会计工作，可以促进会计单位内部及有关部门有效利用资金，增收节支，提高管理水平，从而提高经济效益，加强各单位内部的经济责任制，为企业尽可能地创造利润。

会计工作是一项政策性很强的工作，发挥会计监督的作用，认真贯彻执行国家有关方针、政策和法令、制度，揭露和制止一切违法、违纪行为，是会计工作的一项重要任务。因此，科学组织会计工作，对于贯彻执行国家方针、政策和法令、制度，维护财经纪律，建立良好的社会经济秩序具有重要意义。

12.3.2　会计工作的组织形式

会计机构应承担哪些工作，与会计工作组织方式有较大的关系。以企业为例，会计工作的组织方式与企业规模大小、会计机构设置和会计人员的配备有关，一般有集中核算和分散核算两种方式。

1. 集中核算

集中核算是指将企业会计工作主要集中在厂(公司)级会计部门进行的一种核算组织方式。采用集中核算组织方式，企业经济业务的明细核算、总分类核算、会计报表编制和各有关项目的考核分析等会计工作，集中由厂(公司)级会计部门进行；其他职能部门、车间、仓库的会计组织或会计人员，只负责登记原始记录和填制原始凭证。并经初步整理后，为厂(公司)级会计部门进一步核算提供资料。实行集中核算，可以精简会计人员，但不便于企业内部有关部门及时利用核算资料进行考核与分析。

2. 分散核算

分散核算也称非集中核算，是指将某些业务的凭证整理、明细核算以及与企业内部单位日常管理需要相适应的内部报表的编制和分析，分散到直接从事该项业务的车间、仓库、部门进行，如材料的明细核算由供应部门及其所属的仓库进行，但总分类核算，以及对企业内部各单位的会计工作进行业务上的指导和监督，还是由厂(公司)级会计部门完成。实行分散核算，有利于企业内部有关部门及时利用核算资料进行考核与分析。

集中核算和分散核算是相对的，而不是绝对的。在实际工作中，有的企业对某些会计业务采用集中核算，而对另一些业务采用分散核算。但无论采用哪种形式，企业对外的现金、银行存款往来、物资购销、债权债务的结算都应由厂(公司)级会计部门集中办理。有的企业把会计部门的工作分为两大系统：一个系统负责传统的记账、算账、报账工作，或将之称为会计信息处理系统；另一个系统则从事经营分析、前景预测、目标规划、参与决策、控制监督、业绩考核和经济奖惩工作，或将之称为参与管理、参与决策系统。这就是财务会计与管理会计、责任会计相对独立、各司其职的会计工作组织方式。这种组织方式亦可将集中核算与非集中核算穿插结合。

小 结

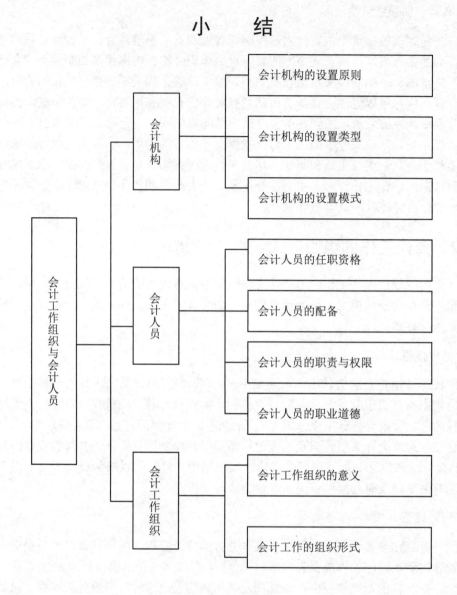

同 步 测 试

一、单项选择题

1. 《中华人民共和国会计法》明确规定，管理全国会计工作的部门是( )。
   A. 国务院　　　　B. 财政部　　　　C. 全国人大　　　D. 注册会计师协会
2. 设置会计机构无须注意( )。
   A. 与企业管理体制和企业组织结构相适应
   B. 与单位经济业务的性质和规模相适应
   C. 与本单位的会计工作组织形式相适应
   D. 与本单位的所有权性质相适应

3. 国家管理部门设置的会计机构的主要职责不包括( )。
   A. 审核、分析和批复所有单位上报的会计报表
   B. 定期、不定期地帮助所属单位编制会计报表等
   C. 核算本单位与财政机关及上下级之间有关缴款、拨款等会计事项
   D. 编制本系统的汇总会计报表
4. ( )可以不单独设置会计机构。
   A. 规模很小的企业   B. 业务较多的行政单位
   C. 大、中型企业   D. 实行企业化管理的事业单位
5. 我国《会计法》对"代理记账"未规范( )。
   A. 代理记账机构设置的条件   B. 代理记账机构的名称
   C. 代理记账机构与委托人的关系 D. 代理记账人员应遵循的道德规则
6. 会计工作岗位不包括( )。
   A. 会计主管   B. 稽核
   C. 董事会秘书   D. 档案管理
7. 会计人员的职责中不包括( )。
   A. 进行会计核算   B. 实行会计监督
   C. 编制预算   D. 决定经营方针
8. 会计人员对不真实、不合法的原始凭证应( )。
   A. 予以退回   B. 更正补充
   C. 不予受理   D. 无权自行处理
9. 在我国，为了保证国有经济顺利、健康、有序地发展，在国有企业、事业单位中任用会计人员应实行( )。
   A. 一贯制度   B. 回避制度
   C. 优先制度   D. 领导制度

二、多项选择题

1. 合理地组织企业的会计工作，能够( )。
   A. 提高会计工作的效率
   B. 提高会计工作的质量
   C. 确保会计工作与其他经济管理工作协调一致
   D. 加强各单位内部的经济责任制
2. 会计工作组织主要包括( )。
   A. 会计机构的设置   B. 会计人员的配备
   C. 会计法规、制度的制定与执行 D. 会计工作的组织形式
3. 会计工作的组织形式包括( )。
   A. 一人多岗形式   B. 集中核算形式
   C. 一人一岗形式   D. 非集中核算形式
4. 会计机构设置的原则包括( )。
   A. 适应性原则   B. 内部控制原则

C. 效率性原则　　　　　　　　D. 公正性原则
5. 国家对会计人员提出的主要职业道德要求包括(　　)。
　　A. 保守秘密　　　　　　　　　B. 敬业爱岗
　　C. 熟悉法规　　　　　　　　　D. 依法办事
　　E. 廉洁奉公

三、判断题

1. 会计职业道德允许个人和各经济主体获取合法的自身利益。　　　　　　　(　　)
2. 国家机关、国有企业、事业单位领导人的直系亲属不得担任本单位的会计机构负责人。　　　　　　　　　　　　　　　　　　　　　　　　　　　　　　　　　(　　)
3. 会计人员违反职业道德的，无论情节是否严重，只能由所在单位进行处罚。
　　　　　　　　　　　　　　　　　　　　　　　　　　　　　　　　　(　　)
4. 不取得会计从业资格证书的，也可以从事会计工作。　　　　　　　　　　(　　)
5. 不具备设置会计机构和会计人员条件的，应当委托经批准设立从事会计代理业务的中介机构代理记账。　　　　　　　　　　　　　　　　　　　　　　　　　(　　)

思考与练习

1. 什么是会计机构？设置会计机构的要求有哪些？
2. 什么是集中核算和非集中核算？各有何优缺点？
3. 简述会计人员的职责、权限和各类会计人员的任职条件。
4. 会计人员应遵循的职业道德有哪些？

参 考 文 献

[1] 崔智敏，陈爱玲．会计学基础[M]．北京：中国人民大学出版社，2015．
[2] 陈国辉，迟旭升．基础会计[M]．大连：东北财经大学出版社，2015．
[3] 杨亚娥，程安林．基础会计学[M]．上海：上海财经大学出版社，2015．
[4] 张艳莉，苏虹，陈富．会计学基础[M]．成都：西南财经大学出版社，2016．
[5] 任延冬，马祥山．新编基础会计[M]．大连：大连理工大学出版社，2014．
[6] 李海波．新编会计学原理[M]．上海：立信会计出版社，2015．
[7] 李占国．基础会计学[M]．北京：高等教育出版社，2015．
[8] 宋献中，石本仁．基础会计学[M]．广州：暨南大学出版社，2011．
[9] 刘海云．会计学基础[M]．北京：对外经贸大学出版社，2015．